Frank Schröder (Hg.)

Unternehmensstrategie Ausbildungsqualität

Berliner Initiativen für kleine und mittlere Unternehmen in einem sich wandelnden Arbeitsmarkt

Die Veröffentlichung des Sammelbands „Unternehmensstrategie Ausbildungsqualität" ist im Rahmen des Modellprojekts Berliner AusbildungsQualität BAQ entstanden.
Das Modellprojekt wird durch die Senatsverwaltung für Arbeit, Integration und Frauen, Berlin gefördert.

© W. Bertelsmann Verlag GmbH & Co. KG
Bielefeld 2016

Gesamtherstellung:
W. Bertelsmann Verlag, Bielefeld
wbv.de

Redaktion: Tobias Funk, k.o.s GmbH

Umschlagfoto: Shutterstock, alphaspirit

Bestellnummer: 6004513
ISBN (Print): 978-3-7639-5685-2
ISBN (E-Book): 978-3-7639-5686-9

Printed in Germany

Das Werk einschließlich seiner Teile ist urheberrechtlich geschützt. Jede Verwertung außerhalb der engen Grenzen des Urheberrechtsgesetzes ist ohne Zustimmung des Verlags unzulässig und strafbar. Insbesondere darf kein Teil dieses Werkes ohne vorherige schriftliche Genehmigung des Verlages in irgendeiner Form (unter Verwendung elektronischer Systeme oder als Ausdruck, Fotokopie oder unter Nutzung eines anderen Vervielfältigungsverfahrens) über den persönlichen Gebrauch hinaus verarbeitet, vervielfältigt oder verbreitet werden.

Für alle in diesem Werk verwendeten Warennamen sowie Firmen- und Markenbezeichnungen können Schutzrechte bestehen, auch wenn diese nicht als solche gekennzeichnet sind. Deren Verwendung in diesem Werk berechtigt nicht zu der Annahme, dass diese frei verfügbar seien.

Bibliografische Information der Deutschen Nationalbibliothek
Die Deutsche Nationalbibliothek verzeichnet diese Publikation in der Deutschen Nationalbibliografie; detaillierte bibliografische Daten sind im Internet über http://dnb.d-nb.de abrufbar.

Inhalt

Vorwort
Dilek Kolat 5

Einführung: Unternehmensstrategie Ausbildungsqualität – Berliner Initiativen für
kleine und mittlere Unternehmen in einem sich wandelnden Arbeitsmarkt
Frank Schröder 7

Teil I 11

Betriebliche Ausbildungsqualität zwischen formalen Standards und Praxis –
historische Kontinuität und aktuelle Vorschläge
Karin Büchter 13

Die Deutsche Referenzstelle für Qualitätssicherung in der beruflichen Bildung
(DEQA-VET) im Kontext europäischer und regionaler Qualitätsinitiativen
Helena Sabbagh, Barbara Hemkes 39

Berufsausbildung, Weiterbildung und Qualifizierung als zentrale Bestandteile
zukunftsorientierter Arbeitspolitik
Margrit Zauner 47

Entwicklung des Ausbildungsmarktes und Attraktivitätssteigerung der Dualen
Berufsausbildung in Berlin und Brandenburg
Alexander Schirp, Ralf-Michael Rath, Thoralf Marks 55

Ausbildungsqualität aus der Sicht von Auszubildenden – zehn Jahre
Ausbildungsreport des DGB, zehn Jahre Ausbildungsreport Berlin-Brandenburg
Christin Richter 73

Teil II 83

Qualitätssicherung für die betriebliche Berufsausbildung – Das Projekt Berliner
Ausbildungsqualität
Tobias Funk, Christel Weber 85

Ausbildungsqualität im Verbundnetzwerk der ABB Ausbildungszentrum gGmbH
Gerd Woweries 101

Das IHK-Siegel „Exzellente Ausbildungsqualität"
Rica Kolbe 109

Gemeinsam Qualität gestalten – die Initiative „Ausbildung mit Qualität" des DEHOGA Berlin
Gerrit Buchhorn, Kathrin Pabst 117

Ausbildungsqualität im Berliner Malerhandwerk
Julia Gustavus 125

Berufsausbildung im Verbund von Unternehmen als Qualitätsargument
Kerstin Josupeit 133

Inklusion als Qualitätsmerkmal in der Berufsausbildung – ein Praxisbeispiel der Kooperation zwischen Berufsbildungswerk und Unternehmen
Albrecht Schäufele, Dirk Schwenzer 145

Teil III 153

Ausbildungsqualität 4.0 – ein Blick in die Zukunft am Beispiel des Projektes Social Augmented Learning
Christian Dominic Fehling, Lutz Goertz, Thomas Hagenhofer, Andreas Müller 155

Hinweise zu den Autorinnen und Autoren 163

Vorwort

DILEK KOLAT

„Wer heute nicht ausbildet, dem fehlen morgen die Fachkräfte" ist eine Aussage, die weiterhin hohe Gültigkeit besitzt. Und doch hat sich die Ausgangslage gewandelt. Denn heute gilt genauso auch: Nur wer im Ruf steht besonders gut auszubilden, hat eine Chance auf geeignete Ausbildungsplatzbewerberinnen und -bewerber.

Das Land Berlin hat die Fachkräftesicherung seit Langem als eines der wichtigsten Themen für die zukünftige Entwicklung erkannt. Berlin ist eine dynamisch wachsende und nicht zuletzt auch dadurch eine vergleichsweise junge Metropole. Auch auf dem Arbeitsmarkt ist die Entwicklung erfreulich. Die aktive Arbeitsmarkt- und Berufsbildungspolitik des Landes Berlin mit dem Programm BerlinArbeit zeigt Wirkung. Die Ziele, die Zahl der Arbeitslosen unter 200.000 zu senken, die Jugendarbeitslosigkeit unter zehn Prozent zu bringen und die Langzeitarbeitslosigkeit zu verringern, sind nachhaltig erreicht. Wir wollen Berlin zu einem Top-Standort für Fachkräfte machen. Doch die Herausforderungen der Fachkräftesicherung sind weiterhin hoch.

Unternehmen benötigen qualifizierte Fachkräfte, die im Betrieb ausgebildet worden sind. Zunehmend aber steht die betriebliche Ausbildung in einem Attraktivitätswettbewerb mit dem Angebot der Hochschulen. Immer mehr Schulabgänger und -abgängerinnen verlassen die Schule mit Abitur. Und schon heute verfügen ein Drittel aller Auszubildenden über eine Hochschulzugangsberechtigung, ein Zeichen dafür, dass die Anforderungen in der Ausbildung anspruchsvoller geworden sind. Es ist für viele Unternehmen dennoch nicht einfach, geeignete Auszubildende zu finden. Zugleich wandelt sich die Arbeitswelt infolge der umfassenden Digitalisierung. Die Entwicklung zu „Arbeit 4.0" verlangt Flexibilität auch in der Ausbildung.

Zusätzlich gilt es verstärkt die vielen jungen Menschen in Berlin zu fördern, die nicht über höchste Bildungsvoraussetzungen und die entsprechenden Wahlmöglichkeiten verfügen. Und schließlich gibt es ganz neu die gewaltige Aufgabe, die vielen Geflüchteten in Deutschland und in Berlin in Arbeit zu bringen, eine weitere Herausforderung, aber auch eine große Chance für die Wirtschaft.

All dies sind Herausforderungen für die qualitative Gestaltung der Ausbildung – Herausforderungen und Chancen für die ausbildenden Unternehmen, für Ausbilderinnen und Ausbilder sowie für alle ausbildenden Fachkräfte. Es gibt viele einzelbetriebliche Beispiele, bei denen Hervorragendes geleistet wird. Aber es bedarf auch eines wirkungsvollen und möglichst gut konzertierten Unterstützungsangebotes für eine weitere gute Entwicklung. Die vorliegende Veröffentlichung zeigt, dass das Land Berlin hier mit einer Vielzahl von Initiativen und Unterstützungsangeboten auf einem guten Weg ist.

Dilek Kolat

Senatorin für Arbeit, Integration und Frauen des Landes Berlin

Einführung: Unternehmensstrategie Ausbildungsqualität – Berliner Initiativen für kleine und mittlere Unternehmen in einem sich wandelnden Arbeitsmarkt

Frank Schröder

Die Frage nach der Güte und Qualität der Ausbildung rückt zunehmend in den Mittelpunkt der Strategien von Unternehmen selbst. Dies ist auch Ansatz und Fokus einer mehrjährigen Initiative zur Unterstützung von Unternehmen in Berlin und damit Hintergrund für die versammelten Beiträge in diesem Band.

Die Qualität der Ausbildung ist seit jeher Gegenstand der Berufsbildungspolitik in Deutschland. Vergleichsweise neu ist die Fokussierung auf den Prozess und den Verlauf der Ausbildung in den Unternehmen. Dafür gibt es mehrere Gründe: zum einen Versäumnisse in der Vergangenheit und zum anderen neue Anforderungen und Bedingungen. In den Zeiten eines Mangels von Ausbildungsplätzen ging es lange Zeit – im Kern etwa in den 20 Jahren von 1990 bis 2010 – darum, überhaupt zusätzlich Unternehmen für die Ausbildung zu gewinnen. Eine Zeitlang ist hierfür sogar die Ausbildereignungsverordnung (AEVO) außer Kraft gesetzt worden. Die vergleichsweise niedrige Jugendarbeitslosigkeit in Deutschland, selbst in Zeiten wirtschaftlicher Konjunkturprobleme, galt als ein praktisch selbsterklärender Indikator für die Qualität und den Erfolg der Ausbildung. Die seit 2005 vom DGB herausgegebenen Ausbildungsreports mit den kritischen Anmerkungen zur Ausbildungspraxis z. B. wurden dagegen zunächst weniger beachtet.

Mit dem Berufsbildungsbericht 2014 hat sich hier jedoch etwas geändert. Fast kann man von einer Zäsur sprechen. Erstmals in einem Berufsbildungsbericht ist trotz der internationalen Anerkennung des dualen Modells von der Notwendigkeit einer Attraktivitätssteigerung beruflicher Bildung die Rede. Hintergrund dabei war insbesondere der Befund, dass im Jahr 2013 erstmals mehr junge Menschen in Deutschland ein Studium aufgenommen hatten als eine betriebliche Berufsausbildung.

Dabei geht das Engagement in zwei Richtungen. Einerseits gilt es, die duale Berufsausbildung für potenzielle Ausbildungsplatzbewerberinnen und -bewerber wieder attraktiver zu machen. Andererseits soll sie auch wieder attraktiver für die ausbildenden bzw. potenziell ausbildungsinteressierten Unternehmen werden. Nicht nur die fachlichen und überfachlichen Anforderungen sind dynamischer geworden, auch der Arbeitsmarkt hat sich verändert: der Wettbewerb um Nachwuchskräfte hat sich in den vergangenen Jahren deutlich verschärft, denn immer mehr Bewerberinnen und Bewerber können heute zwischen mehreren Angeboten auf dem Arbeits- und Ausbildungsmarkt wählen – auch hier sind neue Strategien der Fachkräftesicherung gefragt.

Das Thema Ausbildungsqualität ist hier ein wesentlicher Faktor, denn mit bloßen Imagekampagnen für die Attraktivität betrieblicher Ausbildung ist es nicht getan. Bereits 2010 hat das Bundesinstitut für Berufsbildung (BIBB) im Rahmen des Programmschwerpunktes „Qualitätsentwicklung und -sicherung in der betrieblichen Berufsausbildung" zehn Projekte auf den Weg geschickt, hier neue Wege zu entwickeln und zu erproben. Im Rahmen eines Verbundprojektes mit dem ABB Ausbildungszentrum Berlin gGmbH war damals auch die k.o.s GmbH mit einem Projekt beteiligt.

Wesentlich dabei ist der Aspekt, dass die Qualität der beruflichen Erstausbildung immer eng gekoppelt sein muss mit dem Bewusstsein, dass das Lernen danach nicht aufhört.

Kontinuierliche Fort- und Weiterbildung sind zu wesentlichen Größen der Fachkräftesicherung und -entwicklung in der Wirtschaft geworden. Der Entwicklung der eigenen Erwerbsbiografie durch Weiterbildung und Qualifizierung, der Personalentwicklung, einem wirkungsvollen Training on the Job, aber auch dem Lernen im Prozess der Arbeit kommt daher heute eine ganz neue Bedeutung für Beschäftigte wie auch für die Unternehmen zu – und: Es hängt vor allem auch von der Qualität des Lernens und der bereitgestellten Bildungs- und Qualifizierungsangebote ab, ob die notwendigen und gewünschten Lern-, Entwicklungs- und Anpassungsschritte auch gelingen.

In diesem Verständnis ist der Bereich der beruflichen Bildung bei der k.o.s GmbH nur ein Teil der Bemühungen, die Qualität und Kompetenzentwicklung in allen Bereichen der Bildung, d.h. auch der Weiterbildung und Erwachsenenbildung, sowie auch der Beratung zu Bildung und Beruf (Bildungs- bzw. Qualifizierungsberatung) zu fördern.

Ziel der vorliegenden Publikation ist es, sowohl in den aktuellen Stand der Diskussion zur Qualität der betrieblichen Berufsausbildung einzuführen, als auch zu zeigen, wie in einer ausgewählten Region, hier in der Metropole Berlin, auf die neuen Herausforderungen reagiert werden kann. Dabei sind weniger die Unternehmen selbst mit ihren guten Beispielen im Fokus – wie überall gibt es auch in Berlin weithin leuchtende Beispiele guter Ausbildungsqualität – als vielmehr die Möglichkeiten, Unternehmen auch in der Breite bei ihren Anstrengungen zu unterstützen.

Ausgangspunkt für die Initiative „Unternehmensstrategie Ausbildungsqualität" und den gleichlautenden Sammelband ist dabei, dass das Land Berlin sich entschieden hat, im Rahmen der übergeordneten Themen von Fachkräftesicherung und möglichst weitgehenden Ausbildungsplatzgarantien für junge Menschen in Berlin offensiv auch das Thema der betrieblichen Ausbildungsqualität zu adressieren. Mit dem durch die Senatsverwaltung für Arbeit, Integration und Frauen geförderten Transferprojekt „Berliner AusbildungsQualität" (BAQ) unterstützt es insbesondere die Nachhaltigkeit der Anstöße des gleichnamigen Projektes aus dem oben genannten Förderschwerpunkt des BIBB.

Bei der Veröffentlichung handelt es sich um ein Transferprodukt aus dem Projekt BAQ, entscheidend aber ist die durch die vielen Gastbeiträge weiterer Berliner Akteure der Berufsbildung angestrebte Perspektivenvielfalt. Auch hier stehen im Zentrum nicht einzelne Unterstützungsangebote für KMU, sondern vielmehr die Frage, wie Unternehmen die Qualität ihrer Ausbildung insgesamt sichern und kontinuierlich weiterentwickeln können, und zwar im Rahmen bzw. als integraler Teil in ihrer jeweiligen übergeordneten Unternehmensstrategie.

Der Sammelband gliedert sich in einen systematisch einleitenden allgemeinen Teil (Teil I), einen besonderen Teil mit Praxisbeispielen (Teil II) sowie schließlich einen kleinen Ausblick in die Zukunft von Ausbildungsqualität (Teil III).

In Teil I geht es dabei insbesondere um die Kontextualisierung des Themas betriebliche Ausbildungsqualität aus unterschiedlichen Perspektiven: Was ist allgemein zu verstehen unter betrieblicher Ausbildungsqualität, was sind die aktuellen Probleme und was sind schließlich die Rahmenbedingungen in einer konkreten Region, die Erwartungen an einzelne Projekte und Initiativen zur Förderung betrieblicher Ausbildungsqualität in einer Metropole wie Berlin?

In Teil II werden ausgewählte Initiativen und Projekte, die explizit das Thema der betrieblichen Ausbildungsqualität in Berlin adressieren, vorgestellt als ein exemplarisches Panorama guter betriebsübergreifender Handlungsansätze in einer konkreten Region.

Der abschließende Teil III gibt schließlich einen Ausblick in die mit den Chiffren „Digitale Wirtschaft" oder „Wirtschaft 4.0" verbundenen Transformationsprozesse, die eben auch die zukünftige Entwicklung der Ausbildung betreffen, mit möglicherweise noch einmal ganz neuen Anforderungen und Herausforderungen an gute Qualität der Ausbildung.

Ich möchte mich an dieser Stelle bei allen Autorinnen und Autoren herzlich bedanken für die Zeit, die sie sich genommen haben, hier ihre Erfahrungen und ihr Wissen einzubringen. Dieses Wissen kann Dritten als Reservoir und Fundus dienen in Fragen der Gestaltung einer lernförderlichen Ausbildung und Weiterbildung und zugleich anregen zu weiteren Diskussionen. Ein besonderer Dank gilt der Senatsverwaltung für Arbeit, Integration und Frauen in Berlin.

Berlin, Januar 2016

Frank Schröder

Teil I

Betriebliche Ausbildungsqualität zwischen formalen Standards und Praxis – historische Kontinuität und aktuelle Vorschläge

Karin Büchter

Qualität in der beruflichen Ausbildung ist ein aktuelles berufsbildungspolitisches Thema. Dies zeigt sich an Positionspapieren zur beruflichen Bildung der Sozialpartner, Regierungserklärungen einzelner Bundesländer und ministeriellen Verlautbarungen. Mit mehr Qualität in der Ausbildung, so die Annahme, können das Fachkräfteangebot auf dem Arbeitsmarkt, die Attraktivität der Ausbildung vor dem Hintergrund einer zunehmenden Akademisierung und die Chancen der Jugendlichen auf einen aussichtsreichen Berufsbildungsweg gesichert und weiter verbessert werden. Neue und noch intensiver zu diskutierende Argumente für die Verbesserung der Ausbildungsqualität finden sich in den aktuellen Vorschlägen zu einer „erweiterten modernen Beruflichkeit" (Kutscha 2015) im Sinne einer Integration von beruflichen und hochschulischen Bildungswegen, mit der eine Reihe an Qualitätsmaßstäben verbunden ist, deren Berücksichtigung die Voraussetzung dafür ist, dass Ausbildung offen für und anschlussfähig an andere berufliche und akademische Bildungswege wird.

Der folgende Beitrag besteht aus zwei Teilen. Im ersten Teil geht es um die Frage, auf welche Geschichte Forderungen nach mehr Qualität in der betrieblichen Ausbildung zurückblicken können: Was waren historische Hintergründe, ausbildungspolitische Kontexte und Motive und was die praktischen Anknüpfungspunkte in der Ausbildung, an denen Qualitätsverbesserung ansetzte? Hieran schließt sich ein zweiter Teil an, in dem es um aktuelle Gründe und Bemühungen zur Qualitätsverbesserung in der Ausbildung und um die Frage geht, welche gegenwärtigen Schwerpunkte Qualitätsinitiativen setzen, und ob bzw. inwieweit sie in der Lage sind, die mehr oder weniger chronische Diskrepanz zwischen formalen Standards und Realität der Ausbildungsqualität beheben zu können.

1 Historische Kontinuität von Bemühungen um Ausbildungsqualität

Bemühungen um die Verbesserung der Ausbildungsqualität sind nicht neu, sondern begleiten die Ausbildung seit ihren Anfängen. Ein Blick in die Geschichte der betrieblichen Ausbildungsqualität macht deutlich, dass es immer wieder darum ging, formale verbindliche Standards in der Ausbildung zu setzen und einzufordern, um betrieblichen Wildwuchs und Beliebigkeit in der Ausbildung zu vermeiden. Die Motive, die bei der Förderung von Ausbildungsqualität im Laufe der Geschichte maßgeblich waren, sind grob gesehen bis heute gültig. Ging es bis ins 18. Jahrhundert darum, durch Qualität in der Ausbildung den Zunft- und Handwerkerstand zu stabilisieren und mit beruflich sozialisiertem Nachwuchs zu versorgen, kam es vor allem Ende des 19. Jahrhunderts dem Handwerk darauf an, die handwerkliche Autonomie und das korporative Arrangement in der Ausbildung aufrechtzuerhalten und durch eigene Qualitätsstandards die äußere Kontrolle in der Ausbildung möglichst gering zu halten. Im 20. Jahrhundert standen im Zuge sich allmählich durchsetzender staatlicher Verantwortung und sozialpartnerschaftlicher Beteiligung in der Ausbildung bei Qualitätsinitiativen vor allem wirtschafts-, arbeitsmarkt- und sozialpolitische Motive im Vordergrund. Nach wie vor soll mehr Qualität in der betrieblichen Ausbildung dazu beitragen, das Angebot an Produkten und Dienstleistungen, die durch die berufliche Tätigkeit, für die ausgebildet wird, zu sichern, die Konkurrenzfähigkeit der Ausgebildeten auf dem Arbeits- und Berufemarkt zu stärken und die Jugend vor fachlich und pädagogisch unzulänglicher Ausbildung zu schützen. Schlechte Ausbildung, so die immer noch gängigen Mahnungen, führt zu minderwertigen Produkt- und Dienstleistungsangeboten, einer Abwertung beruflicher Abschlüsse und zu einem Attraktivitätsverlust der Ausbildung bzw. zu Desinteresse der Jugendlichen an der jeweiligen Ausbildung und dem Beruf.

Obwohl die Qualitätsfrage die Ausbildung historisch begleitet und gleichzeitig Konsens darüber besteht, dass Ausbildungsqualität aus unterschiedlichen Perspektiven wichtig ist, musste und muss sie immer wieder neu gefordert und durchgesetzt werden. Immer wieder sind neue Vorschläge, Programme, Ordnungen und Gesetze verfasst worden, die dazu beitragen sollten, den Zustand in der Ausbildung zu verbessern. Es kann vermutet werden, dass es in der Geschichte bis heute eine chronische Diskrepanz zwischen den jeweils existierenden Vorgaben für Ausbildungsqualität einerseits und den fachlichen und pädagogischen Ansprüchen in der Ausbildungspraxis, der ausbildungsmarktpolitischen Situation und berufsbildungspolitischen Konstellationen mit jeweils spezifischen Interessen an Ausbildungsqualität andererseits gegeben hat und gibt. Damit verbunden kann auch angenommen werden, dass unterhalb von interpretationsoffenen und begrenzt verbindlichen formalen Grundlagen in der Ausbildung die alltägliche Ausbildungspraxis relativ losgelöst von solchen Vorgaben erfolgen kann, insbesondere weil oder wenn sie nicht zu den wichtigsten betrieblichen Handlungsfeldern gehört. Die chronische Diskrepanz zwischen festgeschriebenen Standards von Ausbildungsqualität und der Ausbildungspraxis hat ihren Grund in der relativen betrieblichen Autonomie in der Ausbildung. Diese war und ist aufgrund des langen Zunft- und Handwerkmonopols, später des (neo-)korporatistischen Steuerungsmodells in der Ausbildung möglich, bei dem inzwischen berufsbildungspolitische Interessen von Arbeitgebern, Arbeitnehmern, Kammern, Bund und Ländern mit jeweils mehr oder weniger großen Spielräumen der Interessendurchsetzung ineinandergreifen. Dieses Steuerungsmodell, das grundsätzlich als Konsensmodell gedacht ist, überlässt den Betrieben einen – wenn auch begrenzten – Freiraum bei der Durchführung ihrer Ausbildung und bei der Einhaltung von Qualitätsstandards. Ein Modell, das durchaus auch mit Chancen für die Ausbildungspraxis verbunden ist, denn nicht immer hinkt die Ausbildungspraxis und erst recht nicht zwangsläufig den Standards hinterher, sondern sie kann auch innovativer als die Vorgaben sein.

Im Folgenden geht es zunächst um historische Anstöße zur Verbesserung der Ausbildungsqualität. Damit soll gezeigt werden, welche Motive jeweils maßgeblich waren, wie diese mit ausbildungspolitischen Interessen verknüpft waren, und in welcher Weise Vorstellungen von fachlichen und pädagogischen Aufgaben der Ausbildung eine Rolle spielten.

1.1 Traditionen als Grundlage für Ausbildungsqualität im Zunfthandwerk

In der Zeit des ständischen Zunfthandwerks war die Ausbildung zunächst mit dem Ziel verknüpft, den Berufsstand des Handwerks zu stabilisieren, die Eigenständigkeit der Berufsgruppe und ihrer Berufsinhaber zu wahren und das Handwerk vor äußerer Kontrolle sowie auch vor privater Konkurrenz durch andere Berufe abzuschirmen. Dies sollte vor allem durch eine innere Verpflichtung der Lehrlinge, Gesellen und Meister gegenüber ihrer Ausbildung bzw. ihrem Beruf und ihrer Zunft erfolgen. „Handwerksehre" und „Handwerkstreue", kombiniert mit der „Beherrschung einschlägiger Berufstechnik", „Berufserfahrung", „Lebenstüchtigkeit" und „Berufsbewährung" (Wernet 1952, S. 111) waren die Ziele der ständischen Ausbildung, mit denen auch die Geschlossenheit und die Tradition des Handwerks garantiert werden sollten. Die Bedingungen, der Zustand, der Ablauf und das Ergebnis der Ausbildung mussten diesen Zielen genügen. Das zünftlerische Handwerk schrieb zwar einige nicht allgemein verbindliche Vorgaben für die Ausbildung von Lehrlingen nieder, beschränkte sich aber vor allem darauf, ungeschriebene Traditionen und Rituale zu überliefern, die für den jeweiligen Berufsstand charakteristisch waren. Solche zunft- und handwerksintern geschriebenen und ungeschriebenen Ordnungen bildeten die Grundlage für die damalige Ausbildungsqualität (vgl. Endres 1996, S. 380). In den geschriebenen Ordnungen waren Formen der Institutionalisierung festgelegt, zu denen die Frage des Lernorts (Familie, Werkstatt, Berufsstand), der Zuständigkeiten und Rollen (Meister, Geselle, Lehrling) gehörten, und Formen der Formalisierung, insbesondere der Gestaltung des Lehrvertrages, der Probezeit, der Lehrzeit, der Freisprechung und der Festlegung von Pflichten und Rechten (vgl. ebd.; Stratmann 1969; 1993). Die Auswahl und das Arrangement fachlicher Inhalte sowie die pädagogischen Vorgehensweisen in der Ausbildung aber blieben dem Meister überlassen, dem die Zunft mit der Übertragung der Meisterrolle die unmittelbare Durchführung der Ausbildung anvertraute.

Erst die merkantilistische Kritik an der Beliebigkeit der Ausbildung, an überkommenen Erziehungszielen und -stilen in der Ausbildung und daran, dass diese für öffentliche Kontrollen kaum zugänglich und ausschließlich an den Zunfttraditionen und nicht am wirtschaftlichen und gesellschaftlichen Fortschritt ausgerichtet waren, forderte „eine verbindliche Setzung" (Stratmann 1967, S. 32), d. h. die inhaltliche Festlegung von Ausbildungsplänen und ein strenges, an fachlichen Inhalten und sachlichem Handeln ausgerichtetes didaktisches Reglement: „So erwuchs aus einer didaktischen Überprüfung der handwerklichen Berufserziehung die Notwendigkeit, einen Katalog aufzustellen und festzulegen, welche Kenntnisse und Fertigkeiten von einem Lehrling am Ende seiner Lehrzeit gefordert werden konnten und mussten. Diese Überlegungen zielten [...] auf die Abfassung verbindlicher Berufsbilder und Ausbildungspläne" (ebd.). Auch erhoffte man sich von einer stärkeren Verbindlichkeit und öffentlichen Kontrolle einen würdevolleren Umgang des Meisters mit seinem Lehrling. So verlieh Ende des 18. Jahrhunderts die „Hamburgische Gesellschaft zur Beförderung der Künste und nützlichen Gewerbe" einen Preis für einen Vorschlag von Adam Weiß (1798) über die Zukunft der Zünfte. Dieser forderte die Handwerksmeister auf, „den Mißbrauch ihrer Lehrlinge zu häuslichen Geschäften" zu unterlassen, ihnen „die nöthige Kenntniß" und „hinlängliche Fertigkeit" des Gewerbes zu vermitteln, und sie sollten darauf achten, dass sie „im hinreissenden Ton eines Freundes, eines Vaters, ja nicht im Prediger- noch weniger Katheder-Geschmack" sich der Lehrjungen annehmen (vgl. S. 163 ff.). So kann festgehalten werden, dass die zunft- und handwerksübergreifenden Auseinandersetzungen mit Ausbildungsqualität Ende des 18. Jahrhunderts begannen, und zwar als der Staat selbst Interesse an einer bestimmten Standards gerecht werdenden Ausbildung zeigte, die seinem eigenen Erhalt zugutekommen sollte. So legte das Allgemeine Landrecht für die Preußischen Staaten vom 1. Juni 1794, das „Rechte und Verbindlichkeiten der Einwohner des Staates" enthielt, fest, dass „nur zünftige Meister [...] das Recht [haben], Lehrburschen anzunehmen und Gesellen zu halten", dass es „die Pflicht des Meisters ist, dem Lehrling die nöthige Anweisung zu den Kenntnissen zu geben, welche zu einem ordentlichen Betriebe des Gewerbes erforderlich sind", und außerdem „muss er denselben zu guten Sitten und fleißiger Besuchung des öffentlichen Gottesdiensten anhalten, vor Ausschweifungen und Gelegenheiten zu Lastern möglichst hüten, und zu einer anhaltenden nützlichen Thätigkeit gewöhnen" (S. 42 ff.).

Die zünftlerische Ausbildung wurde zunehmend öffentlich thematisiert und geriet dabei immer mehr in die Kritik, sodass das Handwerk mit seiner Ausbildung immer mehr unter Modernisierungsdruck geriet.

1.2 Gewerbefreiheit und Handwerkerschutz als Herausforderung für Ausbildungsqualität

Vor allem aber haben die Liberalisierung der Gewerbeordnung und die damit verbundene Markt- und Berufsfreiheit dazu beigetragen, dass allmählich die Ausbildung von der Zunfttradition gelöst wurde und sie als öffentliche Angelegenheit und orientiert an Qualitätsmaßstäben geregelt werden musste. Im § 150 der Preußischen Allgemeinen Gewerbeordnung vom 17. Januar 1845 heißt es: „Der Lehrherr muss angelegen sein lassen, den Lehrling durch Beschäftigung und Anweisung zum tüchtigen Gesellen auszubilden. Er darf dem Lehrlinge die hierzu erforderliche Zeit und Gelegenheit durch Verwendung zu anderen Dienstleistungen nicht entziehen. Der Lehrherr muß bemüht sein, den Lehrling zur Arbeitsamkeit und zu guten Sitten anzuhalten und vor Lastern und Ausschweifungen zu bewahren" (S. 126); und weiter im § 151: „Der Lehrling ist der väterlichen Zucht des Lehrherrn unterworfen und in Abwesenheit des Lehrherrn auch dem denselben vertretenden Gesellen oder Gehülfen zur Folgsamkeit verpflichtet" (ebd.).

Aus eigenem Interesse und gegen äußeren Druck legten Delegierte des Handwerkerstandes der Hohen Verfassungsgebenden National-Versammlung den Entwurf einer Allgemeinen Handwerker- und Gewerbe-Ordnung für Deutschland von 1848 vor, mit dem Ziel, die Gewerbefreiheit wieder aufzuheben und ihr Ausbildungsmonopol zu sichern. Sie sagten hierfür die verbindliche Einführung von gesetzlich gültigen Lehrverträgen zu, um künftig der willkürlichen Auflösung von Lehrverhältnissen zu begegnen, sowie die verbindliche Durchführung von Prüfungen. Ein zentraler Punkt in diesem Entwurf war die Begrenzung der Lehrlinge, die ein Meister halten durfte, um dem einzelnen Lehrling die nötige Betreuung zuteilwerden zu lassen (vgl. S. 132 ff.). Die unterschiedlichen Vorsätze und Programme zur Gestaltung des handwerklichen Lehrlingswesens, die in dieser Zeit entstanden, waren jedoch alle nicht verbindlich genug, als dass die Missstände in der Lehre abgebaut und der sich zu dieser Zeit abzeichnende industrielle und handwerkliche Rückschritt im westeuropäischen Vergleich hätte vermieden werden können. „Industrie und Handwerk mußten auf Qualitätsarbeit gestellt werden, anders ließ sich der Vorsprung der Westeuropäer, denen die Märkte der Welt zur Verfügung standen, nicht bezwingen. [...]. Man mußte beim Handwerk wieder beginnen, das [es] die Ausbildungsstätte des gewerblichen Nachwuchses war. [...]. Seine geordnete und festgefügte Berufsausbildung samt den organisatorischen Voraussetzungen dafür war nur noch in Bruchstücken vorhanden" (Wernet 1963, S. 169). Unterstützt wurde die Kritik an der handwerklichen Ausbildung durch die neun „Untersuchungen über die Lage des Handwerks" (1875–1878) des 1872 gegründeten Vereins für Socialpolitik, die erneut die Mängel in der Lehrlingsausbildung deutlich machten: „Um eine dem Interesse der Lehrlinge, der gewerblichen Production und der Volkswirtschaft entsprechende Ausbildung der Lehrlinge herbeizuführen, ist eine Reform des Lehrlingswesens nothwendig" (S. 45). Vor diesem Hintergrund leitete die Reichsregierung 1878 dem Reichstag einen Gesetzesentwurf für die Novellierung der Gewerbeordnung zu. Die dann einsetzende „Novellierungsperiode" (Abel 1963, S. 35) führte dazu, dass erneut verbindliche Vorschriften für die betriebliche Ausbildung vorlagen, anhand derer die Verantwortung des Lehrherren für die Lehrlinge gestärkt werden sollte.

Als handwerks- und ausbildungspolitischer Vorstoß galt das 1897 in Kraft getretene Handwerkergesetz, das auch als erstes „Grundgesetz für die Ordnung der handwerklichen Berufsbildung" (Wernet 1952, S. 121) angesehen werden kann. Es trug einerseits dazu bei, die Selbstverwaltung des Handwerks auch in der Ausbildung zu erhalten, gleichzeitig verkettete es die Handwerkspolitik mit dem Staatsapparat und „mit den jeweils geltenden Grundsätzen des staatlichen wirtschafts- und sozialpolitischen Handelns" (ebd., S. 45). Damit blieb das Handwerk in seiner Ausbildungspolitik zwar weitgehend autonom, erhielt aber Rechtssicherheit und Schutz für seine Ausbildung. Das Gesetz verlangte einen schriftlichen Lehrvertrag, regelte die Lehrzeitdauer, das Prüfungswesen und legte Mindeststandards für das ausbildende Personal fest.

Jedoch trug auch dieses Gesetz nicht dazu bei, schlechte Ausbildungsbedingungen und -zustände flächendeckend zu vermeiden. So machte beispielsweise der 1904 in Berlin gegründete Verein der Lehrlinge und jugendlichen Arbeiter und Arbeiterinnen auf die „Lehrlingsausbeuterei", die „Lehrlingszüchterei", die aus der überhöhten Zahl an Lehrverhältnissen herrührte, und die zahlreichen „Lehrlingsselbstmorde" aufmerksam: „Ein Teil der Handwerksmeister entbehrt jedes Verständnisses für die Pflichten der Lehrlingsausbildung. Es kommen Fälle vor, wo der Lehrling volle drei Jahre nur als Handlanger, Packer, Arbeitsbursche gebraucht wird, ohne vom Gewerbe selbst etwas zu lernen. [...] Die Lehrlinge ersetzen die ungelernten, aber auch die gelernten Arbeiter; die Unsitte, statt Gesellen die doppelte Zahl Lehrlinge zu beschäftigen, herrscht in zahlreichen Betrieben" (Peters 1907, S. 14).

1.3 Interessenpolitik als Motiv für Ausbildungsqualität

Als Reaktion auf diese Zustände kann die Gewerbenovelle von 1908 angesehen werden, mit der der sogenannte „Kleine Befähigungsnachweis" eingeführt wurde. Dieser legte fest, dass nur die Handwerker Lehrlinge halten dürfen, die vor der Kammer eine Meisterprüfung abgelegt hatten. In dieser Zeit formulierten die sich bis zum Beginn des Ersten Weltkriegs etablierten 71 Handwerkskammern des Deutschen Reiches die Schaffung einer verbindlichen Ordnung „für ein geregeltes Lehrlingswesen, für die Durchführung von Gesellenprüfungen, die Veranstaltung von Meisterprüfungen sowie für die Regelung der vielen Nebenfragen, die sich aus der Handhabung dieses Systems handwerksberuflicher Erziehung und Ausbildung ergaben" (Wernet 1963, S. 183 f.) als ihre wesentlichen Aufgaben. Doch der Krieg und die wirtschaftliche Lage reduzierten die Bedingungen, die rechtlichen Vorgaben für eine systematische Ausbildung im Handwerk umzusetzen. Zudem ergab sich aus der Sicht des Handwerks eine Einschränkung in der Ausbildung durch die fortschreitende Industrialisierung. Aufgrund der Übernahme einzelner Produktionsbereiche durch die industrielle Konkurrenz konnten immer weniger Betriebe eine vollständige Ausbildung in ihrem Berufszweig durchführen: „Der Großteil der Handwerksbetriebe war durch die industrielle Konkurrenz dazu gezwungen, den Betrieb umzustellen, sich allein auf die Reparatur zu beschränken oder sich auf ein Teilgebiet des Berufes zu spezialisieren" (Muth 1985, S. 283). Hinzu kamen ein demografiebedingter Nachwuchsmangel im handwerklichen Lehrlingswesen und die Tatsache, dass sich die Jugend eher für eine Ausbildung in der aufstrebenden Großindustrie interessierte (vgl. ebd.). Diese spielte eine immer bedeutendere Rolle in der betrieblichen Ausbildung, auch wenn das Handwerk nach wie vor in großem Umfang ausbildete (vgl. Pätzold 1980, S. 7).

Die Großindustrie etablierte ein eigenes industrietypisches Modell der Lehrlingsausbildung mit eigenen Qualitätsstandards, die durch die Zusammenarbeit von industrienahen Vereinen, Ausschüssen und Verbänden definiert wurden. So unterstützte der auf Betreiben des Vereins Deutscher Ingenieure (VDI) und des Vereins Deutscher Maschinenbauanstalten (VDMA) 1908 gegründete Deutsche Ausschuss für Technisches Schulwesen (DATSCH) die Industrie bei der Erarbeitung und Vereinheitlichung von Grundlagen für eine systematische Ausbildung, zu der Lehrpläne für einzelne industrielle Berufe und Lehrmaterialien gehörten (vgl. Muth 1985, S. 348 ff.). Während die industrielle Ausbildung hierdurch Planungs- und Systematisierungssicherheit bekam und auf ein eigenes Qualitätsniveau in der Ausbildung hinweisen konnte, blieb die handwerkliche Ausbildung weit stärker in der Kritik. Zumal von nun an auch schul- und jugendpolitische Vertreter eine stärkere Systematisierung der Lehrpläne für die praktische Ausbildung im Handwerk forderten (vgl. ebd., S. 285).

Kritik übten in der Zeit der Weimarer Republik vor allem auch die 1918 als Tarifpartner anerkannten Gewerkschaften, und zwar nicht nur an der handwerklichen, sondern ebenso an der industriellen Ausbildung. Sie forderten zum Schutz der Jugend Transparenz, Öffentlichkeit und Systematik in der Ausbildung. Auf dem 10. Kongreß der Gewerkschaften Deutschlands in Nürnberg (1919) wurde eine Erklärung zur „Regelung des Lehrlingswesens" verabschiedet, mit der die Anerkennung der Berufsbildung als öffentliche Aufgabe erreicht werden sollte. „Jeder, Beruf, Berufszweig und Betrieb hat seine jugendlichen Arbeiter planmäßig in einer geordneten Lehrzeit auszubilden und ihnen Gelegenheit zu geben, die praktische Ausbildung durch theoretische Fachbildung zu ergänzen und zu vertiefen" (Albrecht/Sassenbach 1919, S. 49). Nach langen Auseinandersetzungen darüber, welche Wirtschaftsbereiche und Arbeitskräfte solche Regelungen berücksichtigen sollten, einigte sich zwei Jahre später die Zentralarbeitsgemeinschaft der industriellen und gewerblichen Arbeitnehmer und Arbeitgeber (1921) auf Leitsätze für eine „reichsgesetzliche Regelung des Lehrlingswesens", mit der die Ausbildung in Industrie, Handwerk, Landwirtschaft und Hauswirtschaft umfassend und einheitlich geregelt werden sollte. In diesen Regelungen wurde Wert darauf gelegt, dass eine Reichsstelle eingerichtet wird, die die Kontrolle und Verantwortung über die Ausbildungsqualität übernimmt (vgl. S. 53). Erst fünf Jahre später legte die Reichsregierung im Reicharbeitsministerium einen erarbeiteten Gesetzesentwurf vor. Zur Verabschiedung kam es jedoch nicht (vgl. Pätzold 1982, S. 21). Stattdessen konnten, initiiert durch den Deutschen Handwerks-

und Gewerbekammertag, teilweise auch unter Einbezug von Arbeitgeber- und Arbeitnehmerorganisationen, sogenannte „Lehrlingsordnungen" durchgesetzt werden. Deren Vorteil bestand darin, „daß für die einzelnen Lehrjahre Jahresziele und Lehrgänge von Jahr zu Jahr ansteigend in mustergültiger Weise aufgestellt worden sind" (Eckert 1927, S. 3). Eine breite und stabile Akzeptanz dieser Ordnungen scheiterte jedoch an den Eigeninteressen der Kammern und Innungen. Deren vergleichbare Vorschläge scheiterten wiederum am Eigensinn der Handwerksmeister. Die primäre Grundlage der Ausbildung blieb das Betriebsprofil, d. h., sie richtete sich inhaltlich nach den Aufträgen, die eingingen, und danach, welche Arbeiten im Betrieb zu erledigen waren. Die Innungen behielten weitgehend die Freiheit, das Lehrlingswesen näher zu regeln und für die technische, gewerbliche Ausbildung und Erziehung zu sorgen. Von Seiten der Industrie kam es in den 1920er Jahren immer wieder zu Initiativen der Kooperation zwischen Industrie und Handwerk, um sich gemeinsam der Frage künftiger Ausbildungsgestaltung zu widmen. So wurde 1925 durch den Reichsverband der Deutschen Industrie (RDI), die Vereinigung der Deutschen Arbeitgeberverbände (VDA) und den DATSCH der Arbeitsausschuß für Berufsausbildung (AfB) gegründet, dem kurz darauf der Deutsche Industrie- und Handelskammertag (DIHT), aber auch die Spitzenverbände des Handwerks, der Deutsche Handwerks- und Gewerbekammertag und der Reichsverband des Deutschen Handwerks beitraten. Die Ziele dieses Ausschusses, der sowohl die Belange der Industrie als auch des Handwerks berücksichtigen sollte, bestanden in der Ausweitung betrieblicher Ausbildungsanstrengungen und in der weiteren Systematisierung und Vereinheitlichung der betrieblichen Ausbildung, die über Vorgaben zur Eignung von Ausbildern, berufsspezifische Lehrgangsbeschreibungen, über Bestimmungen zu Lehrverträgen, Lehrzeit und Prüfungen zu erreichen versucht wurden (vgl. Pätzold 1980, S. 20 f.).

Insgesamt haben die 1920er Jahre zu einem Entwicklungsschub im Hinblick auf öffentliches Interesse und Verantwortung und auf Planungs- und Systematisierungsgrundlagen in der betrieblichen Ausbildung geführt. Dieser positive Trend wurde Ende der 1920er Jahre aufgrund der wirtschaftlichen Krise und der hohen Arbeitslosigkeit unterbrochen, die die Betriebe vor andere personalpolitische Entscheidungen stellte.

1.4 Ausbildungsqualität im Kontext der Ideologisierung der Berufserziehung

Unter der nationalsozialistischen Diktatur wurden im Sinne der „Gleichschaltung" und der Zentralisierung der Staatskontrolle die Zersplitterung der Handwerkspolitik zugunsten einer zentralen Planung aufgehoben und die handwerksberufliche Selbstverwaltung abgeschafft. Damit wurde gleichzeitig „der individualistische Aspekt der Gewerbefreiheit, der den freien Zugang zum Gewerbe für ‚jedermann' sichern wollte, [...] in einen kollektiv-staatlichen Zwang verkehrt" (Pätzold 1980, S. 37). Die handwerkliche Berufserziehung sollte reichsweit einheitlich geregelt werden, Handwerkskammer, Pflichtinnungen und Kreishandwerkerschaften wurden zentral geleitet. Im Gesetz über den vorläufigen Aufbau des deutschen Handwerks von 1933 wurde im §1 festgeschrieben, dass „der Reichswirtschaftsminister und der Reichsarbeitsminister [...] ermächtigt [werden], über den Aufbau des deutschen Handwerks eine vorläufige Regelung auf der Grundlage allgemeiner Pflichtinnungen und des Führergrundsatzes zu treffen" (S. 271). Die daran anknüpfende Erste Verordnung über den vorläufigen Aufbau des deutschen Handwerks von 1934 sah es im §43 als Aufgabe der Pflichtinnungen an, „das Lehrlingswesen entsprechend den Bestimmungen der Handwerkskammer zu regeln und die technische, gewerbliche und sittliche Ausbildung der Lehrlinge zu überwachen" (S. 274). Mit der Dritten Verordnung über den vorläufigen Aufbau des deutschen Handwerks von 1935 wurde mit dem §3 der sogenannte „Große Befähigungsnachweis" eingeführt, mit dem festgelegt wurde, dass Handwerker nur in dem Beruf ausbilden durften, in dem sie selbst einen Meisterbrief erworben hatten (vgl. S. 277). Eine weitere Maßnahme der Vereinheitlichung der handwerklichen Berufserziehung war die Einführung der Fachlichen Vorschriften zur Regelung des Lehrlingswesens des Reichsstandes des Deutschen Handwerks (1937/1938) für einzelne Handwerksberufe, mit denen das „gesamte Lehrlingswesen in dem betreffenden Handwerkszweig von dem Zeitpunkt der Einstellung des Lehrlings an bis zur Ablegung der Gesellenprüfung einer einheitlichen Ausrichtung unterworfen" (S. 288) werden sollte.

Dass die handwerkliche Ausbildung und das Bemühen um ihre Qualität durch Zentralisation, Vereinheitlichung und die Einführung eines Zwangsregimes vollständig im Dienst der Ideologie der nationalsozialistischen Diktatur standen, wird spätestens in der Anordnung des Reichshandwerksführers zur Regelung der Berufserziehung und -ausbildung sowie einer Handwerkerauslese von 1938 deutlich: „Im Mittelpunkt der berufsständischen Arbeit des Handwerks steht die Erziehung zur Leistung, wie sie insbesondere und vordringlich die Zielsetzung des Ministerpräsidenten Generalfeldmarschall Göring im Hinblick auf den Vierjahresplan fordert. [...] Diesen Zielen dienen Verbesserung und Vertiefung sowie planmäßige Ausgestaltung der Berufserziehung und -ausbildung im Handwerk. Eine sorgfältige Durchführung und Überwachung der Berufserziehung und -ausbildung sowie die Anerkennung besonderer Leistungen führt dazu, den Leistungswillen aller in der Ausbildung befindlichen Handwerker sowie Lehrherren zu steigern und trägt dadurch zu einem möglichst großen Erfolg bei. Gleichzeitig ist es notwendig, planmäßig den Führernachwuchs des Handwerks heranzubilden, um die besonders Befähigten an den richtigen Platz zu stellen" (S. 283). Wesentliche Elemente der nationalsozialistischen „Perfektionierung" (Kipp 1995) der industriellen Berufserziehung wurden auf das Handwerk übertragen. Mit der handwerklichen und industriellen Berufserziehung sollte vor allem die Erziehung der Jugend im Sinne einer „spezifisch nationalsozialistischen überformte[n] Vergesellschaftung von Gehorsamserzeugung" (ebd., S. 269) erfolgen. Zur konsequenten Einhaltung und Umsetzung dieser ideologisch begründeten Programmatik zur propagandistisch verbogenen Form der Ausbildungsqualität kam es in der Praxis jedoch nicht. Sie blieb äußerlich und hatte vor allem die Funktion ideologischer Unterwerfung des Handwerks samt seiner Berufserziehung. Im Nachhinein zeigte sich ein Widerspruch in der handwerklichen Berufserziehung im Nationalsozialismus, der darin bestand, „daß die zentralen Bearbeitungsstellen [von Richtlinien und Vorschriften zur Ausbildung], beherrscht vom sachlogischen Denken der Ingenieure, ihre Planung am Vorbild der lehrgangsmäßig aufgebauten Ausbildung im Betrieb ausrichteten", jedoch übersahen, „daß die Mehrzahl der Lehrlinge in Klein- und Mittelbetrieben eine ‚En-Passant-Ausbildung' durchliefen" (Abel 1963, S. 61), und dass somit die Perfektionierungsansprüche an die Handwerkslehre allenfalls schwer realisierbar waren. Nach den nationalsozialistischen Machenschaften von ideologischer Indoktrination und betrieblicher Ausbeutung nach dem Krieg wurde deutlich, dass die fachtheoretische Leistungsfähigkeit der Berufsanwärter nicht nur im Handwerk, sondern auch in der Industrie und im Handel rückständig und die Ordnungsmittel längst überholt waren (vgl. ebd.).

1.5 (Neo-)Korporatismus als Steuerungsmodell der Ausbildungsqualität

Das Hauptziel bei der Fortsetzung und dem Wiederaufbau des betrieblichen Ausbildungswesens nach dem Ende der NS-Diktatur war zunächst dafür zu sorgen, dass die Jugendlichen nach dem Krieg ihre Ausbildung abschließen konnten. Ohne Qualitätsprüfung wurden Lehrstellen besetzt und Prüfungen abgenommen. Ausschüsse und zuständige Stellen in den Besatzungszonen befassten sich zudem mit Fragen der wirtschaftlichen Entnazifizierung, ließen aber den Betrieben aufgrund ihrer ausbildungspolitischen Bedeutung eine weitgehende Autonomie. Nach der BRD-Gründung übernahmen wirtschaftliche Spitzenorganisationen und Interessenverbände die Verantwortung für die betriebliche Ausbildung. Ihnen ging es darum, dass die Wirtschaft eine zentrale Verantwortung in der betrieblichen Bildung behält und Betriebe der zentrale Lernort in der Berufsbildung bleiben. Das Handwerk vertrat seine Interessen auf Bundesebene durch den Zentralverband des Deutschen Handwerks (ZDH) und die Handwerksordnung von 1953, die die Berufsausbildung in Betrieben selbstständiger Handwerker im Hinblick auf Berechtigung zur Durchführung der Lehre, auf das Lehrverhältnis, die Lehrzeitdauer, Gesellen- und Meisterprüfung in 29 Paragrafen regelte. Auf dezentraler Ebene wurden Handwerkskammern zu „Trägern und Regelinstanzen der handwerklichen Lehrlingsausbildung [...]. Innungen übernahmen Überwachungsaufgaben" (Pätzold 1991, S. 4). Für Industrie und Handel entstand auf Initiative von Spitzenorganisationen der Wirtschaft, des Deutschen Industrie- und Handelskammertages (DIHT), des Bundesverbandes der Deutschen Industrie (BDI) und der Bundesvereinigung der Deutschen Arbeitgeberverbände (BDA) die 1951 gegründete Arbeitsstelle für Betriebliche Berufsausbildung (ABB), als Nachfolgerin des DATSCH bzw. dann des Reichsinstituts für Berufsausbildung während der NS-Diktatur. Ihre Hauptaufgabe bestand darin, in Abstimmung mit dem Bundeswirtschaftsministerium und dem Bundesarbeitsministerium die Ordnungsarbeit der Berufe zu leisten, Aufgaben die seit den 1960er Jahren das Bundesinstitut für Berufsbildungsforschung (BBF), das heutige Bundesinstitut für Berufsbildung (BIBB) übernommen hat. All diese neu geschaffenen Instanzen folgten in der Ausbildung dem Vorsatz, durch Ordnungsarbeit, Systematik und Planmäßigkeit in der

Ausbildung ihre Qualität zu fördern und damit den wirtschaftlichen Fortschritt und die Erziehung der Jugend zu Leistung und Loyalität voranzutreiben (vgl. Baethge 1970).

In der DDR war das Verständnis von Ausbildungsqualität an den politisch-ideologischen Grundsätzen der SED ausgerichtet. Vorbild war die sowjetische Berufsausbildung. Auf der Grundlage dieser Erfahrungen und der Ziele der SED erarbeitete 1951 das Staatssekretariat für Berufsausbildung Dokumente für eine rationalisierte und zentral gesteuerte und kontrollierte Gestaltung und Qualitätsentwicklung der Ausbildung. „Hervorzuheben sind die Ausarbeitung neuer Lehrpläne für alle Ausbildungsberufe, die der Durchsetzung des Prinzips der Einheit von berufstheoretischem und berufspraktischem Unterricht dienten. Privatwirtschaftliche Interessen sollten hier keine Rolle mehr spielen. Dies änderte sich wieder nach dem Zusammenbruch der DDR.

In der BRD hielt sich der Staat, vor allem vertreten durch das Bundeswirtschaftsministerium und das Bundesarbeitsministerium, in der Ausbildungspolitik und in der Frage der Ausbildungsqualität zunächst eher zurück, stattdessen insistierten immer mehr die Gewerkschaften auf Mitbestimmung und öffentliche Verantwortung in der Ausbildung. Der Deutsche Gewerkschaftsbund (DGB) forderte eine paritätische Zusammenarbeit in der Berufsbildung und legte 1959 der Bundesregierung einen Entwurf zu einem Berufsausbildungsgesetz vor, der 1962 von der SPD aufgegriffen wurde. Im Antrag der Fraktion der SPD, betr. Berufsausbildungsgesetz von 1962, wurden als wesentliche Standards der Ausbildung eine Durchführung „auf breiter Grundlage (Vollberuf)", die Garantie „persönlicher und sachlicher Voraussetzungen zur Ausbildungsberechtigung eines Betriebs" und „die Anerkennung der Ausbildung als öffentliche Aufgabe" (S. 152) festgesetzt. Nach langwierigen Aushandlungen und Verständigungen zwischen Staat, Arbeitgebern und Gewerkschaften kam es schließlich zur Verabschiedung des Berufsbildungsgesetzes (BBiG) von 1969. Mit dem BBiG und der angepassten Handwerksordnung (HwO) von 1969 sollten dann schließlich den Betrieben Mindestvorgaben für die Ausbildungsgestaltung und -durchführung gemacht werden. Tatsächlich aber fehlten diesem Gesetz „eindeutige gesetzliche Bestimmungen, die die Qualität der Berufsausbildung hinreichend [sicherten]" (Pätzold 1982, S. 38). Diese Lücke sollte in den Folgejahren durch ergänzende zusätzliche Empfehlungen und Richtlinien zur Ausbildungsqualität geschlossen werden.

So forderte bereits im selben Jahr der Deutsche Bildungsrat (1969) „die Sicherung einer laufenden wirksamen Überprüfung der Ausbildungsqualität" (S. 10), nachdem er eine „Streuung der Qualität der Ausbildung" festgestellt hatte, die „sich durch die Betriebe verschiedener Wirtschaftszweige, unterschiedlicher Größe und unterschiedlicher Standorte" (S. 15) zöge. Die Ausbildung wäre „nicht systematisch angelegt und wird folglich auch nicht planmäßig durchgeführt. Oft sind den Lehrherren die mit den Ordnungsmitteln herausgegebenen allgemeinen Ausbildungspläne nicht bekannt. Weiterhin fehlen häufig betriebsspezifische und individuelle Ausbildungspläne" (S. 16). Schließlich plädierte er für eine „Modernisierung, Präzisierung und Vervollständigung der Ausbildungsordnungsmittel" (S. 43). Die zu dieser Zeit offensichtlichen Missstände in der Ausbildung gaben der Lehrlingsbewegung Ende der 1960er/Anfang der 1970er Jahre, die sich gegen Ausbeutung in der Lehre wehrte, einen wesentlichen Anstoß (vgl. Büchter/Kipp 2014). Unterschiedliche Untersuchungen wurden durchgeführt, Berichte und Stellungnahmen verfasst, anhand derer der schlechte Zustand in der betrieblichen Ausbildung transparent wurde (vgl. Winterhager 1970; Lempert 1971). Daraufhin verfasste die Sachverständigenkommission „Kosten und Finanzierung der beruflichen Bildung" des Bundes (vgl. Sachverständigenkommission 1973) einen umfassenden Bericht zum Stand der Ausbildungsqualität, dem die „Grundsätze zur Neuordnung der Berufsbildung", die sogenannten „Markierungspunkte" folgten, mit denen die Bundesregierung feststellte, dass „die Ausbildung im Betrieb [...] aus pädagogischen, fachlichen und volkswirtschaftlichen Erwägungen unverzichtbar [ist]", und dass nun der Staat selbst die „Aufsicht über die Ausbildungstätigkeit" und für das „Erreichen der staatlichen Qualitätsnormen und das notwendige Bildungsangebot sorgen muß" (BMBW 1973). Von nun an wurde Ausbildungsqualität zur Staatsangelegenheit deklariert und im neokorporatistischen Sinn die Verantwortung für Ausbildungsqualität auf verschiedene staatliche Institutionen wie das Bundesministerium für Bildung und Wissenschaft (BMBW, heute BMBF), das Bundesinstitut für Berufsbildungsforschung (BBF, heute BIBB) sowie auf die Länder und Sozialpartner übertragen. Die wirtschaftliche Krise und die seit der zweiten Hälfte der 1970er Jahre zunehmende Jugendarbeitslosigkeit rückten die Qualitätsfrage in der Ausbildung hinter die des Ausbildungsplatzangebots. Vermutet wurde, dass hohe Qualitätsstandards den Rückgang des Ausbildungsplatzangebots begünstigen könnten (vgl. Schmude 1979, S. 3).

1.6 Die „Krise des Dualen Systems" und die Rolle der Ausbildungsqualität

In den 1980er Jahren machten erneut Untersuchungen deutlich, dass die Ausbildungspraxis insbesondere in kleinen und mittleren Handwerksbetrieben den bisherigen Qualitätsstandards in der Ausbildung hinterherhinkte (vgl. Pätzold/Drees 1989). Zusätzliche Impulse bekam die damalige Qualitätsdiskussion nun auch von berufspädagogischer Seite. Angesichts der Bildungsvorstellungen der Jugend, ihrer subjektiven Lerninteressen und auch vor dem Hintergrund neuer handlungsorientierter Konzepte zur Ausbildungsdidaktik, so der Tenor, könnte die Ausbildung nicht mehr der betrieblichen Auftragslage, den Interessen der Ausbilderin oder des Ausbilders bzw. dem meisterlichen Erziehungsstil unterworfen werden, sondern müsste sich auch nach den Entwicklungsvorstellungen der Jugend richten. Mit dieser Subjektorientierung in der Ausbildungsqualität war unmittelbar ausbildungsmarktpolitisches Interesse verknüpft. So sah der Bundesverband der Deutschen Industrie (BDI) (1982) die zunehmende Zahl an Abiturienten Anfang der 1980er Jahre als neue Herausforderung der pädagogischen Qualität in der Ausbildung an: „Die verstärkte Ausbildung von Abiturienten im dualen System wird für die Betriebe neue Anforderungen bringen. Sie müssen sich auf Bewerber einstellen, die andere schulische Voraussetzungen als die Abgänger aus Haupt- und Realschulen mitbringen und die betriebliche Berufsausbildung mit einer anderen Erwartungshaltung absolvieren. [...] Mit der sinkenden Zahl der Bewerber um Ausbildungsstellen rücken in der bildungspolitischen Diskussion stärker Fragen der Qualität der Ausbildung im dualen System in den Vordergrund" (S. 33). Ende der 1980er Jahre legte das Bundesinstitut für Berufsbildung (BIBB) im Rahmen seines Forschungsschwerpunktes zur Sicherung und Steigerung der Qualität der betrieblichen Berufsausbildung einen Qualitätsindex vor, der nun nicht mehr nur die Institutionalisierung und Formalisierung als Bezugspunkte der Qualitätsentwicklung in der Ausbildung fokussierte, sondern auch explizit pädagogische Aspekte mit auflistete. Zu den Qualitätskriterien sollten gehören: Planmäßigkeit der Ausbildung, qualifizierter Ausbildereinsatz, Kooperation von Betrieb und Berufsschule, Auswahl praktischer Arbeiten nach pädagogischen Kriterien, Arbeiten im Team, Anteil der Möglichkeiten zur selbstständigen Arbeit, zeitliche Gestaltungsspielräume beim Lernen, Umgang mit neuen Techniken und Lernen an unterschiedlichen Lernorten und dessen zeitliche Gestaltung (vgl. Damm-Rüger/Degen/Grünewald 1988). Aber auch dieser Index hat Fragen und Forderungen nach mehr Qualität in der betrieblichen Ausbildung nicht endgültig beantworten können.

Die „Krise des Dualen Systems" in den 1980er/90er Jahren (vgl. Greinert 1998) hat verschiedene Reformdebatten angefacht, in deren Kontext auch die Qualität der Ausbildung als zentraler Punkt in den verschiedenen Forderungskatalogen des Bundes, der Interessenverbände und der Sozialpartner aufgelistet wurde. Einen erneuten Aufwind hat das Thema Qualität im Zuge der Novellierung des Berufsbildungsgesetzes (BBIG) 2005 bekommen, die mit dem Ziel erfolgt war, „ein umfassendes Instrumentarium zur Sicherung der Qualität der beruflichen Bildung" (Deutscher Bundestag 2005) zu gewährleisten. Auch die europäische Diskussion über die Entwicklung von Maßnahmen zur Steigerung der Qualität und Attraktivität der Systeme der beruflichen Bildung, die auch auf nationaler Ebene den Blick auf die Qualitätsentwicklung in der dualen Ausbildung gerichtet hat, gab zumindest auf Bundesebene einen weiteren Anstoß. Mit der Einführung eines Europäischen Bezugsrahmens für die Qualitätssicherung in der beruflichen Aus- und Weiterbildung (EQARF) verknüpfte die Europäische Kommission die Hoffnung auf Transparenz und Kohärenz der Berufsbildung unter den Mitgliedstaaten, auf Erhöhung der Teilnahme-, Abschluss- und Vermittlungsquote bei Berufsbildungsgängen und auf Verbesserung des Zugangs zur Berufsbildung (vgl. DEQA-VET 2011).

In Deutschland hat die Debatte seit Mitte der 2000er Jahre um Qualität in der betrieblichen Ausbildung zudem durch die Hinweise auf den demografischen Wandel, auf Prognosen zum sogenannten Fachkräftemangel und auf ein sich veränderndes Rekrutierungsverhalten von Betrieben bei der Besetzung von Ausbildungsstellen, bei der künftig zunehmend auch bislang „unversorgte Bewerber/Bewerberinnen" und benachteiligte Jugendliche aus dem sogenannten Übergangssystem berücksichtigt würden, weitere Anstöße bekommen. Mit dem Förderschwerpunkt „Qualitätsentwicklung und -sicherung in der betrieblichen Berufsausbildung" des Bundesinstituts für Berufsbildung (BIBB) (vgl. Schemme 2014) sollte die Qualität betrieblicher Ausbildung insbesondere in kleinen und mittleren Unternehmen unterstützt werden. Ziel der von 2010 bis 2013 durchgeführten Modellversuche war die Entwicklung und Sicherung der Qualität der Ausbildungsbedingungen und -strukturen, der Ausbildungsprozesse, der -ergebnisse und -wirkungen. Die verschiedenen Modellversuche haben eine Reihe an Konzepten, Unterstützungshilfen und Leitlinien entwickelt, deren langfristige ausbildungspolitische und ausbildungspraktische Relevanz noch offen ist.

Insgesamt macht die Geschichte der Bemühungen um betriebliche Ausbildungsqualität die chronische Diskrepanz zwischen formalen Qualitätsanforderungen und der betrieblichen Ausbildungspraxis deutlich. Diese hängt eng mit der relativen Autonomie der Betriebe und ihrer eigenen betrieblichen Logik zusammen, Ausbildung zu praktizieren. Ausbildungsqualität war und ist eingebunden in berufsbildungs- und ausbildungspolitische Interessen, bei denen es um Besitzstände in der Ausbildung, um äußeren politischen Einfluss auf die Ausbildung ging und geht, in der Regel aber immer mit dem Ziel, das duale System grundsätzlich zu erhalten. Im Laufe der Geschichte haben sich aufgrund der differenzierten Verantwortlichkeit für Ausbildung – die Geschichte der Teilzeitberufsschule als der anderen Säule des dualen Systems, auch in ihrem Zusammenwirken mit der betrieblichen Ausbildung (Ergänzung oder Kompensation), muss hier ausgeklammert bleiben – die Transparenz in die und das Niveau der Ausbildung sukzessive verbessert. Gleichzeitig sind aber auch die Qualitätsansprüche differenzierter geworden. Deutlich wird auch, dass sich der Fokus der öffentlichen Qualitätsbemühungen im Laufe der Zeit von Standards der Institutionalisierung und Formalisierung hin zu pädagogischen Standards in der Ausbildung erweitert hat, auch wenn die wie immer gerichtete Erziehung der Jugend stets ein zentraler betrieblicher Ausbildungsanspruch war.

Programme und Initiativen zur Entwicklung und Sicherung von Ausbildungsqualität sind Scharniere zwischen formalen Standards und Ausbildungspraxis. Im Folgenden geht es um den aktuellen Hintergrund der Ausbildungsqualitätsdiskussion unter besonderer Berücksichtigung des Handwerks und darum, den aktuellen Schwerpunkt der Prozessqualität im Hinblick auf Inhalte und Gestaltung und seine Scharnierfähigkeit zu reflektieren.

2 Ausbildungsqualität als aktuelle Forderung

Dass die Qualitätsinitiativen der letzten Jahre nicht flächendeckend erfolgreich waren, wird daran deutlich, dass das Qualitätsniveau in der betrieblichen Ausbildung von Branche zu Branche, Betriebsgröße zu Betriebsgröße und von Ausbildungsberuf zu Ausbildungsberuf nach wie vor heterogen ist. Während beispielsweise in Großbetrieben aufgrund der zeitlichen, materiellen und personellen Ausstattung in der Ausbildung die Ausbildungsqualität nachweislich positiv ausfällt und auch eine Auseinandersetzung mit betrieblichen Anforderungen an die Ausbildung erfolgt, haben kleine Betriebe aufgrund anderer struktureller Bedingungen eher damit umzugehen, „mit wenig Personal flexibel auf Angebot und Nachfrage reagieren zu müssen. Sie binden ihre Auszubildenden überdurchschnittlich stark nach Auftragslage – und weniger nach betrieblichem Ausbildungsplan – in die Arbeit mit ein" (DGB 2015, S. 7). In Kleinbetrieben hat Ausbildung eher den Status eines Mitläufers, formale Grundlagen wie Gesetze, Verordnungen, Pläne spielen im Ausbildungsalltag kaum eine Rolle und sind nicht immer bekannt (vgl. Quante-Brandt/Grabow 2008).

2.1 Hintergründe von Forderungen nach Ausbildungsqualität

In der aktuellen Diskussion um Qualität in der Ausbildung spielen insbesondere drei Motive eine zentrale Rolle: Gewinnung von Auszubildenden in von Fachkräftemangel gekennzeichneten Berufen, Reduzierung von Vertragslösungsquoten und berufliche und soziale Integration von benachteiligten Jugendlichen sowie Gewinnung von Studienabbrechern für Ausbildung. Insbesondere im Handwerk wird die Notwendigkeit der Qualitätsverbesserung in der Ausbildung mit der rückläufigen Zahl an Neuverträgen, der relativ hohen Vertragslösungsquote, der besonderen schulischen Vorbildung der Auszubildenden und der Bewertung der Ausbildung durch die Auszubildenden selbst begründet (vgl. Büchter 2014).

Rückläufige Zahl an Neuzugängen
Vor dem Hintergrund des sich abzeichnenden Fachkräftemangels stellt die rückläufige Zahl an neuen Ausbildungsverträgen aus der Sicht der Betriebe eines der größten Probleme dar. Jüngeren Berufsbildungsberichten des Bundesinstituts für Berufsbildung (BIBB) zufolge sinkt die Zahl der neu abgeschlossenen Ausbildungsverträge seit 2009 kontinuierlich. Besonders betroffen ist das Handwerk.

Vor dem Hintergrund der rückläufigen Zahl an Neuverträgen einerseits und der relativ hohen Vertragslösungsquote in der handwerklichen Ausbildung andererseits entwickelt das Handwerk seit einigen Jahren Initiativen und Reformen, um die Attraktivität der Ausbildung für Jugendliche, die einen Ausbildungsplatz suchen, zu verbessern. Gleichzeitig steht es vor der Herausforderung, die Jugendlichen in der ersten Phase der Ausbildung durch Ausbildungsqualität zu halten, zumal in dieser Zeit die Vertragslösungsquote am höchsten ist.

Vorbildung der Jugendlichen
Qualitätsinitiativen in der Ausbildung haben vor allem auch die Lernbiografien und Lernerfahrungen der Auszubildenden zu berücksichtigen, damit die Lernprozesse für die Jugendlichen zugänglich sind und diese sich darauf einlassen können und wollen. Das Vorbildungsniveau der Auszubildenden mit neu abgeschlossenen Ausbildungsverträgen im Handwerk ist in den letzten Jahren angestiegen. So ist die Quote der Neuzugänge ohne Hauptschulabschluss von 5,2 im Jahr 2009 auf 3,8 im Jahr 2013 gesunken, die derjenigen mit Hauptschulabschluss von 53,7 (2009) auf 49,2 (2013). Hingegen ist die Quote der Neuzugänge mit Studienberechtigung gestiegen, von 6,3 im Jahr 2009 auf 10,0 im Jahr 2013 (vgl. BIBB 2015 b, S. 176).

Bewertung der Ausbildung durch die Auszubildenden

2009 hat das BIBB die Ergebnisse einer Befragung von 6.000 Auszubildenden in 15 dualen Ausbildungsberufen nach deren Einschätzung zur Ausbildungsqualität veröffentlicht (vgl. Beicht/Krewerth 2008; Ebbinghaus/Gruber/Krewerth 2010). Als grobes Fazit dieser Erhebung konnte festgehalten werden, dass die Berufe des Handwerks im Hinblick auf die Einschätzung der Ausbildungsbedingungen durch die Auszubildenden im mittleren bis unteren Bereich lagen. Dies belegen auch die seit 2005 jährlich erscheinenden Ausbildungsreports des DGB (zuletzt 2015).

2.2 Ausbildungs- und Lernprozess als formaler Bezugspunkt von Qualitätsentwicklung

Seit Anfang der 2000er Jahre besteht Einigkeit darin, dass sich Ausbildungsqualität nicht allein an Inputfaktoren (institutionelle und formale Ausgangsbedingungen) und Outputfaktoren (Prüfungsergebnisse) messen lässt, sondern auch die unmittelbare Durchführung der Ausbildung im konkreten Lehr-Lernprozess als Prozessfaktoren in die Bewertung und Entwicklung von Ausbildungsqualität berücksichtigt werden muss. Dementsprechend spielt der Lernprozess als Bezugspunkt für Qualitätsentwicklung in aktuellen Publikationen und Projekten eine zentrale Rolle: „Qualität der Ausbildung entsteht allein *im Lernprozess*. Ziel jeder QES [Qualitätsentwicklung] in der Ausbildung muss es also letztlich sein, *den Lernprozess zu optimieren*. Eine QES in der Ausbildung, der es wirklich um die Entwicklung und Sicherung der Qualität der Ausbildung geht, kann die Lernprozesse nicht außer Acht lassen, sondern muss sich dieser ‚Prozessqualität' entschieden zuwenden, um sie zu verbessern bzw. vor Störungen zu bewahren" (Brater 2014, S. 234; Herv. i. O.).

Diese Ausrichtung von Qualität am Lernprozess bzw. die pädagogische Orientierung der Ausbildungsqualität findet ihren Niederschlag auch in formal-rechtlichen Grundlagen. So sind im BBiG an verschiedenen Stellen die Qualitätsentwicklung und -sicherung in der Ausbildung, auch unter Berücksichtigung der Prozessqualität, rechtlich verankert. Beispielsweise sind die Kriterien geordneter Ausbildungsgang und planmäßiger Ablauf der Ausbildung mit dem §5 des BBiG festgelegt. Mit §1 (3) gibt das Gesetz die Förderung beruflicher Handlungsfähigkeit als Ausbildungsauftrag vor: „Die Berufsausbildung hat die für die Ausübung einer qualifizierten beruflichen Tätigkeit in einer sich wandelnden Arbeitswelt notwendigen beruflichen Fertigkeiten, Kenntnisse und Fähigkeiten (berufliche Handlungsfähigkeit) in einem geordneten Ausbildungsgang zu vermitteln. Sie hat ferner den Erwerb der erforderlichen Berufserfahrungen zu ermöglichen." Ferner sieht es vor, dass Auszubildende selbst Verantwortung für den eigenen Erwerb beruflicher Handlungsfähigkeit übernehmen (§13), dass Ausbildende dafür zu sorgen haben, „dass den Auszubildenden die berufliche Handlungsfähigkeit vermittelt wird, die zum Erreichen des Ausbildungsziels erforderlich ist, und die Berufsausbildung in einer durch ihren Zweck gebotenen Form planmäßig, zeitlich und sachlich gegliedert so durchzuführen, dass das Ausbildungsziel in der vorgesehenen Ausbildungszeit erreicht werden kann" (§14), dass die Ausbildungsstätte so geeignet ist, dass die erforderlichen beruflichen

Fertigkeiten, Kenntnisse und Fähigkeiten in vollem Umfang vermittelt werden können (§ 27) und dass die Ausbildenden persönlich und fachlich geeignet sind (§ 28). Noch deutlicher fokussiert die Ausbildereignungsverordnung (AEVO) in ihrem Paragrafen 3 (3) den unmittelbaren Ausbildungsprozess, ein adäquates Ausbildungsklima, handlungsfördernde Methoden und lernprozessbegleitende Maßnahmen. Sie schreibt die Schaffung lernförderlicher Bedingungen und einer motivierenden Lernkultur vor, die Entwicklung betrieblicher Lern- und Arbeitsaufgaben aus dem betrieblichen Ausbildungsplan und den berufstypischen Arbeits- und Geschäftsprozessen sowie die zielgruppengerechte Auswahl und den situationsspezifischen Einsatz von Ausbildungsmethoden und -medien. Auch die kommunikativen Aspekte des Lernprozesses werden berücksichtigt. So sollen den Auszubildenden Rückmeldungen gegeben werden, sie sollen bei Lernschwierigkeiten durch individuelle Gestaltung der Ausbildung und Lernberatung Unterstützung erfahren, ihre soziale und persönliche Entwicklung soll gefördert, Probleme und Konflikte rechtzeitig erkannt sowie auf eine Lösung hingewirkt werden. Die Leistungen der Auszubildenden sollen festgestellt und bewertet, Beurteilungsgespräche geführt und Rückschlüsse für den weiteren Ausbildungsverlauf gezogen werden.

Aber nach wie vor scheinen formale Grundlagen nicht zu reichen, sondern müssen durch Konkretisierungs- und Unterstützungshilfen ergänzt werden. Um die formalen Vorgaben für die Ausbildung auch in die Ausbildungspraxis von Betrieben einsickern zu lassen, sind also zusätzliche Interpretationshilfen, Handlungsanleitungen und Checklisten publiziert worden. Erwähnenswert sind unterschiedliche Leitfäden und Handbücher einzelner Handwerkskammern zur Verbesserung der Qualität bei der Gestaltung, Begleitung und Bewertung der Ausbildung in Handwerksbetrieben.

Zu nennen ist beispielsweise auch der „Qualitätsrahmen für die Berufsausbildung", gedacht als „Arbeitshilfe für Berufsbildungsausschüsse bei den zuständigen Stellen" der IGM (2006). In diesem Qualitätsrahmen zählen zu den wichtigsten Kriterien der Prozessqualität: die Anwendung des Ausbildungsplans, die methodisch-didaktische Konzipierung und eine entsprechende Durchführung der Ausbildung, die Anwendung eines Feedbacksystems, die Lernortkooperation und eine verordnungskonforme Aufgabenstellung und Prüfungsdurchführung (S. 14 ff.). In den verschiedenen Modellversuchen des BMBF-Programms „Qualitätsentwicklung und -sicherung in der betrieblichen Ausbildung" (2010 – 2013) ist zudem eine Reihe an Konzepten, Instrumenten und Vorschlägen entwickelt und formuliert, um die unmittelbaren Ausbildungsprozesse zu verbessern.

Ausführlich ist auch der „Qualitätsrahmen", den die wissenschaftliche Begleitung auf der Basis von empirischen Studien und Empfehlungen zur Qualität in der betrieblichen Ausbildung und angelehnt an die in QualiVET identifizierten Qualitätsbereiche (vgl. QualiVET Projektgruppe 2007) erstellt hat. Für die Dimension Prozessqualität werden in diesem Qualitätsrahmen insbesondere folgende Kriterien gelistet:

Planung, Gestaltung, Reflexion von Lehr-/Lernprozessen
- Planung von Lehr-/Lernprozessen: Einhalten/Überprüfen/Anpassen des betrieblichen Ausbildungsplans, Festlegung von Lernzielen in den einzelnen Ausbildungsphasen durch die Beteiligten der Ausbildung
- Gestaltung von Lehr-/Lernprozessen: Gestaltungs-, Handlungs- und Arbeitsprozessorientierung, Schaffung einer Ausbildungskultur mit angemessenen Umgangsformen, Fehleroffenheit, pädagogische Professionalität des Ausbildungspersonals, Selbstbestimmtheit und Verantwortung des Auszubildenden, handlungs- und kompetenzorientierte Ausbildungsmethoden, Ausbildungsinhalte entsprechen den Ausbildungsanforderungen und individuellem Lernstand
- Beurteilung und Reflexion von Lehr-/Lernprozessen: Feedbackkultur, Aushandeln und Abstimmen des weiteren Ausbildungsverlaufs, Dokumentation von Lernfortschritten, Dokumentation und Reflexion der Kompetenzentwicklung, Prüfungsbegleitung und -vorbereitung

Auf- und Ausbau von Kooperationen und strukturelle Bedingungen
- Intensivierung der Kooperation zwischen (über-)betrieblichen Akteuren: regelmäßige innerbetriebliche Treffen zwischen Ausbildenden und anderen Akteuren der beruflichen Ausbildung, regelmäßige überbetriebliche Treffen zwischen Ausbildenden und regionalen ausbildungsrelevanten Akteuren, regelmäßige Aktivitäten zur Förderung der Interaktion, des Austauschs und der Vernetzung zwischen Auszubildenden
- Förderung von Lernortkooperation: regelmäßiger Austausch zwischen Lernorten, Abstimmen betrieblicher und schulischer Lehrpläne, Informationsaustausch zwischen Betrieb und anderen Lernorten über Leistung und Verhalten der Auszubildenden, Hospitationen und Praktika von Ausbildenden in Schulen und von Lehrern in Betrieben
- Prozessbegleitende und systematische Umsetzung und Nutzung von Strukturen und Ressourcen für die Ausbildung: Umsetzung des Ausbildungsrahmenplans, Nutzung personeller und technischer Ausstattung, Initiativen kontinuierlicher Verbesserung von Kommunikation, Diskussion und Reflexion über Ausbildung, Qualitätsüberprüfung, systematische Erfassung von Handlungsbedarfen und Identifizierung und Einleitung von Interventionsmaßnahmen

Als konsensfähige Prozesskriterien können also zusammengefasst werden: eine systematische Orientierung an inhaltlichen Vorgaben und Zielen der Ausbildung, Schaffung einer kommunikativen Ausbildungskultur und handlungs- bzw. kompetenzorientierte Gestaltung des unmittelbaren Lernprozesses, Verantwortungsübernahme des Auszubildenden für die eigene Ausbildung und Professionalität des Auszubildenden sowie die Kooperation(-sbereitschaft) ausbildungsrelevanter Akteure.

Trotz der Vielfalt an Kriterien, die die formalen Grundlagen für die Berufsausbildung unterstützenden Ergänzungshilfen unter der Rubrik Prozessqualität in der Ausbildung enthalten, besteht nach wie vor ein Forschungs- und Handlungsbedarf zu der Frage, wie ein an Kriterien der Prozessqualität ausgerichteter Lernprozess exemplarisch geplant, gestaltet, durchgeführt, analysiert und reflektiert werden kann. Zu den jüngeren Beiträgen, die bei der Entwicklung von Ausbildungsqualität konkrete Lernprozesse in bestimmten beruflichen Domänen und einzelnen Berufen in den Blick nehmen und Kompetenzorientierung, Ausbildungsinhalte und Lernkulturentwicklung systematisch miteinander verbinden, gehören die Arbeiten aus dem Kontext der gewerblich-technischen Berufsbildungsforschung (Windelband/Spöttl/ Becker 2014).

2.3 Lernverständnis und Ausbildungsqualität

Den unmittelbaren Lernprozess in der Ausbildung zum Bezugspunkt von Qualitätsentwicklung zu machen, setzt voraus, dass das zugrunde liegende Verständnis von Lernen expliziert, diskutiert und den Ausbildenden deutlich wird. Das Ziel betrieblicher Lernprozesse ist die berufliche Handlungsfähigkeit. Im Laufe der betrieblichen Lernprozesse bzw. der Entwicklung beruflicher Handlungsfähigkeit kommt es darauf an, den Auszubildenden Aufgaben zu geben, deren fachliche, methodische und kommunikative Komplexität sukzessiv zunimmt. Anstelle einfacher, anhand von Regel-/Basiswissen schematisch lösbarer Aufgabenstellungen treten immer mehr problemlösungsorientierte, komplexe Aufgaben, die interpretations- und entscheidungsoffen sind und das Konstruieren und Modellieren von Lösungen durch die Lernenden erforderlich machen. So verstandene Aufgaben haben nicht nur eine fachlich-methodische, sondern auch eine sozial-kommunikative Seite, da erforderliche Interpretationen, Entscheidungen bei der Planung, Gestaltung, Durchführung und Bewertung komplexer Aufgaben oder Aufträge erläutert, abgewogen, abgestimmt und angepasst werden müssen. In diesem Sinne konstruierende Lernprozesse erfordern nicht nur dem Ausbildungsniveau adäquat komplexe Aufgaben, sondern auch eine sozial-kommunikative Lernumgebung. Aus dieser Perspektive gewinnt dann auch der Aspekt des Sprechens in der und über die Ausbildung eine zentrale Rolle. Sprache und Sprachstile steuern Denkprozesse und Handlungskonzepte wesentlich mit. Ausführliches Sprechen und Schreiben, die Anwendung eines größeren Wortschatzes und vielseitiger Argumente sind in der Ausbildung wichtige Voraussetzungen dafür, dass der Informations- und Kommunikationsaustausch in der Ausbildung mit größeren Lerneffekten verbunden ist und bessere Möglichkeiten auch des persönlichen Ausdrucks, der Identitätsbildung und Persönlichkeitsentwicklung gegeben sind. Kommunikation in der Ausbildung ist somit ein wichtiges Kriterium bei der Bewertung von Ausbildungsqualität.

Für die Analyse und Gestaltung von Lernprozessen in der betrieblichen Ausbildung sind insgesamt folgende Aspekte, Konkretisierungen und Fragestellungen denkbar:

Tab. 1.1: Analyse und Gestaltung von Lernprozessen in der betrieblichen Ausbildung

Aspekte des Lernprozesses	Konkretisierung des Lernprozesses	Fragen zur Lernprozessgestaltung	Fragen zur Kommunikation
Themenfeld	Festlegung der berufsbezogenen Inhaltsbereiche gemäß Ausbildungsordnung, Ausbildungsrahmenplan und Lernfeld	Welche Ausbildungsinhalte soll sich der Auszubildende aneignen? Sind diese für die Ausbildungsbeteiligten transparent und dem Auszubildenden plausibel?	Wer kommuniziert in welchem Rahmen und in welcher Weise die Themenfelder/Ausbildungsinhalte mit dem Auszubildenden?
Kompetenzorientierte Lernziele	Formulierung anzustrebender Kompetenzentwicklung im Kontext der zu erwerbenden Kenntnisse, Fertigkeiten und Fähigkeiten	Welche Kompetenzen sollen im Rahmen der angestrebten Lernziele entwickelt werden?	Wer tauscht sich in welchem Rahmen und in welcher Weise mit dem Auszubildenden über kompetenzorientierte Lernziele aus und erläutert diese plausibel?
Aufgaben und Aufgabenstruktur	Inhaltliche und didaktische Gestaltung von arbeits- und geschäftsprozessorientierten Aufgaben den kompetenzorientierten Lernzielen entsprechend	Welche realen Aufgaben und welche Aufgabenstruktur sind für die Entwicklung dieser Kompetenzen adäquat?	Wer erläutert den Auszubildenden in welchem Rahmen die Aufgaben und die Aufgabenstruktur verständlich?
Lernformen und Methoden	Konkretisierung von individualisiertem, praxisnahem, erfahrungsgesättigtem und situiertem Lernen in selbst gesteuerten und begleiteten Projekten	Welche Lernbedürfnisse des Auszubildenden sind zu berücksichtigen? Wie kann individualisiertes und projektorientiertes Lernen gestaltet werden?	Wer führt in welchem Rahmen den Dialog mit den Auszubildenden über ihre Lernbedürfnisse und über Möglichkeiten, diese im Ausbildungsprozess zu berücksichtigen?
Medien und Unterstützung	Arbeitsmaterial und Werkzeug, Strukturierungshilfen, Informationsmöglichkeiten	Welche Materialien, Medien und Unterstützungshilfen braucht der Auszubildende zur Bearbeitung seiner Aufgabe?	Wer schlägt in welchem Rahmen den Auszubildenden Unterstützungsmedien vor?
Kommunikations- und Reflexionsangebote	Kommunikative Ausbildungskultur, fehleroffene Lernumgebung, fachliche, pädagogische und persönliche Eignung der Ausbildenden, zeitliche Ressourcen für kommunikativen Austausch	Welchen Anforderungen müssen die Ausbildenden gerecht werden, um den konstruierenden Lernprozess zu unterstützen? Ist genügend Zeit vorhanden?	Wer führt in welchem Rahmen, welcher Weise und mit welchem Sprachstil Kommunikation und Reflexion in der Ausbildung unter Berücksichtigung fair verteilter Redeanteile durch?
Kontrolle	Rekonstruktion und Reflexion des Lernprozesses im Hinblick auf Aufgabenverlauf und lernzielorientierten Kompetenzerwerb, reflexive Verarbeitung des Kompetenzerwerbs und Einordnung des subjektiven Ausbildungsstandes.	Sind Möglichkeiten, Gelegenheiten, kapazitäre und zeitliche Ressourcen vorhanden, um mit dem Auszubildenden den Lernprozess, den Ausbildungsstand und seinen Kompetenzerwerb rekonstruieren und reflektieren zu können?	Wer führt in welchem Rahmen, unter welchen Bedingungen und mit welchen Kompetenzen die dialogische, reflektierte Rekonstruktion der Ausbildung durch?

Unter Prozessqualität in der Ausbildung ist demnach eine an den jeweiligen Inhalten der Ausbildung und vorhandenen sowie anzustrebenden Kompetenzen der Auszubildenden ausgerichtete systematische und dialogorientierte Lernprozessplanung, Aufgabengestaltung, Lernprozessbegleitung und Lernprozessreflexion zu verstehen.

Fraglich ist jedoch, ob all die inzwischen entwickelten Standards für die Verbesserung von Prozessqualität und solche theoretischen Hinweise am Ende nicht dann doch wieder einen Abstraktheitsgrad erreichen, wodurch weder der betriebliche Ausbildungsalltag noch die Ausbildenden und erst recht nicht Jugendlichen erreicht werden und stattdessen die chronische Diskrepanz zwischen Qualitätsanspruch und Qualitätsrealität in der Ausbildung reproduziert wird. Ganz vergeblich sind sie aber nicht, sondern können als Grundlage der theoretischen Reflexion über Prozessqualität in der Ausbildung dienen.

3 Fazit

Ausgangspunkt des Beitrags war die Frage nach der Geschichte von Forderungen nach mehr Qualität in der betrieblichen Ausbildung, ihren Hintergründen, ausbildungspolitischen Kontexten, Motiven und praktischen Anknüpfungspunkten. Festgestellt werden konnte eine chronische Diskrepanz zwischen formalen Qualitätsstandards und der Realität betrieblicher Ausbildungsqualität, die dazu beiträgt, dass immer wieder neue Programme und Initiativen zur Verbesserung von Ausbildungsqualität publiziert werden. Ob und inwieweit die aktuelle Fokussierung auf Prozessqualität in der Berufsbildungsforschung dazu beiträgt, diese Diskrepanz zu beheben, hängt nicht zuletzt von dem Abstraktionsniveau der Empfehlungen ab, oder positiv gewendet davon, dass Ausbildung immer auch Teil der Lebenswelten sowohl von ausbildendem Personal als auch von Jugendlichen ist, in denen es um unterschiedliche Wahrnehmungen, Relevanzen und auch um gegenseitige Wertschätzung, Zuwendung, Anerkennung, Beziehungspflege und das regelmäßige Miteinanderreden über Ausbildung geht. Diese Erkenntnis und entsprechend praxisnahe Beratungskonzepte sinnvoll mit formalen Standards von Ausbildungsqualität so zu kombinieren, dass auch eine an den Lebenswelten orientierte Ausbildungskultur möglich ist, könnte ein gutes Scharnier zwischen Anspruch und Realität von Ausbildungsqualität sein.

Literatur

Abel, H. (1963): Das Berufsproblem im gewerblichen Ausbildungs- und Schulwesen Deutschlands (BRD). Braunschweig

Albrecht, O./Sassenbach, J. (1919): Regelung des Lehrlingswesens („Nürnberger Beschlüsse"). In: Pätzold, G. (1982): Quellen und Dokumente zur Geschichte des Berufsbildungsgesetzes. 1875 – 1981. Köln, S. 49–52

Allgemeines Landrecht für die Preußischen Staaten. Vom 1. Juni 1794 (Auszug). In: Stratmann, K./Schlüter, A. (Hg.) (1982): Quellen und Dokumente zur Berufsbildung. 1794–1869. Köln/Wien, S. 41–49

Anordnung des Reichshandwerksführers zur Regelung der Berufserziehung und -ausbildung sowie einer Handwerkerauslese von 1938. In: Pätzold, G. (Hg.) (1980): Die betriebliche Berufsbildung 1918 –1945. Quellen und Dokumente zur Geschichte der Berufsbildung in Deutschland. Köln/Wien, S. 283–286

Antrag der Fraktion der SPD, betr. Berufsausbildungsgesetz (1962). In: Pätzold, G. (1982): Quellen und Dokumente zur Geschichte des Berufsbildungsgesetzes. 1875–1981. Köln, S. 152

Baethge, M. (1970): Ausbildung und Herrschaft. Unternehmerinteressen in der Bildungspolitik. Frankfurt am Main

Beicht, U./Krewerth, A. (2008): Ausbildungsqualität in Deutschland aus Sicht der Auszubildenden. Erste Ergebnisse einer Umfrage des Bundesinstituts für Berufsbildung (BIBB) unter Teilzeitberufsschülern und -schülerinnen. Bonn

Brater, M. (2014): Qualitätsentwicklung in der Berufsausbildung – „bottom up". In: Fischer, M. (Hg.): Qualität in der Berufsausbildung. Anspruch und Realität. Schriftenreihe des Bundesinstituts für Berufsbildung (BIBB). Bielefeld, S. 227–260

Büchter, K. (2014): Zum Verhältnis von Ordnungsmitteln und Qualitätsinstrumenten in der betrieblichen Ausbildung. In: Fischer, M. (Hg.): Qualität in der Berufsausbildung. Anspruch und Realität. Schriftenreihe des Bundesinstituts für Berufsbildung (BIBB). Bielefeld, S. 203–226

Büchter, K./Kipp, M. (2014): Von der Lehrlingsbewegung zur „Befähigung zur Mitgestaltung" – (ent-)politisierte Jugend als Leitidee der Lehrerbildung? In: bwp@, Profil 3, S. 1–23. URL: www.bwpat.de/profil3/buechter_kipp_profil3.pdf (Stand: 21.01.2016)

Bundesinstitut für Berufsbildung (BIBB) (Hg.) (2015 a): Leitfaden Qualität der betrieblichen Berufsausbildung. Bonn

BIBB (Hg.) (2015 b): Datenreport zum Berufsbildungsbericht 2015. Informationen und Analysen zur Entwicklung der beruflichen Bildung. URL: https://www.bibb.de/dokumente/pdf/bibb_datenreport_2015.pdf (Stand: 21.01.2016)

Bundesminister für Bildung und Wissenschaft (BMBW) (1973): Grundsätze zur Neuordnung der Berufsbildung (Markierungspunkte). Bonn

Bundesverband der Deutschen Industrie e. V. (BDI) (1982): Berufliche Bildung. Baustein für die wirtschaftliche Zukunft. In: Pätzold, G. (Hg.) (1991): Die betriebliche Berufsbildung 1945–1990. Quellen und Dokumente zur Geschichte der Berufsbildung in Deutschland. 2. Band. Köln, S. 520–525

Damm-Rüger, S./Degen, U./Grünewald, U. (1988): Zur Struktur der betrieblichen Ausbildungsgestaltung. Berlin/Bonn

Deutscher Bildungsrat (Hg.) (1969): Zur Verbesserung der Lehrlingsausbildung. Stuttgart.

Deutscher Bundestag (2005), zitiert nach: Weiss, R. (2010): Qualität der Berufsbildung aus unterschiedlichen Perspektiven: Indikatoren und Bewertungen. In: Niedermair, G. (Hg.): Qualitätsentwicklung in der beruflichen Bildung. Ansprüche und Realitäten. Linz, S. 15–32.

DEQA-VET (Deutsche Referenzstelle für Qualitätssicherung in der beruflichen Bildung) (2011): EQARF: Europäischer Bezugsrahmen für die Qualitätssicherung in der beruflichen Aus- und Weiterbildung. URL: http://www.deqa-vet.de/de/466.php (Stand: 21.01.2016)

Deutscher Gewerkschaftsbund (DGB) Jugend (Hg.) (2015): Ausbildungsreport 2015. URL: www.jugend.dgb.de (Stand: 21.01.2016)

Dritte Verordnung über den vorläufigen Aufbau des deutschen Handwerks. Vom 18. Januar 1935. In: Pätzold, G. (Hg.) (1980): Die betriebliche Berufsbildung 1918–1945. Quellen und Dokumente zur Geschichte der Berufsbildung in Deutschland. Köln/Wien, S. 277–278

Ebbinghaus, M.; Gruber, T. G., Krewerth, A. (2010): Qualität in der beruflichen Bildung: breit diskutiert – spät fokussiert. In: Bundesinstitut für Berufsbildung (BIBB) (Hg.): 40 Jahre BIBB. 40 Jahre Forschen – Beraten – Zukunft gestalten. Bielefeld, S. 130–138

Eckert, H. (1927): Die neuen Bestrebungen des Lehrlingswesens im Handwerk. Freiburg

Endres, R. (1996): Handwerk – Berufsbildung. In: Hammerstein, N. (Hg.): Handbuch der deutschen Bildungsgeschichte. Band I. 15. bis 17. Jahrhundert. München, S. 375–424

Entwurf einer allgemeinen Handwerker- und Gewerbeordnung für Deutschland 1848 (Auszug). In: Stratmann, K./Schlüter, A. (Hg.): Quellen und Dokumente zur Berufsbildung. 1794–1869. Köln/Wien, S. 132–135

Erste Verordnung über den vorläufigen Aufbau des deutschen Handwerks. Vom 15. Juni 1934. In: Pätzold, G. (Hg.) (1980): Die betriebliche Berufsbildung 1918–1945. Quellen und Dokumente zur Geschichte der Berufsbildung in Deutschland. Köln/Wien, S. 272–276

Fachliche Vorschriften zur Regelung des Lehrlingswesens von 1937/1938. In: Pätzold, G. (Hg.) (1980): Die betriebliche Berufsbildung 1918 – 1945. Quellen und Dokumente zur Geschichte der Berufsbildung in Deutschland. Köln/Wien, S. 284–294

Gesetz über den vorläufigen Aufbau des deutschen Handwerks. Vom 29. November 1933. In: Pätzold, G. (Hg.) (1980): Die betriebliche Berufsbildung 1918–1945. Quellen und Dokumente zur Geschichte der Berufsbildung in Deutschland. Köln/Wien, S. 271

Greinert, W.-D. (1998): Das „deutsche System" der Berufsausbildung. Tradition, Organisation, Funktion der Berufsausbildung. Baden-Baden

IG Metall (Hg.) (o. J.): Qualitätsrahmen für die Berufsausbildung. Arbeitshilfe für Berufsbildungsausschüsse bei den zuständigen Stellen. (o. O.) https://wap.igmetall.de/docs_Qualitaetrahmen_Berufsbildungsaus schuss_921a1778157d7d1ff01da48184c1fd00f1b448a2.pdf

Kipp, M. (1995): Perfektionierung der industriellen Berufsausbildung im Dritten Reich. In: Kipp, M./Miller-Kipp, G. (Hg.): Erkundungen im Halbdunkel. Einundzwanzig Studien zur Berufserziehung und Pädagogik im Nationalsozialismus. Frankfurt am Main, S. 269–320

Kutscha, G. (2015): Erweiterte moderne Beruflichkeit – Eine Alternative zum Mythos „Akademisierungswahn" und zur „Employability-Maxime" des Bologna-Regimes. In: Fischer, M./Büchter, K./Unger, T. (Hg.): Beruf. bwp@ Berufs- und Wirtschaftspädagogik online, Ausgabe 29. URL: www.bwpat.de/Ausgabe/29 (Stand: 21.01.2016)

Lempert, W. (1971): Leistungsprinzip und Emanzipation. Studien zur Realität, Reform und Erforschung des beruflichen Bildungswesens. Frankfurt am Main

Muth, W. (1985): Berufsausbildung in der Weimarer Republik. Stuttgart

Pätzold, G. (1980): Einleitung, in: ders. (Hg.): Die betriebliche Berufsbildung 1918–1945. Quellen und Dokumente zur Geschichte der Berufsbildung in Deutschland. Köln/Wien, S. 1–40

Pätzold, G. (1982): Einleitung, in: ders. (Hg.): Quellen und Dokumente zur Geschichte des Berufsbildungsgesetzes. 1875–1981. Köln, S. 1–42

Pätzold, G. (1991): Einleitung, in: ders. (Hg.): Die betriebliche Berufsbildung 1945–1990. Quellen und Dokumente zur Geschichte der Berufsbildung in Deutschland. Köln/Wien, S. 1–32

Pätzold, G./Drees, G. (1989): Betriebliche Realität und pädagogische Notwendigkeit. Köln

Peters, M. (1907): Der Weg zum Licht. Ein Weckruf an die deutsche arbeitende Jugend. Berlin

Preußische Allgemeine Gewerbe-Ordnung. Vom 17. Januar 1845 (Auszug). In: Stratmann, K./Schlüter, A. (Hg.): Quellen und Dokumente zur Berufsbildung. 1794–1869. Köln/Wien, S. 122–131

QualiVET Projektgruppe (2007): QualiVET Qualitätsentwicklungsrahmen (QER). Leitfaden, Gestaltungsorientierte Indikatoren, Teamkonzept. Bremen. URL www.na-bibb.de/uploads/tx_ttproducts/datasheet/impuls_31.pdf (Stand: 21.01.2016)

Quante-Brandt, E./Grabow, T. (2008): Die Sicht der Auszubildenden auf die Qualität ihrer Ausbildung. Bielefeld

Sachverständigenkommission Kosten und Finanzierung der beruflichen Bildung (Hg.) (1973): Zwischenbericht der Kommission. Bonn

Schemme, D. (2014): Neue Wege der Berufsausbildung – Programme und Modellversuche als Instrumente zur Förderung von Qualität und pädagogischer Professionalität. In: Fischer, M. (Hg.): Qualität in der Berufsausbildung. Anspruch und Realität. Schriftenreihe des Bundesinstituts für Berufsbildung (BIBB). Bielefeld, S. 173–190

Schmude, J. (1979): Zehn Jahre Berufsbildungsgesetz. Weiterarbeit an der Verbesserung der beruflichen Bildung. In: Pätzold, G. (Hg.) (1991): Die betriebliche Berufsbildung 1945–1990. Quellen und Dokumente zur Geschichte der Berufsbildung in Deutschland. 2. Band. Köln, S. 520–522

Stratmann, K. (1967): Die Krise der Berufserziehung im 18. Jahrhundert als Ursprungsfeld pädagogischen Denkens. Ratingen bei Düsseldorf

Stratmann, K. (1969): Quellen zur Geschichte der Berufserziehung. Dokumente und Texte zur Reform der Lehrlingserziehung im Gewerbe des 18. Jahrhunderts. Wuppertal

Stratmann, K. (1993): Die gewerbliche Lehrlingserziehung in Deutschland. Modernisierungsgeschichte der betrieblichen Berufsbildung. Band 1. Berufserziehung in der ständischen Gesellschaft. Frankfurt am Main

Stratmann, K./Schlüter, A. (Hg.) (1982): Quellen und Dokumente zur Berufsbildung. 1794–1869. Köln/Wien, S. 122–131

Verein für Socialpolitik (Hg.) (1875): Beschlüsse über das Lehrlingswesen. In: Pätzold, G. (1982): Quellen und Dokumente zur Geschichte des Berufsbildungsgesetzes. 1875–1981. Köln, S. 45

Weiss, R. (2010): Qualität der Berufsbildung aus unterschiedlichen Perspektiven: Indikatoren und Bewertungen. In: Niedermair, G. (Hg.): Qualitätsentwicklung in der beruflichen Bildung. Ansprüche und Realitäten. Linz, S. 15–32.

Weiß, J. A. (1798): Ueber das Zunftwesen und die Frage: Sind die Zünfte beizubehalten oder abzuschaffen. Frankfurt am Main

Wernet, W. (1952): Handwerkspolitik. Göttingen

Wernet, W. (1963): Geschichte des Handwerks in Deutschland. 4. Aufl. Dortmund

Windelband, L./Spöttl, G./Becker, M. (2014): Qualität in der Berufsbildung – Chancen und Gefahren einer Output-/Outcome-Orientierung. In: Fischer, M. (Hg.): Qualität in der Berufsausbildung. Anspruch und Realität. Schriftenreihe des Bundesinstituts für Berufsbildung (BIBB). Bielefeld, S. 297–317

Winterhager, W. D. (1970): Kriterien zur Überprüfung der Qualität von Lehrverhältnissen. In: Lutz, B./Winterhager, W. D. (Hg.): Zur Situation der Lehrlingsausbildung. Prognosen der Berufsstruktur. Stuttgart, S. 17–56

Zentralarbeitsgemeinschaft der industriellen und gewerblichen Arbeitgeber und Arbeitnehmer Deutschland (Hg.) (1921): Reichsgesetzliche Regelung des Lehrlingswesens – Leitsätze (Entwurf). In: Pätzold, G. (1982): Quellen und Dokumente zur Geschichte des Berufsbildungsgesetzes. 1875–1981. Köln, S. 53–54

Die Deutsche Referenzstelle für Qualitätssicherung in der beruflichen Bildung (DEQA-VET) im Kontext europäischer und regionaler Qualitätsinitiativen

Helena Sabbagh, Barbara Hemkes

In Europa wird betriebliche Bildung als wichtiger Faktor für die Reduzierung hoher Arbeitslosenzahlen gesehen. Insbesondere die Situation junger Menschen ohne Job soll sich durch die verstärkte Einführung betriebsnaher Ausbildung verbessern.

Eine solche Erwartungshaltung findet sich nicht zuletzt in den „Rigaer Schlussfolgerungen", auf die sich die für berufliche Aus- und Weiterbildung zuständigen europäischen Ministerinnen und Minister unter lettischem Ratsvorsitz im Juni 2015 geeinigt hatten.[1] Zur Förderung einer wettbewerbsfähigen und innovativen beruflichen Aus- und Fortbildung beinhalten die Schlussfolgerungen für den Zeitraum 2015 bis 2020 fünf mittelfristige Ziele, die aus der Überprüfung der kurzfristigen Ziele des Brügge-Kommuniqués von 2010 resultieren. Damit wurde mit dem Treffen in Riga der Kopenhagener Prozess auf der ministeriellen Ebene fortgesetzt.[2] Welcher Stellenwert dualen Ausbildungssystemen beigemessen wird, zeigt sich im ersten der beschlossenen Ziele, wenn es dort heißt, dass „work-based learning" in all seinen Ausprägungen gefördert werden und dies unter besonderer Berücksichtigung von beruflicher Bildung im dualen System („apprenticeships") geschehen solle.[3]

---

1   Siehe https://www.deqa-vet.de/de/Timeline-2734.php (Stand: 22.01.2016)
2   Der sogenannte Kopenhagener Prozess, also das Bestreben auf europäischer Ebene in der beruflichen Bildung enger und koordinierter zusammenzuarbeiten, startete mit der Kopenhagener Erklärung von 2002. Nähere Informationen dazu: https://www.deqa-vet.de/de/Timeline-2734.php (Stand: 22.01.2016)
3   Zum arbeitsplatzbasierten Lernen, oder zutreffender arbeitsweltorientierten Lernen, werden drei Ausbildungstypen gerechnet: eine Ausbildung, wie sie im dualen System stattfindet (eine kombinierte Ausbildung in Betrieb und Schule), On-the-job-Trainings/Praktika in Betrieben, die typischerweise einen freiwilligen oder verpflichtenden Teil beruflicher Bildungsprogramme darstellen, und eine Integration arbeitspraktischen Lernens in Schulprogrammen (z. B. über Lerneinheiten in Schullaboren, simulierten Arbeitsprojekten oder Workshops).

Betriebliche Bildung – Teillösung für mehr Beschäftigung?

Ausbildung biete, so Marianna Thyssen, die zuständige EU-Kommissarin, eine Lösung für die Bekämpfung eines Teils der europäischen Arbeitslosigkeit. Außerdem sei die Europäische Allianz für Ausbildungsplätze ein nützliches Instrument, die Qualität und Anzahl von Ausbildungsplätzen zu erhöhen und deren Image bei den Europäern zu verbessern. (Vgl. Ministers in charge of VET 2015) Die Potenziale des dualen Systems, das viele Jahre international eher zurückhaltend beurteilt wurde, ist durch die Folgen der globalen Finanzkrise in den Fokus der europäischen Arbeitsmarkt- und Bildungspolitik gerückt.

Die Bundesregierung reagierte auf das stark angestiegene Interesse am dualen System. Nicht erst seit dem Memorandum vom Dezember 2012 kooperiert sie mit einer Reihe von europäischen Staaten, die alle das Ziel verfolgen, durch Reformen Elemente des dualen Systems in die eigenen Berufsbildungssysteme zu integrieren.[4]

Welche Rolle spielt die Qualität?

Und wie steht es um die Frage der Qualität beruflicher Bildung und deren Sicherung sowie Entwicklung? Gleich im zweiten Ziel der eingangs genannten Rigaer Schlussfolgerungen wird dazu aufgerufen, weiterhin Qualitätssicherungsmechanismen für die berufliche Bildung zu entwickeln, die der EQAVET-Empfehlung (s. u.) entsprächen.

Das Thema Qualität in Bezug auf die berufliche Bildung wird auf europäischer Ebene seit mehr als einem Jahrzehnt in verschiedenen institutionellen Formationen bearbeitet. 2001 nahm das von der EU-Kommission und Cedefop gemeinsam eingerichtete „European forum on quality in VET" seine Arbeit auf, das durch die „Technical working group on quality in VET" ersetzt wurde. Der europaweite Netzwerkcharakter sollte sich 2005 durch die Gründung von ENQAVET („European Network for Quality Assurance in Vocational Education and Training") ausdrücken. Auf Grundlage der am 18. Juni 2009 vom EU-Parlament und Rat verabschiedeten Empfehlung wurden die bis dato auf Freiwilligkeit basierenden Aktivitäten in einen verbindlicheren Zusammenschluss überführt, der bis heute unter dem Namen EQAVET („European Quality Assurance in Vocational Education and Training") aktiv ist.

Das Grundprinzip des europäischen Qualitätskonzeptes

Die Kommission, Repräsentanten der Sozialpartner sowie 34 europäische Staaten sind Teil dieses EQAVET-Netzwerkes. Durch die genannte Empfehlung hatten sich die Mitgliedstaaten u. a. auf die Einrichtung nationaler Referenzstellen geeinigt (die Gründung der deutschen Referenzstelle DEQA-VET ist bereits 2008 erfolgt) sowie

---

4 Siehe „Vocational Education and Training in Europe – Perspectives for the Young Generation", Memorandum on Cooperation in Vocational Education and Training in Europe, Berlin, 10 – 11 December 2012 (https://www.bibb.de/dokumente/pdf/memorandumvocational_education_and_training_2012.pdf, Stand: 22.01.2016)

auf die Nutzung und Weiterentwicklung des „Europäischen Bezugsrahmens zur Qualitätssicherung in der beruflichen Bildung".

Betrachtet man diesen Rahmen ist schnell festzustellen, dass der Qualitätszirkel mit seinen vier Phasen Planen, Umsetzen, Evaluieren, Überprüfen/Anpassen – auch unter Deming-Kreis/PDCA-Zirkel bekannt – Kernbestandteil ist. Der Rahmen impliziert sowohl die Provider- als auch die Systemebene und ist hinterlegt mit Qualitätskriterien und Deskriptoren sowie zehn Indikatoren, mithilfe derer statistische Aussagen über die Qualität der beruflichen Bildung ermöglicht werden sollen.[5]

Zentrales Prinzip für den EQAVET-Bezugsrahmen ist aber das zirkuläre Planen, Umsetzen und Überprüfen. Dieser prozessausgerichtete Grundsatz ist die Basis für bekannte Qualitätsmanagementsysteme (wie ISO, EFQM etc.), die ursprünglich für industrielle Produktionsprozesse erdacht worden sind und dann später angepasst wurden an die Rahmenbedingungen und Bedürfnisse von Bildungsprozessen an Universitäten und Schulen.

Führt man sich vor Augen, dass in den meisten europäischen Staaten die berufliche Vollzeitschule die Regel ist, so wird verständlich, warum der EQAVET-Bezugsrahmen zu den meisten beruflichen Bildungssystemen in Europa passt. Dort wurden in den vergangenen Jahren in den schulisch geprägten Strukturen erfolgreich Akkreditierungs- und Zertifizierungsprozesse etabliert, die dem EQAVET-Rahmen grundsätzlich entsprechen. Für Deutschland passt der Rahmen aber nur, wenn über die beruflichen Schulen gesprochen wird, die – soweit bekannt – mittlerweile alle mit Qualitätsmanagementsystemen arbeiten.[6]

Die Ausbildung in den Betrieben – der Lernort, an dem sich Auszubildende in der Regel die meiste Zeit aufhalten – wird in Deutschland anders gesichert.

Die mit dem europäischen Qualitätssicherungsverständnis einhergehende Logik von Zertifizierungen/Akkreditierungen ist auch auf der Mikroebene, also von Betrieben als Lernorten, nicht kompatibel mit den Grundlagen des deutschen Berufsbildungssystems. Hier sieht man die Qualität durch das Prinzip der Beruflichkeit, die verbindlich hohen Standards, die Einbindung der beteiligten Akteure (Sozialpartner, Kammern, Betriebe) in die Gestaltung und Umsetzung sowie die staatliche Aufsicht über schulische Bildungsinstitutionen und die zuständigen Stellen für die betriebliche Ausbildung gesichert.

---

5 Siehe „Die zehn Indikatoren", https://www.deqa-vet.de/de/EQAVET-Instrumente-2194.php (Stand: 22.01.2016)
6 Siehe https://www.deqa-vet.de/de/Berufliches-Schulsystem-3512.php (Stand: 22.01.2016). DEQA-VET sucht als Bundeseinrichtung auch den Kontakt zur schulischen beruflichen Bildung der Länder. Die Referenzstelle ist seit September 2013 Mitglied im „Q2E-Länderforum", einem informellen Zusammenschluss von Vertretern aus jenen Bundesländern, in denen die Qualität der beruflichen Schulbildung mit dem aus der Schweiz stammenden Q2E-Qualitätsmanagementsystem gesichert und verbessert wird.

Greift EQAVET die Bedarfe des betrieblichen Lernens auf?

Vor dem Hintergrund des gewachsenen Interesses am dualen System gibt es im EQAVET-Netzwerk aktuell Bestrebungen, den EQAVET-Qualitätssicherungsrahmen insofern weiterzuentwickeln, dass dieser durch Elemente ergänzt wird, die dem Lernen im Betrieb eher gerecht werden. Es bleibt abzuwarten, inwieweit es gelingen wird, entsprechende Ergänzungen und Komponenten zu entwickeln, die z. B. für jene europäische Staaten nützlich sein können, die dabei sind, dualisierte Ausbildungsformen einzuführen. Das deutsche Berufsbildungssystem wird arbeitsteilig auf Bundesebene (betriebliche Ausbildung) und Landesebene (berufliche Schulen) geregelt. Wesentlich geprägt wird es durch die Einbindung der Wirtschaft, die Rolle und Funktion der Kammern sowie eine auf verschiedenen Gremienebenen umgesetzte Sozialpartnerschaft, die immanent divergierende Interessen zwischen Arbeitgebern und Arbeitnehmern über das Konsensprinzip beschlussfähig macht. Die Qualitätssicherung und -entwicklung des auch als korporatistisch bezeichneten dualen Systems erinnert damit an die Lehre der „Checks and Balances" und unterscheidet sich auch deshalb von der europäischen Qualitätsstrategie.[7]

Bemerkenswert und festzuhalten bleibt, dass sich auf europäischer Ebene nun in Fragen der Qualitätssicherung in der beruflichen Bildung an dem für uns so selbstverständlichen betrieblichen Lernen orientiert wird, was erneut zeigt, welche Relevanz dem dualisierten Lernen in Betrieb und Schule beigemessen wird. In Deutschland erleben wir hingegen, dass die Attraktivität des dualen Systems – zumindest im Vergleich zur hochschulischen Bildung – abzunehmen scheint. 2014 entschieden sich erstmals mehr Schulabsolventinnen und -absolventen für ein Studium als für eine duale Berufsausbildung. (Vgl. Esser/Tenorth 2015, S. 6)

DEQA-VET – Scharnier zwischen Europa und den Regionen

Die deutsche Referenzstelle für Qualitätssicherung in der beruflichen Bildung hat sich zur Aufgabe gemacht, das Thema Qualitätssicherung und -entwicklung als Mittel zur Steigerung der Attraktivität des dualen Systems zu promoten.[8]

Studien zeigen, dass es einen klaren Zusammenhang zwischen der Ausbildungsqualität und der Zufriedenheit mit einer Ausbildung gibt. (Ebbinghaus/Krewerth 2014) Ausgehend von der Annahme, dass wer zufrieden ist, auch seine Ausbildung eher für attraktiv hält, setzt DEQA-VET sich für die Sicherung und Entwicklung von Qualität in der beruflichen Bildung ein und plant diese verstärkt transparent und nach-

---

[7] Die aus Nordamerika stammende politische Theorie „Checks and Balances" (Überprüfungen/Hemmnisse und Ausgleiche) fußt auf der Idee, dass alle wesentlichen Akteure in einem politischen System mit ausreichend Einflussmöglichkeiten für die Interessenvertretung ausgestattet sind. Aushandlungsprozesse führen deshalb zu gesellschaftlich akzeptierten Interessenausgleichen. Siehe http://www.britannica.com/topic/checks-and-balances (Stand: 22.01.2016); http://www.bpb.de/nachschlagen/lexika/politiklexikon/17288/checks-and-balances (Stand: 22.01.2016)

[8] Siehe die Online-Dokumentation der 6. DEQA-VET-Tagung „Attraktivität der beruflichen Bildung durch Qualitätssicherung" am 1. Oktober 2014 (https://www.deqa-vet.de/de/DEQA-VET-Fachtagung-2014–4159.php, Stand: 22.01.2016)

vollziehbar zu machen.[9] Dies soll dem Ziel dienen, das Ansehen des dualen Systems zu stärken. Als Teil des europäischen EQAVET-Netzwerkes kommt DEQA-VET eine Scharnierfunktion zu: Die Aktivitäten auf europäischer, nationaler und regionaler Ebene sollen miteinander verschränkt und verbunden werden.

Ein Beispiel dafür sind die Aktivitäten von DEQA-VET in Bezug auf den Transfer der Ergebnisse des Modellversuchsprogramms „Qualitätsentwicklung und -sicherung in der betrieblichen Berufsausbildung", das in den Jahren 2010 bis 2014 vom BIBB durchgeführt und mit Mitteln des BMBF finanziert wurde. Das Programm verfolgte das Ziel, die an Berufsbildung beteiligten Akteure – insbesondere kleine und mittelständische Unternehmen – dabei zu unterstützen, die Praxis der Qualitätssicherung in der betrieblichen Bildung zu verbessern. Herausgekommen sind praxiserprobte Handlungs- und Arbeitshilfen für die Ausbildung in KMU. Rund 50 dieser Konzepte, Verfahren und Instrumente hat die Referenzstelle auf ihrem Online-Portal gebündelt eingestellt, um damit den Zugang für Ausbildungsverantwortliche zu erleichtern. Darüber hinaus wurden und werden über begleitende Maßnahmen, wie eigene Veranstaltungen sowie Beteiligungen an Konferenzen und Tagungen, Transferwirkungen des Modellversuchsprogramms unterstützt.[10] Insbesondere die im Juni 2015 in Berlin stattgefundene 2. DEQA-VET-Regionalkonferenz „Gute Praxis Ausbildungsqualität" dokumentiert eine In-Wert-Setzung der Ergebnisse des Modellversuchsschwerpunktes Qualität: So wurde nach Programmschluss mit Mitteln der Berliner Senatsverwaltung für Arbeit, Integration und Frauen ein entsprechendes Projekt finanziert.[11]

Durch eine verstärkte Regionalisierung – wofür die DEQA-VET-Regionaltagungen stehen – setzt die Referenzstelle seit 2014 verstärkt darauf, die eigenen Aktivitäten enger an die Praxis zu binden. DEQA-VET will über Veranstaltungskooperationen (wie der Titel eines internen Strategiepapiers heißt) „Dort hingehen, wo Qualität gesichert wird" und vor Ort innovative Initiativen politisch stärken und deren Breitenwirkung erhöhen. Auf diesem Wege können entsprechende regionale Lösungen zudem mit der nationalen sowie europäischen Qualitätsdiskussion rückgekoppelt werden.

Europäisierung der Modellversuchsergebnisse

Neben der Einrichtung nationaler Referenzstellen wurden zur Förderung der europäischen Qualitätsstrategie zudem europäische Kooperationsprojekte (im Rahmen

---

9   Die Publikation der Ergebnisse eines entsprechenden Projektes ist für 2016 geplant.
10 Beispielhaft sind hier die letzten beiden DEQA-VET-Fach- und die bisherigen DEQA-VET-Regionaltagungen genannt (https://www.deqa-vet.de/de/DEQA-VET-vor-Ort-822.php, Stand: 22.01.2016).
11 Ein im Rahmen der Modellversuche entwickeltes Qualitätskonzept für die betriebliche Berufsausbildung soll u. a. unter Zuhilfenahme von überbetrieblichen Netzwerken branchenübergreifend in Berlin etabliert und weiterentwickelt werden. Um für dieses Anliegen zu werben und den Prozess zu unterstützen, wurden Ausbildungspraktikerinnen und Ausbildungspraktiker sowie politische Akteure im Rahmen einer DEQA-VET-Regionaltagung an einen Tisch gebracht (http://www.kos-qualitaet.de/media/de/2015-06-16_Dokumentation_Plenum_2.Regionalkonferenz_DEQA-VET.pdf, Stand: 22.01.2016).

des Leonardo-da-Vinci-Programms) gestartet. An der Umsetzung des Projektes „Europäisierung der nationalen Modellinitiative zur Qualitätsentwicklung und -sicherung in der betrieblichen Berufsbildung (ENIQAB)" war DEQA-VET von Beginn an eingebunden. Nicht zuletzt fungierte das DEQA-VET-Portal während der Projektumsetzung als zentrale Kommunikations- und Dokumentationsplattform.

Wichtig war es von Anfang an, den Brückenschlag zwischen der europäischen Qualitätsstrategie und den oben erwähnten deutschen Modellversuchen auf der Praxisebene – der Betriebe und Bildungsdienstleister – zu versuchen: Die in den Modellversuchen entwickelten Modelle und Instrumente wurden für die Gestaltung des europäischen Prozesses aufbereitet und grundlegende Methoden und Elemente von EQAVET in die betriebliche Ausbildung integriert.

Dabei finden sich in den Modellversuchen Qualität implizit die Komponenten des EQAVET-Qualitätssicherungsrahmens wieder, wie der Gedanke der zyklischen Überprüfung und die EQAVET-Indikatoren in den Modellversuchen Qualität. Explizit wurden die EQAVET-Indikatoren erst im Rahmen des ENIQAB-Projektes den Arbeitshilfen, Verfahren und Instrumenten der Modellversuche Qualität systematisch zugeordnet. (Hemkes/Schemme 2013) ENIQAB transferierte also die Erkenntnisse des Modellversuchsprogrammes Qualität in den europäischen Raum, leistete einen Beitrag zur Integration der EQAVET-Grundlagen in die nationale betriebliche Bildung und testete damit die Vereinbarkeit des EQAVET-Bezugsrahmens mit nationalen Ansätzen.

Mehr Transparenz im Bereich Qualitätssicherung

Die europäische Qualitätsinitiative wurde in Deutschland lange als mit dem deutschen System nicht oder schwer vereinbar eingeschätzt, weshalb diese einen entsprechend geringen politischen und praktischen Widerhall fand. Die Erfahrungen zeigten, dass sich die im Rahmen von EQAVET erarbeiteten Instrumente als für die Praxis der betrieblichen Bildung in Deutschland als wenig brauchbar erwiesen. Die Bedarfe des arbeitsprozessintegrierten Lernens waren zu einem großen Teil nicht berücksichtigt worden.[12]

Mittlerweile ist das duale System durch die sich herausgebildete Anerkennung und Wertschätzung bei den europäischen Partnern auch aktiver Impulsgeber für die europäische Qualitätsinitiative geworden. Das zeigt sich in den laufenden Bemühungen, den EQAVET-Bezugsrahmen um die Dimension betriebliche Bildung zu erweitern.

Doch die europäische Strategie kann auch dem deutschen Berufsbildungssystem wichtige Impulse geben. Hier lassen sich vor allem zwei Aspekte finden:
 1. Der Fokus auf Outcome- und Kompetenzorientierung: Das deutsche Berufsbildungssystem sichert seine Qualität, indem es klare Vorgaben macht, wie die

---

12 Im Rahmen einer EQAVET-Arbeitsgruppe wurden allerdings sechs Bausteine für „Web-based guidance on work-based learning" erarbeitet (http://www.eqavet.eu/workbasedlearning/GNS/Home.aspx, Stand: 22.01.2016).

Ausbildung zu gestalten ist (Input-Orientierung). Immer wichtiger wird es aber auch, Qualität am Ergebnis der Berufsbildung, den erzielten Kompetenzen – am Outcome – zu zeigen.
2. Ein systematisches, entwicklungsorientiertes und transparentes Herangehen: Wie Qualität systematisch gesichert wird, muss für alle Beteiligten transparent und nachvollziehbar sein – also in welcher Form auch immer nachgewiesen und abgebildet werden und für alle Bildungsinstitutionen gelten.

Zu 1: Im Rahmen des Kopenhagener Prozesses ist EQAVET eines von mehreren Transparenzinstrumenten, auf die sich der angestrebte gemeinsame Bildungsraum stützen soll. Der Europäische Qualifikationsrahmen (EQF) soll die Vergleichbarkeit der Abschlüsse sowie Kompetenzen gewährleisten, und ECVET (das **E**uropean **Cre**dit System for **V**ocational **E**ducation and **T**raining) ist als Instrument für mehr Durchlässigkeit konzipiert. Doch Vergleichbarkeit und Durchlässigkeit setzen Vertrauen in die nationalen Berufsbildungssysteme und Bildungseinrichtungen voraus. Hierfür steht EQAVET – die gemeinsame europäische Strategie soll dieses Vertrauen liefern. Insbesondere der EQF und die Entwicklung des nationalen Qualifikationsrahmens DQR (Deutscher Qualifikationsrahmen) stehen für den viel zitierten Paradigmenwechsel von der Input- zur Outcome-Qualität in Deutschland.[13] Diese Outcome-Orientierung, die auch der Logik von Akkreditierungs- und Zertifizierungssystemen, also auch dem EQAVET-Bezugsrahmen entspricht, wird von Deutschland sukzessive als Herausforderung angenommen, wobei bewährte Grundprinzipien des deutschen Berufsbildungssystems beibehalten werden sollen.[14] Festzuhalten bleibt, dass hiermit von europäischer Bildungspolitik getragene Entwicklungen national aufgegriffen werden.

Zu 2: Um der Prämisse der Transparenz zu entsprechen, hat EQAVET den Deming-Kreis als gemeinsame Grundlage vereinbart. Da in Deutschland die Qualität von beruflicher Bildung für den betrieblichen Teil nicht grundsätzlich auf der Nutzung von Qualitätsmanagementsystemen beruht, gilt es das oben skizzierte „Checks and Balances" nach Europa hin verständlich und nachvollziehbar zu machen, wofür sich nicht zuletzt DEQA-VET einsetzt.[15]

Die Ausführungen zeigen für Deutschland also vielfältige Interdependenzen und gegenseitige Beeinflussungen der nationalen sowie europäischen Bildungspolitiken. Das im Bereich Qualitätssicherung in der beruflichen Bildung über Jahre zu beob-

---

13 Die Fokusverschiebung auf die Dimension Outcome muss nicht zwangsläufig mit einem Bedeutungsverlust der übrigen Dimensionen einhergehen. So sprachen die europäischen Partner im Rahmen des ENIQAB-Projektes die Empfehlung aus, „[...] die bestehende EQAVET-Indikatorik um den Aspekt pädagogischer Güte zu erweitern." (Hemkes/Schemme 2013, S. 9). Siehe auch Prof. Dr. Reinhold Weiß: Europa und das Konzept der Qualitätssicherung, Rede anlässlich der DEQA-VET Jahresfachtagung am 26. Oktober 2011 in Bonn (https://www.deqa-vet.de/_media/Rede_Prof Weiss_FT2011.pdf, Stand: 22.01.2016).
14 So erarbeitet das BIBB zurzeit die ersten kompetenzbasierten Ausbildungsordnungen (vgl. BIBB 2014).
15 Für die laufende Förderphase ist es Teil des Arbeitsprogramms von DEQA-VET, im Rahmen eines Projektes die qualitätssichernden Elemente des deutschen Berufsbildungssystems zu identifizieren und für Europa nachvollziehbar zu machen.

achtende tendenzielle Nebeneinander sowie das gegenseitige Unverständnis sind dabei, einer größeren Offenheit und sukzessiven Annäherung zu weichen. Eine solche Dynamik mag – bei allem Realismus – in ein Mehr an gegenseitiger Kenntnis und Transparenz der verschiedenen Qualitätssicherungskonzepte münden, was einem gemeinsamen europäischen Arbeits- und Bildungsraum einen Schritt näherkäme.

Literatur

Bundesinstitut für Berufsbildung (BIBB) (2014): Empfehlung des Hauptausschusses des Bundesinstituts für Berufsbildung (BIBB) vom 26. Juni 2014 zur Struktur und Gestaltung von Ausbildungsordnungen – Ausbildungsberufsbild, Ausbildungsrahmenplan. URL: https://www.bibb.de/dokumente/pdf/HA160.pdf (Stand: 21.01.2016)

Ebbinghaus, M./Krewerth, A. (2014): Ausbildungsqualität und Zufriedenheit – Analysen aus Sicht von Betrieben und Auszubildenden in Deutschland. In: Fischer, M.: Qualität in der Berufsausbildung. Anspruch und Wirklichkeit. Bonn, S. 77–96

Hemkes, B./Schemme, D. (Hg.) (2013): Qualität betrieblichen Lernens verbessern. Handlungshilfen zur Umsetzung der europäischen Qualitätsstrategie. Bonn. URL: https://www.deqa-vet.de/_media/ENIQAB_Broschuere_deutsch_neu.pdf (Stand: 21.01.2016)

Ministers in charge of vocational education and training (VET) (Hg.) (2015): Riga conclusions 2015 on a new set of medium-term-deliverables in the field of VET for the period 2015–2020 as a result of the review of short term deliverables defined in the 2010 Bruges communiqué. URL: https://eu2015.lv/images/notikumi/VET_RigaConclusions_2015.pdf (Stand: 21.01.2015)

Esser, H./ Tenorth, H.-E. (2015): Veränderte Bildungsentscheidungen und die Folgen. BIBB-Präsident Friedrich Hubert Esser im Gespräch mit dem Bildungshistoriker Heinz-Elmar Tenorth. In: Berufsbildung in Wissenschaft und Praxis (BWP), Heft 3/2015, S. 6–9

Berufsausbildung, Weiterbildung und Qualifizierung als zentrale Bestandteile zukunftsorientierter Arbeitspolitik

Margrit Zauner

Fachkräftebedarf und gleichzeitig sich verfestigende Langzeitarbeitslosigkeit, Matching- und Passungsprobleme, fehlende betriebliche Ausbildungsplätze und unversorgte Bewerberinnen und Bewerber um einen Ausbildungsplatz – das sind in einer wachsenden Metropole wie Berlin ständige Herausforderungen.

Mittlerweile sind rund 85 Prozent aller Arbeitsplätze in der einstigen Industriestadt Berlin im Dienstleistungsbereich angesiedelt. Hier gibt es eine große Spannbreite von unternehmensnahen, hochqualifizierten Dienstleistungen – auch in den neu angesiedelten Unternehmenszentralen in Berlin, die eher qualifizierte Verwaltungsarbeitsplätze schaffen als Arbeitsplätze in der Produktion – bis hin zu „einfachen" Dienstleistungen.

Berlin ist eine Stadt mit wenigen großen Unternehmen – der Großteil der Arbeitsplätze ist in den vielen kleinen und mittleren Unternehmen zu finden. Berlin ist mit vier Universitäten, insgesamt 41 weiteren Hochschulen, 70 außeruniversitären Forschungsinstituten sowie 22 Technologieparks und Gründerzentren auch eine Metropole der Wissenschaft und der Forschung. Berlin ist auch Gründungshauptstadt – ein Ort für Start-ups.

Berlin ist die Stadt, in der man rund um die Uhr etwas zu essen und zu trinken bekommt, Co-working-Spaces verfügbar sind und die für die junge mobile Generation von heute ein gutes Ziel ist, wenn man mit Couch-Surfing oder WG-Zimmer erproben will, ob man anderswo einen Job, ein neues Zuhause und eine neue Zukunft finden kann. In Berlin hört man Englisch und Schwäbisch, Türkisch und Deutsch und viele andere Sprachen auf den Straßen und in den öffentlichen Verkehrsmitteln. Berlin ist der Ort, wo nach der Zuwanderung der Jungen die Zuwanderung der Älteren ein wichtiger Faktor geworden ist, weil man mit der Rente und nach dem Verkauf des Reihenhäuschens irgendwo lieber in eine Wohnung in Berlin zieht, die

Kultur und die Vielfalt genießt und im Falle eines Falles ärztliche und pflegerische Dienstleistungen gut erreichen kann.

Berlin ist eine Stadt mit vielen Kiezen und Communities, ein Stadtstaat mit zwölf starken Bezirken und organisiert gerade eine Jugendberufsagentur, bei der zwei Senatsverwaltungen, eine Regionaldirektion, zwölf Bezirke als Träger der Jugendhilfe und sozialintegrativen Angebote, drei Arbeitsagenturen und zwölf Job-Center gleichzeitig einen Abstimmungsprozess organisieren, der bezirklich entwickelte Projekte aufgreift und gleichzeitig ein systematisches und vergleichbares Angebot beim erfolgreichen Übergang von der Schule für alle Jugendliche in Berlin zu schaffen versucht. Und Berlin ist die Stadt, wo das höchste Lob ist „Da kannste nich meckern".

Abstimmungsprozesse zur Ausbildungssituation finden traditionell im Rahmen der Sonderkommission Ausbildungsplatzsituation und Fachkräftebedarf (Soko) beim Regierenden Bürgermeister von Berlin statt, die einmal jährlich unter seinem Vorsitz die für Berufsbildung zuständigen Senatsverwaltungen Arbeit, Bildung, Wirtschaft und Finanzen mit den Wirtschafts- und Sozialpartnern, den Gewerkschaften, den Unternehmensverbänden, der IHK und Handwerkskammer an einem Tisch zusammenführt, um gemeinsam alle erforderlichen Voraussetzungen zu schaffen, dass alle Jugendlichen, die einen Ausbildungsplatz suchen, auch ein Angebot finden. Hier wurde schon 2011 vereinbart, die Maßnahmen und Projekte aller Beteiligten besser aufeinander abzustimmen und mehr Transparenz zu schaffen.[1] 2013 haben alle Partner erklärt, dass sie mit einem Landeskonzept Berufs- und Studienorientierung eine systematische und abgestimmte Berufsorientierung wollen, und nach einer Prüfung aller erforderlichen Faktoren die Jugendberufsagentur Berlin auf den Weg gebracht, nachdem 2014 mit einer „Berliner Erklärung"[2] aller Partner die Erfolgsbedingungen, die Anforderungen und die Beiträge aller Partner abgestimmt wurden. In der Berliner Vereinbarung vom 6. Mai 2015[3] wurden die Vereinbarungen der Allianz für Aus- und Weiterbildung auf Bundesebene von den Berliner Partnern für die regionalen Anforderungen konkretisiert und die gemeinsamen Themenfelder und Ziele, aber auch die Beiträge aller Partner festgelegt. Insgesamt ist so in Berlin in den letzten Jahren eine Kultur der Zusammenarbeit entwickelt worden, die keine und keinen zurücklassen will und gleichzeitig alle Anstrengungen bündeln will, um die Fachkräftebedarfe der Berliner Unternehmen zu decken.

---

1 Siehe https://www.berlin.de/rbmskzl/aktuelles/pressemitteilungen/2011/pressemitteilung.53041.php (Stand: 22.01.2016)
2 Siehe https://www.berlin.de/rbmskzl/aktuelles/politik-aktuell/2014/meldung.106598.php (Stand: 22.01.2016)
3 Siehe https://www.berlin.de/rbmskzl/aktuelles/pressemitteilungen/2015/pressemitteilung.309491.php (Stand: 22.01.2016)

In Berlin sind viele Herausforderungen gleichzeitig zu bewältigen:
- die in Berlin im Vergleich zum Bundesschnitt geringere Ausbildungsquote und Ausbildungsbetriebsquote,
- die weiter bestehende hohe Zahl von mit einem Ausbildungsangebot unversorgten Bewerberinnen und Bewerbern bei einer gleichzeitig steigenden Zahl unbesetzter Ausbildungsplätze,
- die Tatsache, dass das durchschnittliche Alter bei Beginn einer Ausbildung in Berlin mit 21,3 Jahren noch über dem (auch zu hohen) Alter von 20,2 Jahren im Bundesschnitt liegt,
- die Unterstützung der Jugendlichen und jungen Erwachsenen, die einen Ausbildungsplatz gefunden haben, um die begonnene Ausbildung auch erfolgreich abzuschließen, denn bisher liegt die Lösungsquote von Ausbildungsverträgen in Berlin deutlich über dem Bundesdurchschnitt
- die Frage, wie die Schulabgängerinnen und -abgänger, die infolge der früheren Einschulung nach zehn Schuljahren schon die Sekundarstufe I mit einem Abschluss verlassen, auch im Alter von 15 Jahren schon einen passenden Ausbildungsplatz finden,
- die Unterstützung von Verbundangeboten bei der Berufsausbildung, um gerade kleinen und mittleren Unternehmen die Umsetzung einer qualitativ guten Ausbildung zu ermöglichen,
- die Deckung der Fachkräftebedarfe in allen Bereichen der Wirtschaft und der Sozialwirtschaft mit Ausbildungsangeboten auf der Grundlage des BBiG/HwO ebenso wie in landes- und bundesrechtlich geregelten Berufen,
- die Frage, wie die neue Zuwanderung aus den EU-Mitgliedstaaten genauso wie die Integration von Geflüchteten in Arbeit und Ausbildung gelingen kann.

Die Akteure der Berufsbildung treffen sich in Berlin auch zwischen den jährlichen Sitzungen der Soko in regelmäßigen Runden, insbesondere im Landesausschuss für Berufsbildung (LAB), der die Soko-Sitzung vorbereitet, aber auch in verschiedenen Beiräten und Lenkungsgruppen. Gemeinsame Aktivitäten verschiedener Partner miteinander sollen den jeweiligen Beitrag zur Erreichung der gemeinsamen Ziele unterstützen.

Berufsbildungspolitik ist gerade in einer Metropole wie Berlin sowohl ein wesentlicher Beitrag zur positiven wirtschaftlichen Entwicklung der Stadt, in dem die Unternehmen als positiver Standortfaktor vor Ort die Fachkräfte finden, die sie benötigen, als auch ein Beitrag zur Teilhabe aller an der Gesellschaft, da rund drei Viertel derjenigen, die dauerhaft im Leistungsbezug nach dem SGB II sind, keinen Berufsabschluss haben. Dabei müssen neben den Wegen, die direkt nach der allgemeinbildenden Schule in eine berufliche Ausbildung führen, die erfolgreich mit einer Prüfung abgeschlossen wird, auch passende Angebote für die vielen bereitstehen, die – aus welchen Gründen auch immer – nicht die „Directissma", sondern Umwege nehmen, manchmal in einer Sackgasse landen und einen neuen Anlauf brauchen oder die nach dem Start feststellen, dass der ausgewählte Weg für sie nicht gangbar ist. Wir brauchen oft die zweite und die dritte Chance für eine erfolgreiche Berufsausbildung und den Berufseinstieg, mit der Möglichkeit, aus den Erfahrungen des früheren Scheiterns produktiv zu lernen. Wir brauchen dafür auch in der Zukunft eine offensive Berufsbildungspolitik, die einen fixen Rahmen bildet, um auch langfristig die mit dem dualen System verbundenen Stärken der Ausbildung als wichtigem Standortfaktor der deutschen Wirtschaft zu nutzen.

Eine abgeschlossene Berufsausbildung ist ein entscheidender Zugang und die Grundlage für die eigenständige Existenzsicherung und muss deshalb in einem demokratischen Gemeinwesen immer auch für alle zugänglich sein. Wenn Einzelne keinen Zugang zu Ausbildung und Arbeit haben, ist dieses immer auch eine Gefahr für die Demokratie. Deshalb muss Berufsbildung immer auch inklusiv und geschlechtergerecht sein, muss Ausbildung einerseits die Bedarfe der Unternehmen nach qualifizierten Arbeitskräften befriedigen, die sich auch schnell an die Veränderungen der Wirtschaft etwa im Zusammenhang mit dem Stichwort Wirtschaft 4.0 anpassen können, und andererseits dafür Sorge tragen, dass niemand aufgrund seiner Herkunft, seines Geschlechts, seiner Religion, seiner sexuellen Orientierung oder seiner Beeinträchtigungen vom Zugang zur Berufsausbildung ausgeschlossen wird.

Diese wesentlichen Elemente, die im Land Berlin konstituierendes Element der Berufsbildungspolitik sind, sind auch im strategischen Rahmen, den die Europäische Kommission als neue Prioritäten für die europäische Zusammenarbeit auf dem Gebiet der allgemeinen und beruflichen Bildung setzt (vgl. Europäische Kommission 2015), zu finden. Danach wird der allgemeinen und beruflichen Bildung eine zentrale Rolle für die erfolgreiche Umsetzung der neuen Agenda für Jobs, Wachstum, Fairness und demokratischen Wandel zugewiesen, sie wird als „Nährboden für Forschung, Entwicklung und Innovation sowie für Produktivität und Wettbewerbsfähigkeit" angesehen, aber auch bei der „Förderung von Inklusion und Chancengleichheit, der Schaffung einer Kultur gegenseitiger Achtung und bei der Verankerung von Grundwerten in einer offenen und demokratischen Gesellschaft eine Schlüsselrolle" festgestellt. „Die allgemeine und berufliche Bildung richtet sich an alle Menschen, insbesondere auch an die am stärksten benachteiligten Gesellschaftsschichten, und ist damit ein wichtiger Faktor für die Verhinderung und Bekämpfung von Armut, sozialer Ausgrenzung und Diskriminierung und die Schaffung eines Fundaments für bürgerschaftliches Engagement." Dabei sind die Qualität und Relevanz der Lernergebnisse – auch unter dem Blickwinkel des lebenslangen Lernens – und die Stärkung von sozialem Zusammenhalt, Chancengleichheit, Nichtdiskriminierung und Bürgerkompetenz im Fokus. Im deutschen System der Berufsbildung folgt daraus – auch vor dem Hintergrund der Ergebnisse der verschiedenen Fachkräftestudien, dass die berufliche Bildung auf der Ebene des BBiG bzw. der landes- und bundesrechtlich geregelten Berufe gestärkt werden muss, um den Bedarfen der Unternehmen nach qualifizierten Fachkräften zu entsprechen und gleichzeitig den Beitrag der beruflichen Bildung als entscheidenden Faktor für den Zugang zu eigenständiger Existenzsicherung und somit zu gleichberechtigter Teilhabe an der Gesellschaft zu gewährleisten.

Die Senatsverwaltung für Arbeit, Integration und Frauen hat 2012 mit dem Programm BerlinArbeit (vgl. SenAIF 2012) vier zentrale Ziele benannt, an denen sich die Arbeitsmarkt- und Berufsausbildungspolitik strategisch wie fördertechnisch ausrichtet:

Ziel 1: Zahl der Erwerbslosen in Berlin senken

Ziel 2: Gute Arbeit als Grundprinzip durchsetzen

Ziel 3: Berlin zu einem TOP-Standort mit guten Fachkräften weiterentwickeln

Ziel 4: Zusammenspiel der Akteure verbessern, um die Wirksamkeit der Mittel zu erhöhen

Dabei ist das Ziel „Berlin als Standort für Top-Fachkräfte" nur in einem Zusammenspiel von ausreichenden Ausbildungsplatzangeboten sowie einer ausreichenden Zahl von Bewerberinnen und Bewerbern um diese Ausbildungsangebote zu erreichen. Der Ausgleich der Zahl derjenigen in der Stadt, die einen Ausbildungsplatz suchen, mit den Unternehmen, die einen Ausbildungsplatz anbieten, weil sie festgestellt haben, dass die eigene Berufsausbildung die beste Möglichkeit ist, die benötigten Fachkräfte für das eigene Unternehmen zu entwickeln, ist mehr als ein zahlenmäßiger Ausgleich. Sowohl Unternehmen als auch nach einem Ausbildungsplatz suchende Jugendliche und junge Erwachsene suchen nach ihrer jeweiligen besten Lösung für ihre eigenen Ziele: Die Unternehmen haben hohe Ansprüche an diejenigen, die eine Ausbildung bei ihnen beginnen – aber auch Ausbildungsplatzbewerberinnen und -bewerber vergleichen die Angebote. Idealerweise ergibt sich so eine Win-win-Situation. Angesichts der Veränderungen auf dem Berliner Arbeits- und Ausbildungsmarkt müssen die Unternehmen die Erfahrung machen, dass sich der Ausbildungsmarkt, der lange Zeit von einem hohen Ungleichgewicht zu Lasten der Bewerberinnen und Bewerber geprägt war, sich zu einem Markt wandelt, in dem gerade gesuchte, leistungsstarke Jugendliche unter Alternativen auswählen können und deshalb immer weniger die Bewerberinnen und Bewerber um einen attraktiven Ausbildungsplatz kämpfen, als dass vielmehr auch Unternehmen um für sie attraktive Bewerberinnen und Bewerber werben, damit diese eine Ausbildung bei ihnen beginnen und diese auch abschließen.

Deshalb ist „Gute Ausbildung" im Sinne von „Guter Arbeit" für Unternehmen wichtig, sind Projekte zum Azubi-Marketing genauso erforderlich wie Programme, die Auszubildende von Anfang an als Mitarbeiterinnen und Mitarbeiter im Unternehmen sehen, die möglichst lange an das Unternehmen gebunden werden sollen, und Modelle, wie auch auf den ersten Blick nicht ganz passende Bewerberinnen und Bewerber zu guten Auszubildenden und späteren Beschäftigten entwickelt werden können. Ersatz in der vom Unternehmen gewünschten Qualität ist auf dem Arbeitsmarkt eben nicht mehr wie in der Vergangenheit einfach und schnell zu finden. Gerade für kleine und mittlere Unternehmen, die sich gegen große Unternehmen mit einem guten Arbeitgeber-Branding durchsetzen müssen, sind dabei auf Ausbildungsqualität und kooperative Modelle, wie die Verbundausbildung angewiesen. Sie können damit attraktive Angebote auf einem hohen professionellen Niveau auch bei geringen personellen Ressourcen in der eigenen Personalabteilung machen. Dabei sind kooperative, aber auch systematische Modelle schon bei der Gestaltung von Praktika im Rahmen der Berufsorientierung in der Sekundarstufe I wichtig, die gerade für Klein- und Mittelunternehmen den durch sie zu bewältigenden organisatorischen Aufwand in vertretbarem Umfang halten und gleichzeitig ein gegenseitiges Kennenlernen von Schülerin oder Schüler und Unternehmen ermöglichen. Modelle wie das „Ringpraktikum" als ein neuer Ansatz in Berlin, der Berufsorientierung für Schülerinnen und Schüler mit Auszubildenden-Akquise und Fachkräftesicherung für kleine und mittlere Unternehmen zusammenbringt[4], die Initiative „Berlin braucht Dich" für junge Menschen mit Migrationshintergrund[5] oder das „Berliner Programm Vertiefte Berufsorientierung für Schülerinnen und Schüler"[6] unterstützen diese Ziele. Gleichzeitig müssen sich Unternehmen, die um Auszubildende werben, viel stärker einer öffentlichen Beobachtung ihrer Praktikums- und Ausbildungsangebote stellen, da sich Jugendliche im Rahmen der sozialen Medien z. B. viel stärker über (wahrgenommene) Probleme und Chancen austauschen und das für zukünftige potenzielle Auszubildende auch ein Grund ist, ob sie sich überhaupt bei einem Unternehmen bewerben oder einen Beruf bei ihrer Berufswahlentscheidung in Betracht ziehen.

Für die Ausbildungsqualität sind neben den Ausbilderinnen und Ausbildern die ausbildenden Fachkräfte zentral. Eine hohe Ausbildungsqualität ist also nicht nur die Frage, wie gut die Spezialistinnen und Spezialisten der Ausbildung diese planen und entsprechend der Rahmenpläne umsetzen, wie die Zusammenarbeit mit der Berufsschule sowie ggf. auch mit einem Ausbildungsdienstleister oder einem anderen Unternehmen im Rahmen einer im Verbund organisierten Ausbildung ist: Die Ausbildungsqualität betrifft den ganzen Betrieb, die Organisation der Zusammenarbeit insgesamt, sie ist immer auch eine Frage des Unternehmensmanagements und nie nur etwa eine Frage der pädagogischen Qualifikation von Einzelnen.

So besteht ein enger Zusammenhang sowohl zwischen Arbeitgeberqualität und Ausbildungsqualität als auch von Ausbildungsqualität und der Attraktivität von Ausbildung (und zwar sowohl unternehmensübergreifend in Konkurrenz zu der Möglichkeit von potenziellen geeigneten Ausbildungsplatzbewerberinnen und Ausbildungsplatzbewerbern, etwa auch ein Studium aufzunehmen, als auch bezogen auf die Attraktivität der Ausbildung eines bestimmten Unternehmens a) in der Selbstwahrnehmung des Unternehmens (gute Ausbildungsqualität bringt eben auch dem Unternehmen mehr Nutzen und Freude), b) im Wettbewerb gegenüber anderen Unternehmen sowie c) im Auge des möglichst gut geeigneten Ausbildungsplatzbewerbers bzw. der -bewerberin.

---

4   Siehe http://www.ringpraktikum-berlin.de/
5   Siehe http://www.berlin-braucht-dich.de/
6   Siehe http://www.bvbo-berlin.de

Vor diesem Hintergrund greifen die Fördermaßnahmen des Landes Berlin ineinander und ergänzen sich[7] – von der Förderung systematischer Angebote der Berufsorientierung in den allgemeinbildenden Schulen, die besonders mit der im 2015 beschlossenen „Landeskonzept Berufs- und Studienorientierung" verankerten qualifizierten Vierstufigkeit für die Jahrgangsstufe 7–10 (vgl. Berliner Senat 2015) auf eine frühzeitige und breite eigene Erfahrung von beruflichen Möglichkeiten mit Betriebskontakten und Praktika abzielt, der Förderung der Verbundausbildung bzw. der Unterstützung von Unternehmen durch eine Verbundberatung[8], aber auch strukturbildende Maßnahmen wie die bessere Zusammenarbeit aller Akteure, z. B. im Rahmen der Jugendberufsagentur Berlin oder Modellprojekte zur Berliner Ausbildungsqualität, wie das Projekt BAQ[9].

Im Kontext des lebenslangen Lernens kommt der beruflichen Erstausbildung weiter eine zentrale Rolle zu. Deshalb braucht es auch in der Zukunft Beratungs- und Unterstützungsstrukturen insbesondere für kleine und mittlere Unternehmen zur Hebung ihrer Ausbildungs- und Arbeitgeberqualität. Gerade für kleine und mittlere Unternehmen bietet die Berufsausbildung den Einstieg in die strukturierte Personalentwicklung und den Zugang zu Innovation, weil durch die neu geordneten Ausbildungsberufe und die Rahmenpläne auch bisher nicht im betrieblichen Alltag angewandte Erkenntnisse über die Auszubildenden in die Unternehmen kommen. Gleichzeitig bieten die demografische Entwicklung sowie die Notwendigkeit, Auszubildende aus der Vielfalt der Jugendlichen und jungen Erwachsenen unabhängig von sozialer und geografischer Herkunft, von Geschlecht, Religion oder Behinderungen zu rekrutieren – im Sinne eines Zugangs, der Diversität nutzt und eine Strategie der Inklusion aller in die Fachkräfteentwicklung entwickelt –, neue Chancen für Unternehmen, Fachkräfte zu gewinnen, die in ihrer Vielfalt das Unternehmen bereichern und für die flexiblen Anforderungen des Marktes besser gerüstet sein lässt. Und nicht zuletzt bedeutet Ausbildungsqualität, dass die Beschäftigten eine qualifikatorische Grundlage für die Gestaltung der Arbeit 4.0 haben und die Unternehmen mit Qualifizierung ihrer Beschäftigten Mitarbeiterbindung und -sicherung mit der innovativen Entwicklung ihrer Produkte und Dienstleistungen verbinden können.

Literatur

Berliner Senat (Hg.) (2015): Landeskonzept Berufs- und Studienorientierung Berlin. URL: http://www.psw-berlin.de/fileadmin/content/Downloads/landeskonzept/landeskonzept.pdf (Stand: 21.01.2016)

---

7   Vgl. https://www.berlin.de/sen/arbeit/besch-impulse/ausbildung/index.html (Stand: 22.01.2016)
8   Vgl. http://www.verbundberatung-berlin.de/ sowie den Beitrag von K. Josupeit in diesem Band
9   Vgl. http://www.kos-qualitaet.de/baq.html (Stand: 22.01.2016) sowie den Beitrag von T. Funk/C. Weber in diesem Band

Europäische Kommission (Hg.) (2015): Mitteilung der Kommission an das Europäische Parlament, den Rat, den Europäischen Wirtschafts- und Sozialausschuss und den Ausschuss der Regionen: Entwurf des gemeinsamen Berichts des Rates und der Kommission 2015 über die Umsetzung des strategischen Rahmens für die europäische Zusammenarbeit auf dem Gebiet der allgemeinen und beruflichen Bildung (ET 2020) – Neue Prioritäten für die europäische Zusammenarbeit auf dem Gebiet der allgemeinen und beruflichen Bildung. COM(2015) 408 final (Drucksache 386/15 vom 27.08.2015). URL: http://www.bundesrat.de/bv.html?id=0386–15 (Stand: 21.01.2016)

Senatsverwaltung für Arbeit, Integration und Frauen (SenAIF) (Hg.) (2012): Strategische Neuausrichtung der Arbeitsmarkt- und Berufsbildungspolitik des Landes Berlin in der Legislaturperiode 2011–2016. URL: https://www.berlin.de/imperia/md/content/sen-arbeit/besch-impulse/berlinarbeit.pdf (Stand: 21.01.2016)

Entwicklung des Ausbildungsmarktes und Attraktivitätssteigerung der Dualen Berufsausbildung in Berlin und Brandenburg

Alexander Schirp, Ralf-Michael Rath, Thoralf Marks

Einleitung

Seit mehr als 20 Jahren war jeweils im April/Mai die rechnerische Lücke auf dem Ausbildungsstellenmarkt in den neuen Bundesländern zwischen dem Angebot an betrieblichen Ausbildungsplätzen und der Nachfrage von Jugendlichen nach Ausbildung besonders groß. Die Politik und die Gewerkschaften klagten, die Wirtschaft bilde nicht genug aus, die Wirtschaft klagte, die Betriebe fänden nicht genügend geeignete Bewerberinnen und Bewerber. Diese wiederum klagten, sie bewürben sich vergeblich. Alle zusammen beklagten die desolate Situation des dualen betrieblichen Ausbildungssystems in den neuen Bundesländern. Alles Klagen trug auch zu der Meinung von vielen Schülerinnen und Schülern, Eltern und Lehrenden bei, duale betriebliche Ausbildung sei ein Auslaufmodell. Immer mehr Jugendliche schlugen den Weg zu Abitur und Studium ein. Viele leistungsschwächere Jugendliche resignierten und bewarben sich gar nicht mehr für eine betriebliche Ausbildung. Auch immer mehr Betriebe verabschiedeten sich von der dualen betrieblichen Ausbildung oder nahmen Ausbildung gar nicht erst auf. Gründe für diese Meinungen und Verhaltensweisen waren durchaus vorhanden, mit Zahlen lassen sich Belege finden.

Die duale betriebliche Berufsausbildung vermittelt Jugendlichen hochwertige berufliche Qualifikationen, ebnet ihnen den Übergang in das Beschäftigungssystem und eröffnet vielfältige berufliche Aufstiegs- und persönliche Entwicklungschancen. Die wirtschaftliche Entwicklung in der Region Berlin-Brandenburg ist seit Jahren positiv. Für alle wirtschaftlichen Bereiche werden heute und in den nächsten Jahren Fachkräfte benötigt. Betriebliche Ausbildung sichert den Unternehmen den Fachkräftenachwuchs, der zielgerichtet für die Anforderungen künftiger Tätigkeiten qualifiziert ist und die Entwicklung in der Arbeitswelt aktiv mitgestalten kann.

Die duale betriebliche Berufsausbildung hat Zukunft, wenn alle Akteure ihre Zukunftsfähigkeit sehen und ihr eine Zukunft geben. Die Voraussetzungen dafür sind vorhanden, die Chancen sind da. Das werden wir zeigen. Aber Chancen müssen auch ergriffen und genutzt werden.

Kennzahlen zur Analyse der Bedeutung der dualen Berufsausbildung für die Wirtschaft aus Sicht der UVB

Die wesentlichen Kennzahlen zur Entwicklung des Ausbildungsstellenmarktes werden von verschiedenen Institutionen nach unterschiedlichen Methoden erfasst und ausgewertet. (Siehe auch Bertelsmann Stiftung 2015, u. a. mit Autoren des Nationalen Bildungsberichts)

Deshalb gibt es keine einheitliche und eindeutige Datenstruktur und keine Darstellungsmöglichkeit, die eindeutig und damit zwischen den verschiedenen Akteuren, den Institutionen der Wirtschaft, den Gewerkschaften, der Bundesagentur und der Politik konsensfähig und der Öffentlichkeit damit gemeinsam präsentabel wäre. Jede Institution hat ihren eigenen Blickwinkel und zieht daraus ihre eigenen Schlüsse. Im ersten Kapitel wollen wir darstellen, welche Zahlen die Unternehmensverbände verwenden und was sie daraus ableiten.

Bewerber, Stellen und Verträge

Die Bewerberinnen und Bewerber für eine Berufsausbildung und die angebotenen betrieblichen Ausbildungsstellen werden von der Bundesagentur für Arbeit erfasst und ausgewiesen. Dabei ist aber zu beachten, dass nicht alle Personen, die eine Ausbildung beginnen, zuvor als Bewerberinnen und Bewerber erfasst sind, ebenso wenig, wie alle betrieblichen Ausbildungsstellen, die besetzt werden, der Bundesagentur gemeldet werden. Maßgeblich für die Darstellung der Situation auf dem Ausbildungsstellenmarkt für die Öffentlichkeit und ihre Wirkung in der Öffentlichkeit sind aber die Daten der Bundesagentur. Sie hat die beste und umfassendste, wenn auch nicht vollständige Datensammlung. In dem folgenden Schaubild sehen wir von 1999 bis 2014 für Berlin die Differenz zwischen den registrierten Ausbildungsplatzbewerbern (oberste Kurve) und den gemeldeten betrieblichen Ausbildungsplätzen (unterste Kurve). Hier ist sehr gut sichtbar, dass die Nachfrage nach Ausbildung im Jahr 1999 mit 34.053 Bewerberinnen und Bewerbern bald dreimal so groß war wie die Zahl der von Betrieben gemeldeten Ausbildungsstellen (12.467). Diese Lücke wird zwar kleiner, aber auch im Jahr 2014 sind 8.843 mehr Bewerberinnen und Bewerber (insgesamt 20.913) registriert worden, als betriebliche Stellen angeboten wurden (12.070).

Die zweitunterste Kurve zeigt, dass die Zahl der neu abgeschlossenen betrieblichen Ausbildungsverträge immer höher lag als die Zahl der Plätze, die den Arbeitsagenturen gemeldet wurden. Daraus kann der Einschaltungsgrad der Arbeitsagenturen bei der Meldung der betrieblichen Plätze errechnet werden, der 1999 nach dieser Rechenweise bei 64,7 % lag und auf 82,6 % in 2014 gestiegen ist.

Bewerber, gemeldete betr. Stellen, Neuverträge insg., darunter betrieblich, im Land Berlin 1999–2014

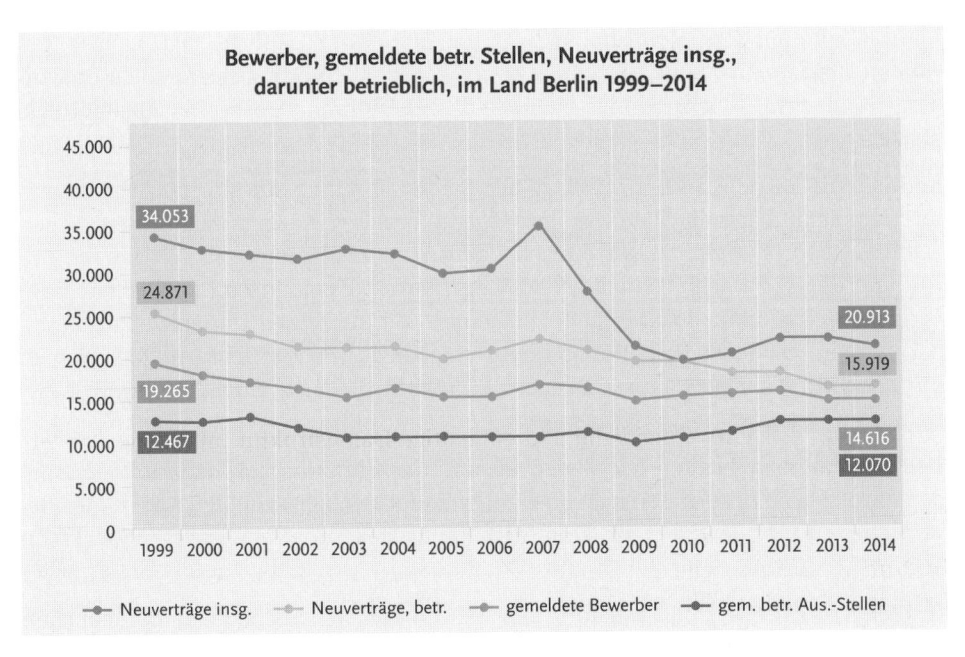

[Diagramm mit folgenden Datenpunkten: Neuverträge insg. 1999: 34.053, 2014: 20.913; gemeldete Bewerber 1999: 24.871, 2014: 15.919; Neuverträge betr. 1999: 19.265, 2014: 14.616; gem. betr. Aus.-Stellen 1999: 12.467, 2014: 12.070]

Abb. 1: Bewerberinnen und Bewerber, gemeldete betriebliche Ausbildungsstellen und Ausbildungsneuverträge im Land Berlin 1999–2014

Quelle: Amt für Statistik Berlin-Brandenburg, Stand 31.12. des jeweiligen Jahres; Senatsverwaltung Arbeit, Integration und Frauen, Bundesagentur für Arbeit, Berechnungen UVB

Sichtbar an dem Verlauf der Linien ist auch, dass der Rückgang der Bewerberinnen und Bewerber mit −38,8 % deutlich höher ausfiel als der Rückgang der neu abgeschlossenen betrieblichen Ausbildungsverträge (−24,1 %). Hieraus kann eine wichtige Erkenntnis über das betriebliche Einstellungsverhalten von Auszubildenden gewonnen werden, auf die wir noch eingehen werden.

Die zweitoberste Kurve zeigt die insgesamt abgeschlossenen Ausbildungsverträge, die Differenz zur Kurve mit den betrieblichen Ausbildungsverträgen drückt den Anteil der Ausbildungsverhältnisse aus, die zustande gekommen sind, weil sie mit Mitteln der Bundesagentur für Arbeit oder aus Mitteln der Länder und des Europäischen Sozialfonds finanziert wurden. In der Tabelle ist der Anteil der betrieblichen an allen neuen Ausbildungsverträgen ausgewiesen, der von 77,5 % auf 91,8 % gestiegen ist. Mit dem Abbau der Förderungen ist der Anteil der außerbetrieblichen Ausbildung auf einen Wert von unter 10 % gefallen. Das Ausbildungsverhalten und das duale betriebliche Ausbildungssystem haben sich stabilisiert.

Die Situation in Brandenburg ist ähnlich, hat aber drei nennenswerte Abweichungen von der Situation in Berlin. In 1999 war die Differenz zwischen gemeldeten Bewerberinnen und Bewerbern und betrieblichen Ausbildungsplätzen viel größer als in Berlin, die Aussichten auf einen Ausbildungsplatz waren viel schlechter, und der Rückgang der Bewerberzahl ist mit −67,3 % viel deutlicher ausgefallen als in Berlin.

Ab 2012 konnten den Agenturen sogar erstmals mehr betriebliche Plätze angeboten werden, als dann am Ende tatsächlich neue betriebliche Verträge abgeschlossen wurden. Damit zeigt sich auch hier erstmals das Phänomen unbesetzter Ausbildungsplätze.

Könnten die Betriebe in Brandenburg alle Stellen besetzen, die sie den Arbeitsagenturen anbieten, läge die Zahl der neu abgeschlossenen Ausbildungsverträge höher. Zumindest für Brandenburger Betriebe kann man nicht unterstellen, dass sie ihre Anforderungen zu hoch schrauben. Im Gegenteil: In Brandenburg werden seit 2010 vermehrt Auszubildende eingestellt, die keinen oder nur einen Hauptschulabschluss haben, d. h. die Betriebe in Brandenburg bemühen sich verstärkt um Zielgruppen mit schlechteren Startvoraussetzungen. Für Berlin lässt sich dieser Befund statistisch allerdings noch nicht nachweisen.[1]

Das Ausbildungsverhalten der Wirtschaft und das Einstellungsverhalten der ausbildenden Betriebe bestimmen sich aber nicht hauptsächlich nach der Anzahl der Bewerberinnen und Bewerber auf dem Ausbildungsstellenmarkt oder deren Qualifikation.

Insofern ist die Gegenüberstellung der Bewerberzahl, angebotenen betrieblichen Ausbildungsplätzen und neu abgeschlossenen betrieblichen Ausbildungsverträgen trügerisch: Es gibt keinen direkten Zusammenhang zwischen diesen Kennzahlen. Die Betriebe sind nicht dafür verantwortlich, alle Jugendlichen auszubilden, die Ausbildung nachfragen. Dies ist eine gesellschaftliche Gesamtaufgabe.

Das Ausbildungsverhalten der Wirtschaft hängt von anderen Faktoren ab. Das zu verstehen und zu analysieren erfordert weitere Kennzahlen. Seit einigen Jahren werden dafür die Ausbildungsquote und die Ausbildungsbetriebsquote herangezogen.

Ausbildungsquoten und Ausbildungsbetriebsquoten

Mit der Ausbildungsquote wird der Anteil der Auszubildenden (aller Ausbildungsjahre) an allen Beschäftigten (Beschäftigte und Auszubildende) ausgewiesen.

Die folgende Grafik zeigt die Ausbildungsquoten in Berlin (dunkelgrrau) und in Brandenburg (hellgrau) im Vergleich zu Deutschland insgesamt (schwarz) und zu West- (schwarz gepunktet) und Ostdeutschland (schwarz gestrichelt):

Der Berliner Wirtschaft wird schon seit einigen Jahren von der Politik und den Gewerkschaften die niedrigste Ausbildungsquote im Vergleich zu allen Bundesländern und Deutschland insgesamt vorgehalten. Auf den ersten Blick ist das richtig: Die Berliner Wirtschaft hat eine Ausbildungsquote von 3,6 % und damit den niedrigsten Wert aller Bundesländer. Für Deutschland insgesamt beträgt der Wert 5,2 %.

Die Grafik zeigt jedoch noch etwas anderes: In allen neuen Bundesländern ist die Ausbildungsquote seit 2009 stark zurückgegangen. Und seit 2011 weicht der Rück-

---

1   Vgl. Amt für Statistik Berlin Brandenburg: Neu abgeschlossene betriebliche Ausbildungsverträge nach Schulabschluss 2010 – 2014

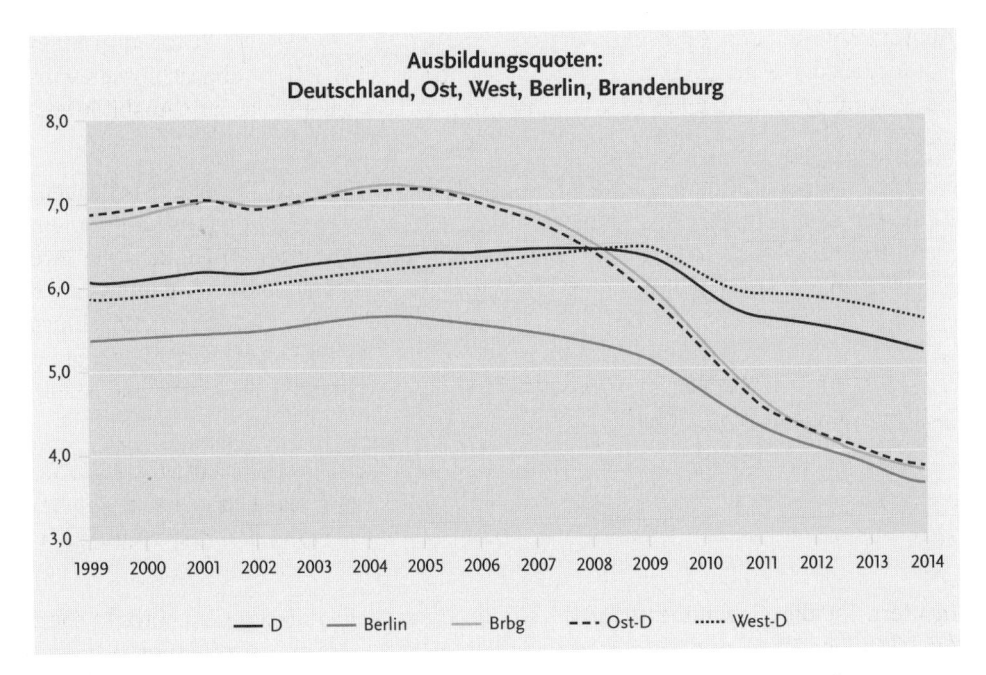

Abb. 2: Ausbildungsquoten: Deutschland, Berlin und Brandenburg im Vergleich

(Quelle: UVB)

gang der Ausbildungsquote in Berlin kaum noch von dem Rückgang der Ausbildungsquote in allen neuen Bundesländern ab und liegt mit zuletzt 3,7 % nur um 0,1 Prozentpunkte unter dem ostdeutschen Durchschnitt.

Bei der Betrachtung der Ausbildungsquote im Zeitverlauf ist aber zu beachten, dass sie sich auch dann verändert, wenn sich nur die Zahl der Beschäftigten verändert: Sie steigt, wenn die Zahl der Beschäftigten stärker zurückgeht als die Zahl der Auszubildenden, sie sinkt, wenn die Zahl der Beschäftigten stärker steigt als die Zahl der Auszubildenden.

Die folgenden Grafiken zeigen die Entwicklungen der Zahl der Beschäftigten und der Auszubildenden:

Hier zeigt sich, dass Berlin bei der Zunahme der Beschäftigten seit dem Ende der Wirtschaftskrise infolge der Finanzkrise 2008 fast gleichauf mit dem Zuwachs der Beschäftigung in Westdeutschland liegt und Ende 2012 mit einem Indexwert von 107,2 Deutschland (106,3) überholt hat und Ende 2014 mit einem Wert von 113,0 den Abstand zu Deutschland (109,4) weiter vergrößert hat.

Die Zahl der Auszubildenden sinkt, in Westdeutschland leicht, in Ostdeutschland stark. Auch bei der Entwicklung der Zahl der Auszubildenden steht Berlin nicht schlecht da, zwar schlechter als im westdeutschen oder bundesdeutschen Schnitt, aber besser als im ostdeutschen Schnitt.

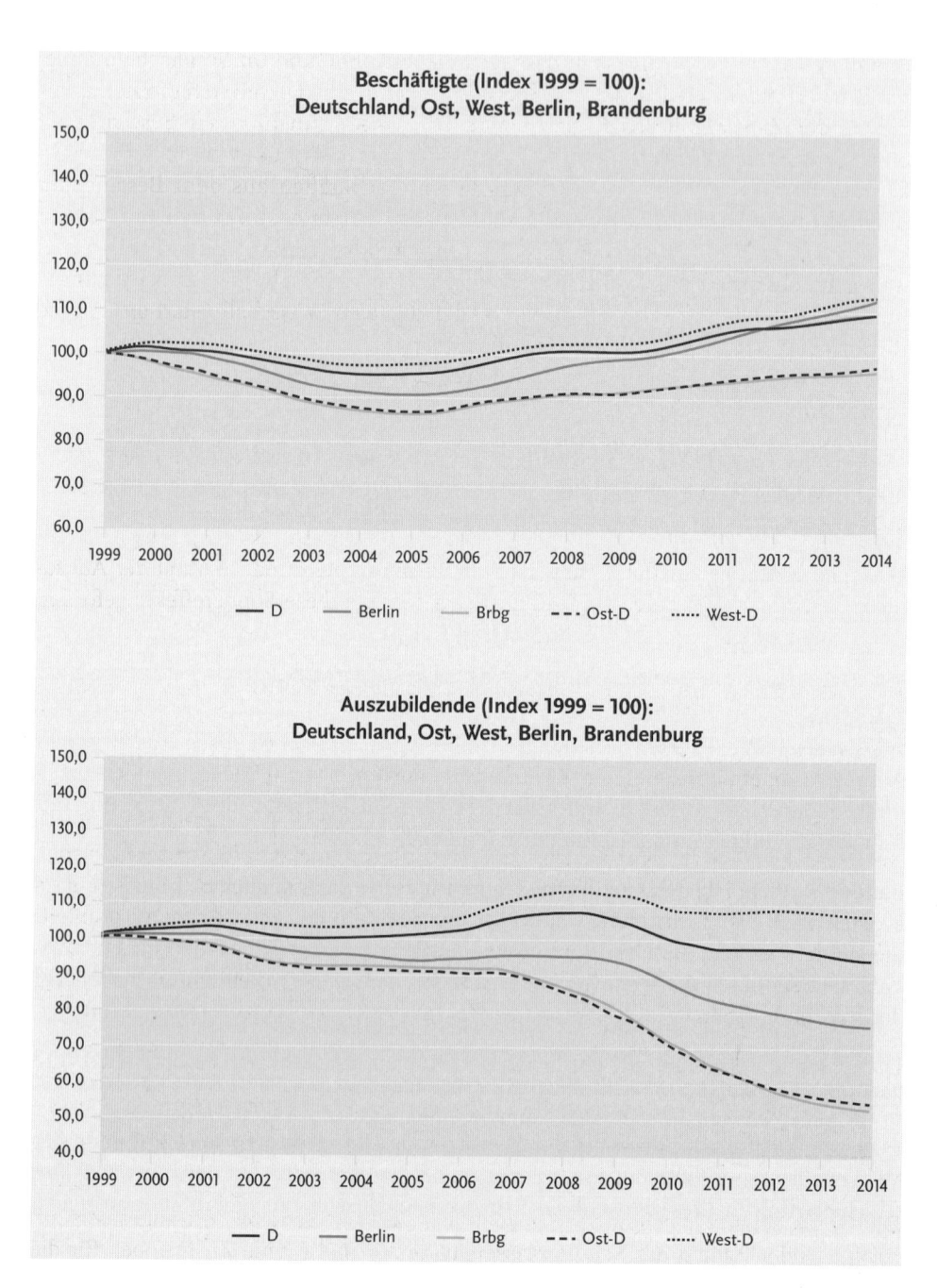

Abb. 3: Entwicklung der Beschäftigten und Auszubildenden: Deutschland, Berlin und Brandenburg im Vergleich

Quelle: UVB

Aus diesen Grafiken ist ablesbar, dass sich die sinkende und im Vergleich zu anderen Bundesländern niedrigste Ausbildungsquote in Berlin auch durch die starke Zunahme der Zahl der Beschäftigten ergibt. Die starke Zunahme der Beschäftigten ohne gleichzeitige Zunahme der Auszubildenden in Berlin hat weitere Gründe. So können Betriebe z. B. durch Rekrutierung von Fachkräften aus dem Bestand der Arbeitslosen und durch die starke Zuwanderung von gut qualifizierten Fachkräften in den letzten Jahren nach Berlin ihren Fachkräftenachwuchsbedarf ein Stück weit auch ohne eigene Ausbildung gewinnen. Und viele Betriebe mit stark zunehmender Beschäftigung, wie z. B. Betriebe der digitalen Wirtschaft (Start-ups, Game Development etc.), haben keine Ausbildungstradition oder benötigen zwar Hochschulabsolventinnen und Hochschulabsolventen, aber kaum Facharbeiterinnen und Facharbeiter.

Ein weiterer Grund für das Sinken der Ausbildungsquoten und der Zahl der Auszubildenden in allen neuen Bundesländern ist das Zurückfahren und Auslaufen der Förderprogramme für die Schaffung zusätzlicher Ausbildungsplätze.

Dennoch bleibt festzuhalten, dass die Ausbildungsquoten und die Zahl der Auszubildenden auch in Westdeutschland zurückgehen, wo diese Sondereffekte geförderter Ausbildungsplätze nicht vorhanden sind.

Was ist der Grund dafür? Kann man die Entwicklung aufhalten und umkehren? Wie?

Zum Verhältnis der Zahl von Schulabsolventinnen und -absolventen zu der von Bewerberinnen und Bewerbern für eine duale Berufsausbildung

Die folgende Grafik zeigt die Qualifikationsstruktur der Schulentlassenen in Berlin von 2000/2001 bis 2013/2014. Die schwarzen Balken stellen die Schulentlassenen ohne Hauptschulabschluss, die dunkelgrauen die mit Hauptschulabschluss (neuerdings „mit Berufsbildungsreife" bezeichnet), die grauen die mit Realschulabschluss (neu: mittlerer Schulabschluss) und die hellgrauen die mit Hochschulreife dar. Der größere hellgraue Balken im Jahr 2011/2012 steht für den doppelten Abiturjahrgang, der in jenem Jahr die Schule verlassen hat. Die schwarze Linie stellt noch einmal, wie schon im ersten Kapitel dargestellt, die Zahl der neu abgeschlossenen betrieblichen Ausbildungsverträge dar. Neu ist die hellgraue Linie. Sie stellt den Prozentsatz der Schulentlassenen dar, die nach der Schule bei den Arbeitsagenturen als Bewerberinnen und Bewerber für eine duale betriebliche Ausbildung registriert worden sind.

Die Grafik zeigt, wie schon oben ausgeführt, dass die Betriebe sich angesichts zurückgehender Zahlen der Schulentlassenen immer mehr neue Zielgruppen für die duale betriebliche Ausbildung erschließen mussten. Hinzu kommt aber eine zweite Schwierigkeit für Betriebe: Bei zurückgehenden Zahlen der Schulentlassenen ist zusätzlich auch noch der Anteil gesunken, der sich für eine duale Ausbildung bei den Arbeitsagenturen registrieren lässt. Anders ausgedrückt: Der Verlauf der hellgrauen Linie ist ein wesentliches Indiz für den zunehmenden Imageverlust der dualen Be-

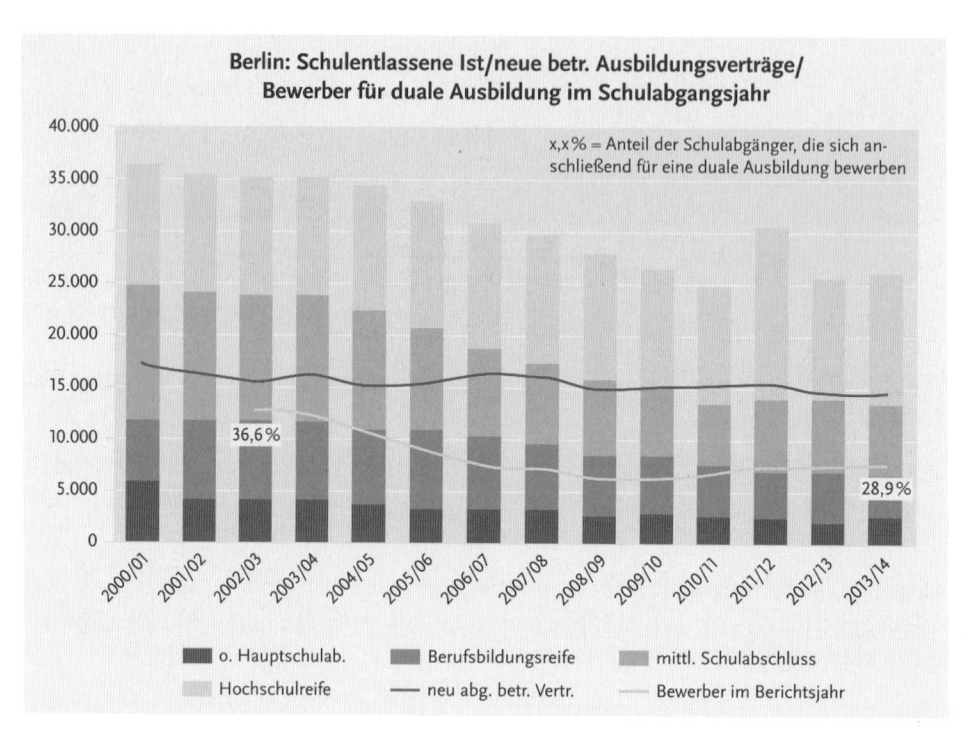

Abb. 4: Verhältnis von Schulabsolventinnen und -absolventen, Bewerberinnen und Bewerbern für eine duale Berufsausbildung und neu abgeschlossenen betrieblichen Ausbildungsplätzen

Quelle: UVB

rufsausbildung bei den Schulentlassenen. Zuletzt haben sich mit 28,9 % weniger als ein Drittel der Schulentlassenen für eine duale Berufsausbildung registrieren lassen.

In Brandenburg treten die für Berlin beschriebenen Tendenzen noch deutlicher hervor. Die Zahl der Schulentlassenen nimmt viel stärker ab als in Berlin, Betriebe haben es noch schwerer gehabt, neue Ausbildungsverträge abzuschließen. Und viele Auszubildende zieht es traditionell auch nach Berlin, das bei den Ausbildenden eine Einpendlerquote von 18,7 % aufweist, zumeist aus dem Land Brandenburg. Und auch das Image der dualen Berufsausbildung hat sich verschlechtert, obwohl es besser war und immer noch ist als in Berlin.

Die Perspektive bis 2026/27: Schulabsolventinnen und Schulabsolventen und Ausbildungsverträge

Nach der aktuellen Prognose der Berliner Senatsverwaltung für Bildung, Jugend und Wissenschaft wird die Zahl der Schulentlassenen nach einer zunächst stabilen Entwicklung von ca. 2020 bis 2026/27 um 30,5 % zunehmen, nicht zuletzt eine Folge

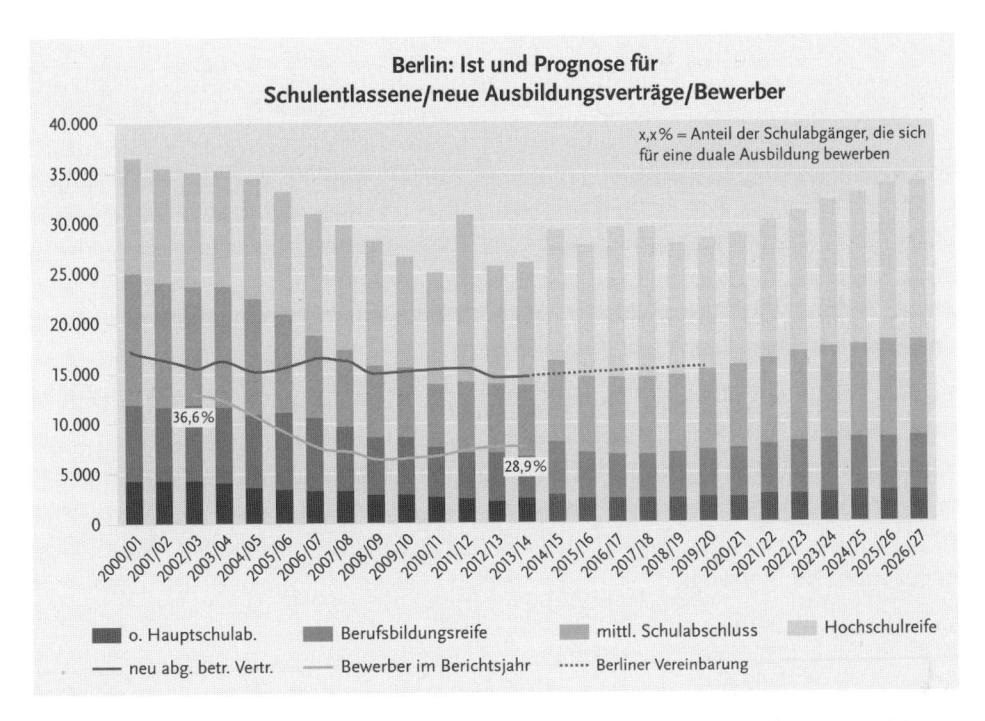

Abb. 5: Prognose zum Verhältnis von Schulabsolventinnen und -absolventen, Bewerberinnen und Bewerbern für eine duale Berufsausbildung und neu abgeschlossenen betrieblichen Ausbildungsplätzen

Quelle: UVB

der hohen Zuzugsattraktivität der Metropole.[2] Bei den wichtigsten Zielgruppen für die duale Ausbildung, den Absolventinnen und Absolventen mit Berufsbildungsreife, wird die Zahl um 35,9 %, bei denjenigen mit mittlerem Schulabschluss wird die Zahl um 36,7 % zunehmen.

Auch bei den Schulentlassenen mit Hochschulreife wird eine Zunahme um 26,6 % prognostiziert. Dies sind ausgezeichnete Perspektiven für Betriebe. In den nächsten zwölf Jahren werden in Berlin wieder mehr Schulentlassene zur Verfügung stehen. Betriebe haben damit jedes Jahr bessere Chancen, Jugendliche für eine Ausbildung zu gewinnen, um sich so ihren künftigen Fachkräftebedarf zu sichern. Dazu muss es aber gelingen, wieder mehr Jugendliche für eine duale Berufsausbildung zu begeistern. Es müsste möglich sein, in den nächsten fünf Jahren die Zahl der neu abgeschlossenen betrieblichen Ausbildungsplätze schrittweise um 1.000 gegenüber heute zu erhöhen (gestrichelte schwarze Linie in der Grafik). Erste Weichenstellungen dazu sind in der „Berliner Vereinbarung" erfolgt.

---

2 Die Folgen der jüngsten Flüchtlingszuwanderungen sind dabei noch nicht mitberücksichtigt. Bis zum 1. Dezember sind allein 2015 nach Auskunft der Sozialverwaltung mehr als 68.000 Flüchtlinge in Berlin angekommen. (Stand: 02.12.2015; siehe https://www.rbb-online.de/politik/thema/fluechtlinge/hintergrund/zahlen-und-fakten-fluechtlinge-in-berlin-und-brandenburg.html, Stand: 22.01.2016).

Dieselbe positive Entwicklung der Zahl der Schulentlassenen zeigt sich auch in Brandenburg, auch wenn die Steigerungsquoten hier geringer ausfallen. Nach der aktuellen Prognose des Brandenburger Ministeriums für Bildung, Jugend und Sport wird die Zahl der Schulentlassenen bis 2026/27 um 8,3 % steigen (Hauptschulabschluss +14,7 %, Realschulabschluss –12,4 %, Hochschulreife +34,4 %). In Brandenburg wird es noch stärker als in Berlin darauf ankommen, Schulentlassene mit Hochschulreife für eine duale Ausbildung zu gewinnen.

Allianz für Aus- und Weiterbildung 2015 bis 2018, Berliner Vereinbarung und Brandenburgischer Ausbildungskonsens

Die Wirtschaft, der DGB, die Bundesregierung und die Länder haben am 12.12.2014 die „Allianz für Aus- und Weiterbildung 2015 bis 2018" abgeschlossen.[3]

Die Partner wollen gemeinsam die duale Berufsausbildung in Deutschland stärken. Jedem ausbildungsinteressierten Menschen soll ein Pfad aufgezeigt werden, der ihn frühestmöglich zu einem Berufsabschluss führen kann. Die betriebliche Ausbildung hat dabei klaren Vorrang.

Im Rahmen der Allianz

- will die **Wirtschaft**
  im kommenden Jahr 20.000 zusätzliche Ausbildungsplätze gegenüber den 2014 bei der Bundesagentur für Arbeit gemeldeten Stellen, jährlich 500.000 Praktikumsplätze zur Berufsorientierung und 20.000 Plätze für Einstiegsqualifizierung zur Verfügung stellen, jedem vermittlungsbereiten Jugendlichen, der bis zum Beginn des Ausbildungsjahres im Herbst noch keinen Platz gefunden hat, drei Angebote für eine Ausbildung machen sowie die Übernahme von Jugendlichen aus der kooperativen außerbetrieblichen Ausbildung nach dem ersten Ausbildungsjahr in die betriebliche Ausbildung erhöhen.

- wollen die **Gewerkschaften**
  zusammen mit der Wirtschaft ein Beschwerdemanagement für Auszubildende entwickeln und es pilothaft in ausgewählten Regionen erproben; zusammen mit der Wirtschaft und den Ländern Qualitätsstandards für Betriebspraktika von Schülerinnen und Schülern in der Berufsorientierung entwickeln; mit der Wirtschaft gemeinsam Beispiele für gute Ausbildung verbreiten sowie gemeinsam mit der Wirtschaft und mit Unterstützung des Bundes die Umsetzung von Maßnahmen zur Weiterbildung in der Praxis im Rahmen der ESF-Sozialpartnerrichtlinie „Fachkräfte sichern: weiterbilden und Gleichstellung fördern" unterstützen.

---

3 Siehe https://www.bmwi.de/BMWi/Redaktion/PDF/A/allianz-fuer-aus-und-weiterbildung-2015–2018,property=pdf, bereich=bmwi2012,sprache=de,rwb=true.pdf (Stand: 22.01.2016)

- will der **Bund**
  für das Ausbildungsjahr 2015/2016 bis zu 10.000 Plätze für die assistierte Ausbildung fördern, die Finanzierung der Berufseinstiegsbegleitung bis zum Jahrgang 2018/2019 absichern und das Instrument „ausbildungsbegleitende Hilfen" ausbauen.

- wollen die **Länder**
  kohärente Konzepte für die Berufsorientierung und den Übergang von der Schule in den Beruf entwickeln, duale Berufsausbildung künftig als Perspektive auch an Gymnasien vermitteln und die Qualität der Berufsschulen besser sichern.

Die Umsetzung dieser Aufgaben in Berlin und in Brandenburg erfolgt durch entsprechende Allianzen der regionalen Akteure, durch die Sonderkommission Ausbildungsplatzsituation in Berlin und durch den Brandenburgischen Ausbildungskonsens.

In Berlin hat die Sonderkommission „Ausbildungsplatzsituation und Fachkräftesicherung" beim Regierenden Bürgermeister von Berlin am 6.5.2015 zudem ein Eckpunktepapier für eine „**Berliner Vereinbarung 2015 – 2020**" beschlossen.[4] Die Partner (Wirtschafts- und Sozialpartner, die zuständigen Berliner Senatsverwaltungen und die Regionaldirektion Berlin-Brandenburg der Bundesagentur für Arbeit) wollen die Ausbildungschancen in Branchen mit Beschäftigungswachstum besser kommunizieren, die Zahl der Schulabgängerinnen und Schulabgänger ohne Abschluss reduzieren, die Berufs- und Studienorientierung an den allgemeinbildenden Schulen systematisch durchführen, das Übergangssystem auf Ausbildung ausrichten und die Jugendberufsagentur zum Erfolg führen, mehr betriebliche Ausbildungsplätze gewinnen und besetzen („Ziel sind entsprechend der bundesweit verabredeten „Allianz für Aus- und Weiterbildung" ab dem Jahr 2015 schrittweise mindestens 1.000 zusätzliche von Berliner Betrieben den Agenturen für Arbeit gemeldete Ausbildungsplatzangebote mehr gegenüber der Zahl der gemeldeten Angebote im Jahr 2014."), vorzeitige Vertragslösungen reduzieren und die Durchlässigkeit zwischen beruflicher und akademischer Bildung fördern.

In Brandenburg haben die Wirtschafts- und Sozialpartner, der Ministerpräsident und vier fachlich zuständige Ministerinnen bzw. Minister sowie die Regionaldirektion Berlin-Brandenburg am 5. August 2014 eine gemeinsame Erklärung unterzeichnet, in der sie ihre Ziele und Verabredungen für die Berufliche Bildung in Brandenburg formuliert haben. Wichtigstes Ziel ist es hier, die Zahl der neu abgeschlossenen betrieblichen Ausbildungsverträge in den nächsten zwei Jahren über 10.000 Verträge zu halten. Sie wollen gemeinsam daran arbeiten, die Zahl der Schulabgängerinnen und Schulabgänger ohne Abschluss zu senken. Sie wollen die Berufsorientierung weiter systematisieren und dazu den Berufswahlpass für alle Schülerinnen und

---

4   Siehe https://www.berlin.de/rbmskzl/aktuelles/pressemitteilungen/2015/pressemitteilung.309491.php (Stand: 22.01.2016)

Schüler einheitlich verwenden und ihnen Potenzialanalysen und hochwertige Schülerbetriebspraktika ermöglichen. Zur Stärkung der dualen Berufsausbildung wollen sie mehr betriebliche Ausbildungsplätze in der Region insbesondere in kleineren Unternehmen erschließen, die Vermittlung von Ausbildungsplatzbewerbenden auf betriebliche Ausbildungsplätze zielgenauer gestalten und die Zahl der vorzeitig aufgelösten Ausbildungsverträge reduzieren. Übergeordnetes Ziel der Unterzeichner der Erklärung ist es, die duale Berufsausbildung in Brandenburg als Karriereweg für junge Menschen und als Instrument der Fachkräftesicherung für Betriebe deutlich aufzuwerten.

Ausbildung lohnt sich – Möglichkeiten und Methoden der Attraktivitätssteigerung der dualen Berufsausbildung

In der Einleitung hatten wir Thesen aufgestellt, die wir nun zu zwei Fragen umformulieren wollen:
1) Wie gelingt es, Jugendlichen zu vermitteln, dass die duale betriebliche Berufsausbildung ihnen hochwertige berufliche Qualifikationen vermittelt, ihnen den Übergang in das Beschäftigungssystem ebnet und ihnen vielfältige berufliche Aufstiegs- und persönliche Entwicklungschancen eröffnet?
2) Wie gelingt es, bisher nicht ausbildenden Unternehmen zu vermitteln, dass betriebliche Ausbildung ihnen den Fachkräftenachwuchs sichert, der zielgerichtet für die Anforderungen künftiger Tätigkeiten qualifiziert ist und die Entwicklung in der Arbeitswelt aktiv mitgestalten kann?

Die Zukunftsfähigkeit der dualen betrieblichen Berufsausbildung wird nicht nur davon abhängen, ob wir nachhaltig tragfähige Antworten auf diese Fragen geben können, sondern insbesondere davon, ob die Antworten bei den Jugendlichen und den Unternehmen, die wir erreichen wollen, auch „ankommen", ob es gelingt, „Ausbildung lohnt sich" wieder im Bewusstsein der Jugendlichen und der Unternehmen positiv zu besetzen und Jugendliche wie Unternehmen dazu zu bewegen und zu befähigen, diese gewonnenen Überzeugungen auch umzusetzen.

Dazu mögen folgende Thesen die Diskussion anregen. Auszubildende sind junge Menschen, aus denen die künftigen wertvollen Mitarbeiterinnen und Mitarbeiter werden sollen – so sollten sie auch behandelt werden.

Attraktivität der Ausbildung und Wertschätzung von Auszubildenden beginnt mit der Vergütung

Tarifliche Vereinbarungen regeln für die beiden betrieblichen Partner, den Arbeitgeber und den Beschäftigten bzw. Auszubildenden, annehmbare Ausbildungsbedingungen. Dies betrifft insbesondere die Höhe der Ausbildungsvergütung, aber auch Regelungen zur Übernahme von Jugendlichen in ein anschließendes Arbeitsverhältnis. Ausnahmen sind bei Ausbildung über den eigenen Bedarf selbstverständlich möglich. Die Tarifvertragsparteien haben diese Regelungen als Instrument zur Steigerung der Attraktivität der dualen Ausbildung erkannt und eingesetzt. Die tariflichen Ausbildungsvergütungen sind im Vergleich zu den allgemeinen Entgelten der Beschäftigten in den letzten Jahren überproportional gestiegen. Die Zahl der Branchen mit tariflichen Regelungen zur Übernahme in Beschäftigung steigt ebenfalls an.

Die Mehrheit der Betriebe in Berlin und Brandenburg ist allerdings nicht tarifgebunden. Diese Betriebe können die tarifliche Ausbildungsvergütung um bis zu 20 % unterschreiten. Eine Verpflichtung zur Übernahme besteht für diese Betriebe nicht.

Die zuvor beschriebenen Veränderungen von Nachfrage und Angebot auf dem Ausbildungsstellenmarkt legen es allerdings auch für tariffreie Arbeitgeber nahe, die Möglichkeit zu prüfen, Ausbildungsbedingungen auf tariflichem Niveau anzubieten.

Warum sollten tariffreie Betriebe nicht mit einer Ausbildungsvergütung auf tariflichem Niveau bzw. einer Regelung zur Übernahme in Beschäftigung werben?

Dies signalisiert gegenüber jungen Menschen, potenziellen Ausbildungsplatzbewerbenden, Wertschätzung und kann öffentlichkeitswirksam als Baustein für eine Imageverbesserung genutzt werden. Eine Übernahmeregel ist für junge Menschen, ihre Eltern und Lehrenden ein positives Signal für die berufliche und persönliche Entwicklung mithilfe einer dualen Ausbildung.

In Branchen mit niedrigen tariflichen Ausbildungsvergütungen können in Abhängigkeit von der persönlichen Situation der Auszubildenden und ihren finanziellen Verhältnissen die Arbeitsagenturen Ausbildungsbeihilfen gewähren, die die Ausbildungsvergütung aufstocken und weitere Lebenshaltungskosten bezuschussen.

Ausbildungsvergütungen sind auch ein Hebel, mit dem sich junge Menschen selbstständig machen und ihr eigenes Leben beginnen können. Dies ist insbesondere wichtig für junge Menschen, die aus Elternhäusern kommen, in denen man geregelte Arbeit nicht kennt. Die Nicht-Anrechnung von Einkommen aus Ausbildung auf den Lebensunterhalt von Familien, die von „Hartz-IV" leben müssen, ist dazu ein wichtiger Zwischenschritt.

Es gibt offensichtlich einen Zusammenhang von Ausbildungsqualität und Ausbildungserfolg

Vorzeitige Ausbildungsabbrüche können viele verschiedene Gründe haben, z. B. Wechsel in einen anderen Ausbildungsbetrieb wegen Betriebsinsolvenz, Wechsel des Ausbildungsberufs, Aufnahme eines Studiums, Wohnortwechsel des Auszubildenden etc. Vorzeitige Vertragslösungen können aber auch in schlechten Leistungen des Auszubildenden oder des Ausbildungsbetriebs begründet sein. Die Statistiken über Lösungsquoten von Ausbildungsverträgen unterscheiden nicht zwischen diesen Gründen. Berlin liegt im Bundesländervergleich 2014 mit der zweithöchsten Vertragslösungsquote von 33,4 % auf dem vorletzten Platz der Statistik. In Deutschland insgesamt liegt die Vertragslösungsquote bei 24,7 %. Dabei differieren die Lösungsquoten deutlich nach Ausbildungsberufen, sie liegen in Berlin zwischen 60,7 % und 9,0 % (die Zahlen für 2014 liegen noch nicht vor).

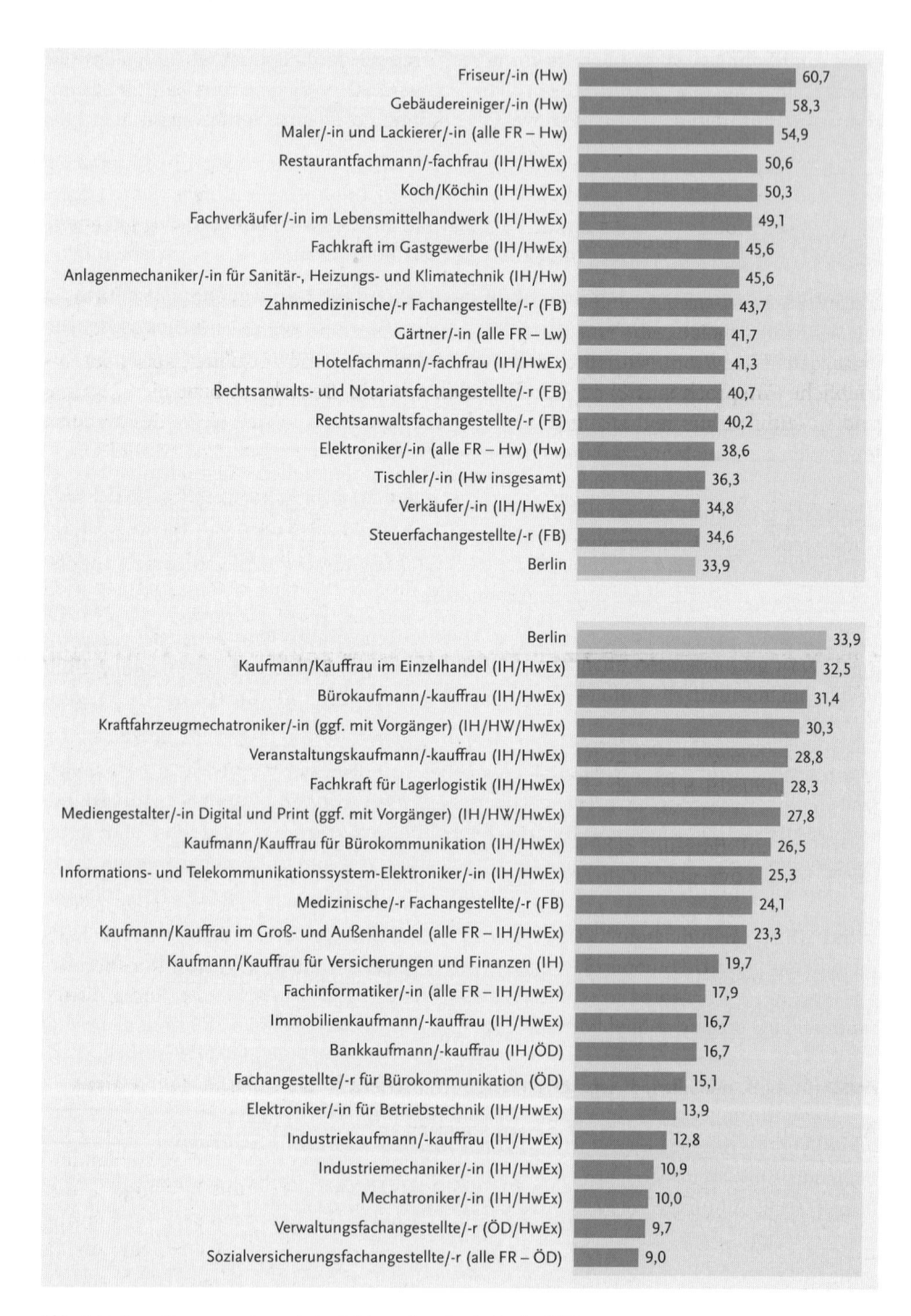

Beruf	Quote
Friseur/-in (Hw)	60,7
Gebäudereiniger/-in (Hw)	58,3
Maler/-in und Lackierer/-in (alle FR – Hw)	54,9
Restaurantfachmann/-fachfrau (IH/HwEx)	50,6
Koch/Köchin (IH/HwEx)	50,3
Fachverkäufer/-in im Lebensmittelhandwerk (IH/HwEx)	49,1
Fachkraft im Gastgewerbe (IH/HwEx)	45,6
Anlagenmechaniker/-in für Sanitär-, Heizungs- und Klimatechnik (IH/Hw)	45,6
Zahnmedizinische/-r Fachangestellte/-r (FB)	43,7
Gärtner/-in (alle FR – Lw)	41,7
Hotelfachmann/-fachfrau (IH/HwEx)	41,3
Rechtsanwalts- und Notariatsfachangestellte/-r (FB)	40,7
Rechtsanwaltsfachangestellte/-r (FB)	40,2
Elektroniker/-in (alle FR – Hw) (Hw)	38,6
Tischler/-in (Hw insgesamt)	36,3
Verkäufer/-in (IH/HwEx)	34,8
Steuerfachangestellte/-r (FB)	34,6
Berlin	33,9
Berlin	33,9
Kaufmann/Kauffrau im Einzelhandel (IH/HwEx)	32,5
Bürokaufmann/-kauffrau (IH/HwEx)	31,4
Kraftfahrzeugmechatroniker/-in (ggf. mit Vorgänger) (IH/HW/HwEx)	30,3
Veranstaltungskaufmann/-kauffrau (IH/HwEx)	28,8
Fachkraft für Lagerlogistik (IH/HwEx)	28,3
Mediengestalter/-in Digital und Print (ggf. mit Vorgänger) (IH/HW/HwEx)	27,8
Kaufmann/Kauffrau für Bürokommunikation (IH/HwEx)	26,5
Informations- und Telekommunikationssystem-Elektroniker/-in (IH/HwEx)	25,3
Medizinische/-r Fachangestellte/-r (FB)	24,1
Kaufmann/Kauffrau im Groß- und Außenhandel (alle FR – IH/HwEx)	23,3
Kaufmann/Kauffrau für Versicherungen und Finanzen (IH)	19,7
Fachinformatiker/-in (alle FR – IH/HwEx)	17,9
Immobilienkaufmann/-kauffrau (IH/HwEx)	16,7
Bankkaufmann/-kauffrau (IH/ÖD)	16,7
Fachangestellte/-r für Bürokommunikation (ÖD)	15,1
Elektroniker/-in für Betriebstechnik (IH/HwEx)	13,9
Industriekaufmann/-kauffrau (IH/HwEx)	12,8
Industriemechaniker/-in (IH/HwEx)	10,9
Mechatroniker/-in (IH/HwEx)	10,0
Verwaltungsfachangestellte/-r (ÖD/HwEx)	9,7
Sozialversicherungsfachangestellte/-r (alle FR – ÖD)	9,0

Abb. 6: Vertragslösungsquote nach Ausbildungsberufen in Berlin 2013

Quelle: UVB/ IAB Regional

Vorzeitige Lösungen von Ausbildungsverhältnissen von Jugendlichen ohne plausible Gründe sind eine Verschwendung wertvoller Ausbildungsressourcen, die nicht hingenommen werden dürfen und so weit wie möglich reduziert werden müssen.

Es liegen zwar keine empirisch abgesicherten Daten, wohl aber viele Einzelhinweise dazu vor, dass in Ausbildungsbetrieben, insbesondere auch in den industriellen Ausbildungsbetrieben, die tarifgebunden sind bzw. die einen Haustarifvertrag haben, die Lösungsquoten niedriger sind als in anderen Betrieben.

Daraus kann geschlossen werden, dass tarifliche Ausbildungsvergütungen, Vereinbarungen zur Übernahme in Beschäftigung nach erfolgreichem Berufsabschluss, hohe Qualität der Ausbildung und der Ausbilderinnen und Ausbilder, aber auch betriebliche Ansprechpartner in Konfliktfällen wie ein Betriebsrat bzw. eine Jugend- und Auszubildendenvertretung (JAV) wichtige Elemente sind, die einen Beitrag dazu leisten können, vorzeitige Lösungen von Ausbildungsverhältnissen zu minimieren.

Jugendliche müssen lernen, sich auf die Welt der Erwachsenen und die Arbeitswelt einzustellen, wenn sie Auszubildende werden. Die Arbeitswelt wird sich nicht an die Jugendlichen anpassen. Deshalb müssen die Auszubildenden lernfähig und lernbereit sein, Ausbildung ist aber auch keine einseitige Lehrveranstaltung, sondern „Lernen und Arbeiten im Team". Wenn Auszubildende von Anfang an so wie auch alle anderen Beschäftigten als gleichberechtigtes Mitglied in einem Arbeitsteam wertgeschätzt und „auf Augenhöhe" behandelt werden, dann fällt es Auszubildenden auch viel leichter, von erfahreneren Mitarbeiterinnen und Mitarbeitern zu lernen, sich in Arbeitsteams einzufügen, die notwendigen Rollen und Aufgaben zu übernehmen und konstruktive Kritik zu ertragen und auch üben zu können. Die Auszubildenden müssen in der Ausbildung das Gefühl bekommen, in dem Betrieb, in dem sie lernen, auch in 20 Jahren noch arbeiten zu wollen.

Im Grunde genommen sind das alles Selbstverständlichkeiten in unserem System einer sozialen Marktwirtschaft, die Arbeitgeber und die Beschäftigte nicht als Gegner, sondern als Partner begreift und behandelt. Diese Selbstverständlichkeiten müssen wieder neu belebt werden, um duale betriebliche Ausbildung und künftige Beschäftigung als Fachkraft zu einer Perspektive zu entwickeln, die mehr junge Menschen als bisher anspricht und reizt.

Ausbildungskosten sind eine langfristige Investition in die Zukunft des Betriebs

Ausbildung kostet, sie ist nicht für umsonst zu haben. Ausbildung kostet Zeit, Ausbildung verursacht Personalkosten für die Auszubildenden und die Ausbildenden, Ausbildung verursacht Sachkosten für die Ausbildungsmittel und Prüfungen. Ausbildung verursacht Kosten für überbetriebliche Ausbildungsphasen oder Ausbildung im zwischenbetrieblichen Ausbildungsverbund. Aber auch die Kosten für Ausbildung sind wie andere Personal- und Sachkosten als Betriebsausgaben abziehbar.

Den Kosten der Ausbildung stehen die Produktivitätsleistungen der Auszubildenden vor allem ab dem zweiten Ausbildungsjahr gegenüber. Neben dem direkten Nutzen haben Betriebe durch Ausbildung auch einen indirekten Nutzen, sie sparen Kosten an anderer Stelle, die sie ohne eigene Ausbildung anderenfalls hätten. Sie sparen Kosten der Personalbeschaffung und Einarbeitung von neuen Mitarbeiterinnen und Mitarbeitern, sie minimieren Folgekosten durch Fehlbesetzungen, sie verringern Fluktuationskosten und sie stabilisieren auch die eigene innerbetriebliche Entgeltstruktur, da sie nicht begehrte Fachleute von Dritten durch finanzielle Anreize abwerben müssen.

Insbesondere steigert eigene Ausbildung auch das Image und die Attraktivität des Unternehmens. Die selbst ausgebildete Belegschaft steht zum Unternehmen und ist damit ein Stabilitätsfaktor, der erst in Krisenzeiten wertgeschätzt werden kann. Dies hat sich in der Wirtschaftskrise infolge der Finanzkrise im Jahr 2008 deutlich gezeigt.

Aktivitäten der UVB und ihrer Verbände und Innungen in Berlin-Brandenburg zur Attraktivitätssteigerung der dualen Berufsausbildung

Die UVB, ihre Mitgliedsverbände und -innungen und die dort angeschlossenen Betriebe arbeiten intensiv an der Attraktivitätssteigerung der dualen Berufsausbildung in Berlin und Brandenburg.

Attraktivität von Ausbildungsbedingungen meint dabei die Qualität der Ausbildung in den Betrieben, die Wertschätzung der Leistung der Auszubildenden und die Eröffnung von beruflichen und persönlichen Entwicklungschancen für sie. Wichtig ist dabei, dass nicht die Verbände und Betriebe die Ausbildung für attraktiv halten, sondern auch und vor allem die jungen Menschen, die für Ausbildung begeistert und gewonnen werden sollen.

Das stärkste Gestaltungsinstrument für wertschätzende Ausbildungsbedingungen und berufliche Perspektiven ist der Tarifvertrag. Zahlreiche Branchen haben bereits von dieser Möglichkeit Gebrauch gemacht und dabei
- die Ausbildungsvergütungen im Vergleich zu den allgemeinen Arbeitsentgelten in den letzten Jahren überproportional angehoben,
- Regelungen zur anschließenden Übernahme in Beschäftigung getroffen und
- Konzepte zur Heranführung von Jugendlichen mit schlechteren Startvoraussetzungen an Ausbildung entwickelt.

Entscheidend ist aber auch das Image der dualen Ausbildung bei Jugendlichen, ihren Eltern und Lehrenden und bei Multiplikatorinnen und Multiplikatoren, wie z. B. dem Berufsberatungspersonal der Arbeitsagenturen. Hier ist vor allem Kommunikation gefragt, und Kommunikation geht immer noch besser.

Die Vereinigung der Unternehmensverbände in Berlin und Brandenburg e. V. und zahlreiche ihrer Mitgliedsverbände und -innungen haben im Juli 2015 unter dem Titel „Die betriebliche Ausbildung stärken" die Neuauflage ihrer Dokumentation über ihre Aktivitäten in den einzelnen Branchen zur Attraktivitätssteigerung der dualen Berufsausbildung in Berlin und Brandenburg vorgestellt. (Vgl. UVB 2015)

Diese Broschüre richtet sich nicht an die Jugendlichen selbst oder deren Eltern und Lehrenden. Sie zeigt aber in komprimierter Form für interessierte Entscheiderinnen und Entscheider sowie für Multiplikatorinnen und Multiplikatoren auf, welche Aktivitäten die Verbände und Innungen für junge Menschen für die Verbesserung des Images der dualen Berufsausbildung entfalten und gibt Informationen, welche vielfältigen Ideen, Methoden, Medien und Kommunikationskanäle inzwischen existieren, mit denen duale Berufsausbildung in Berlin und Brandenburg ein Stück weit schon attraktiver geworden ist.

Literatur

Bertelsmann Stiftung (Hg.) (2015): Länderbericht Berlin. Auszug aus dem Ländermonitor berufliche Bildung 2015. URL: https://www.bertelsmann-stif-tung.de/fileadmin/files/Projekte/13_Chance_Ausbildung/Laendermonitor/Laenderberichte/LMBB2015_Berlin.pdf (Stand: 21.01.2016)

UVB – Unternehmensverbünde Berlin-Brandenburg (2015): Die betriebliche Ausbildung stärken. Berlin. URL: http://www.uvb-online.de/uvb/presse/publikationen/2015-07-10_Die_betriebliche_Ausbildung_staerken.pdf (Stand: 21.01.2016)

Ausbildungsqualität aus der Sicht von Auszubildenden – zehn Jahre Ausbildungsreport des DGB, zehn Jahre Ausbildungsreport Berlin-Brandenburg

CHRISTIN RICHTER

Seit wann gibt es den Ausbildungsreport, und warum?

Im Jahre 2002 begann die DGB-Jugend Berlin-Brandenburg regelmäßig im Herbst zum Ausbildungsbeginn Berufsschultouren an Berliner und Brandenburger Oberstufenzentren durchzuführen. Auf den Berufsschultouren hörten die damals verantwortlichen Kolleginnen und Kollegen bei der DGB-Jugend von den Auszubildenden erschreckende Geschichten über die Realitäten von Berufsausbildung in Berlin und Brandenburg.

Auszubildende erhielten schon am ersten Tag die Ankündigung, dass sie zum Ende der Probezeit gefeuert werden; Zwölfstunden-Schichten waren (und sind) in einigen Branchen nicht die Ausnahme, sondern die Regel; Arbeitsmittel wurden nicht zur Verfügung gestellt; eine fundierte Anleitung war eine Seltenheit. Wer sich beschwerte, flog sofort raus, denn es gab ja genügend andere, die den Ausbildungsplatz wollten. Selbst offenkundige Rechtsbrüche wurden mit Sprüchen, wie „Sei nicht so ein Weichei.", „Lehrjahre sind keine Herrenjahre.", „Jeder ist seines eigenen Glückes Schmied" beiseite gewischt und unter den Teppich gekehrt.

Lange Rede, kurzer Sinn: Die Rechte von Auszubildenden wurden offensichtlich vielfach nicht beachtet bzw. regelrecht mit Füßen getreten, während die Beschwerden von Auszubildenden nicht ernst genommen wurden oder Repressalien zur Folge hatten. Aus dieser Situation heraus wurde 2005 die Idee eines auch bundesweiten Ausbildungsreportes, damals unter dem Arbeitstitel „Schwarzbuch Ausbildung" geboren. Der erste Ausbildungsreport erschien schließlich im Januar 2006. Seit 2006 wird der Ausbildungsreport finanziell auch vom Bundesministerium für

Familie, Senioren, Frauen und Jugend (BMFSFJ) gefördert. (Vgl. auch DGB 2015, S. 12–15)

Das Ziel, das die DGB-Jugend mit dem Ausbildungsreport damals verfolgte und immer noch verfolgt, ist es, mit den Auszubildenden selbst das Gespräch zu suchen anstatt nur immer über sie zu reden, sie selbst als Expertinnen für ihre Ausbildungssituation wahrzunehmen und ihnen die Lobby zu geben, die sie sonst nicht haben. Dieser Ansatz, die Jugendlichen selbst zu Wort kommen zu lassen, ist nach wie vor ein wesentliches Alleinstellungsmerkmal des Ausbildungsreportes.

Schon vor zehn Jahren wurde den Gewerkschaften vorgeworfen, mit dem Ausbildungsreport Branchen, Berufe und Betriebe nur an den Pranger stellen oder gar die duale Berufsausbildung insgesamt madig machen zu wollen. Das genaue Gegenteil ist aber der Fall. Aus Sicht der Gewerkschaften war und ist die Qualität der Berufsausbildung ein wichtiger Gradmesser für deren Attraktivität. Es geht darum, Probleme klar zu benennen, die Einhaltung des rechtlichen Rahmens im Namen der Auszubildenden einzufordern – dass die Aufsicht der zuständigen Stellen hier nicht hinreicht ist nur zu offensichtlich –, Lösungsvorschläge anzubieten und die Debatte um die Fortentwicklung der dualen Berufsausbildung weiter voranzutreiben.

Wirkungen zehn Jahre nach Erscheinen des ersten Reports

In der Rückschau auf zehn Jahre Ausbildungsreport und seine Wirkungen ergibt sich ein ambivalentes Fazit.

Einerseits ist festzustellen, dass das Bewusstsein und die Sensibilität für die diversen Problemlagen der dualen Berufsausbildung bei den verantwortlichen Akteurinnen und Akteuren, also Sozialpartner, Berufsschulen, Politik und Verwaltung, nicht nur in Berlin insgesamt gestiegen sind. In Berlin zum Beispiel sind die Frage der Ausbildungsqualität, eine konsequente und früh ansetzende Berufsorientierung sowie die Begleitung von Auszubildenden durch Mentorinnen und Mentoren zu zentralen Themenfeldern in den zuständigen Senatsverwaltungen geworden.

Das Verständnis, warum manche Unternehmen ihre Ausbildungsstellen nicht mehr besetzen können, obwohl es doch nach wie vor mehr Bewerberinnen und Bewerber als Ausbildungsplätze gibt, ist gestiegen. Denn diese Problematik kann neben anderen Passungsproblemen nicht zuletzt auch deutlich mit dem Zeugnis erklärt werden, welches viele Auszubildende ihren Betrieben ausstellen. Die Branchen mit dem größten Fachkräfteproblem sind meistens auch diejenigen mit den am problematischsten bewerteten Arbeits- und Ausbildungsbedingungen.

Auch gelang es einzelne Problemfelder, zum Beispiel die strukturelle Diskriminierung von Frauen und Migranten am Ausbildungsmarkt, die Eignung des Ausbildungspersonals, die personelle und materielle Ausstattung von Berufsschulen, Perspektiven nach der Ausbildung, die Ungleichbehandlung von Jugendlichen mit einfachen und mittleren Schulabschlüssen, aber auch die allgemeine Lebenssituation von Auszubildenden auf die Tagesordnung zu heben und in die politische Diskussion einzubringen.

Die Kehrseite der Medaille ist aber, dass sich bei den immer wieder benannten Defiziten in Sachen Ausbildungsqualität, seien es ausbildungsfremde Tätigkeiten, Überstunden, fehlende betriebliche Ausbildungspläne, Nacharbeiten des Berufsschulunterrichts trotz eindeutiger Freistellungsregeln im Berufsbildungsgesetz, nur sehr langsam etwas ändert. Beschwerden an die zuständigen Stellen werden oft nicht wirklich ernst genommen und gipfeln nach wie vor in Repressalien seitens der Betriebe bis hin zur Kündigung. Aber auch hier leistet der Ausbildungsreport dennoch eine wichtige Arbeit, da er das Bewusstsein für ein funktionierendes Beschwerdemanagement insgesamt erhöht hat.

Des Weiteren fallen immer wieder dieselben Branchen, insbesondere der Hotel- und Gaststättenbereich und einzelne Dienstleistungsberufe, negativ auf und belegen regelmäßig die letzten Plätze im Ranking des Ausbildungsreportes. Wie schon anfangs erwähnt, bleiben aber gerade in diesen Bereichen regelmäßig Ausbildungsplätze unbesetzt. Anstatt die strukturellen Probleme in den Betrieben anzugehen, wird der schwarze Peter dann oft den Jugendlichen zugeschoben, was in Vorwürfen gipfelt, dass es den Jugendlichen an Ausbildungsreife und Motivation mangele.

Was waren die größten Missstände am Anfang, was ist heute immer noch ein Problem, was hat sich geändert?

Einer der größten Missstände insbesondere in Berlin war und ist der eklatante Mangel an Ausbildungsplätzen. Daran hat sich seit dem ersten Ausbildungsreport nichts geändert. Auch wenn sich zwischendurch eine leichte Erholung abzeichnete, verharrt zumindest Berlin weiterhin auf dem bekannt niedrigen Niveau.

Ein weiterer Missstand, der sich seit 2005 nicht geändert hat, ist dass in einigen bestimmten Branchen und Berufen (Hotel- und Gaststättenbereich, Dienstleistungsberufe, Kfz-Handwerk) unverändert – um es drastisch zu formulieren – eine Normalität der Rechtlosigkeit besteht. Überstunden, keine Freistellung für den Berufsschulunterricht, ausbildungsfremde Tätigkeiten bzw. der Einsatz als billiger Ersatz für voll ausgebildete Fachkräfte waren und sind gerade in diesen Branchen sehr überrepräsentiert. Die signifikante und wiederkehrende Häufung von Mängeln und Missachtung des Berufsbildungsgesetzes deutet auf branchenspezifische Abwärtsspiralen nach dem Prinzip der „worst practice" hin.

Ein weiterhin nicht behobener Missstand ist die Qualität der Berufsschulen bzw. des Berufsschulunterrichts. Die schlechte Bewertung zieht sich über die Jahre hinweg und eine Verbesserung ist nicht abzusehen. Die Ursache dafür ist nicht bei den Lehrerinnen und Lehrern zu suchen. Sonderbefragungen von ver.di-Jugend und IG Metall-Jugend zeigten vielmehr auf, dass ein Zusammenhang zwischen der Zufriedenheit der Auszubildenden mit der Berufsschule und deren infrastrukturellen Rahmenbedingungen besteht. Eine zeitgemäße Ausstattung der Berufsschulen mit Unterrichtsmaterial, Schulbüchern, technischen Geräten und Ähnlichem ist ebenso wichtig wie vor allem auch ausreichend Personal, das einen regelmäßigen Berufsschulunterricht in sinnvollen Klassengrößen ermöglicht und damit maßgeblich zum Lernerfolg beiträgt. Gerade im Berufsschulbereich wird der seit über zehn Jahren bestehende Spardruck im öffentlichen Dienst besonders deutlich.

Aber auch insgesamt fällt auf, dass sich an den identifizierten Problemlagen seit 2005 nichts oder nur sehr langsam etwas ändert. Leider wird gerade in Berlin der Ausbildungsreport von Seiten der Wirtschaft und den zuständigen Stellen immer noch als eine Art persönlicher Angriff aufgefasst. Lange Zeit wurden die benannten Problemlagen schlicht ignoriert, wurde die Verantwortung dafür entrüstet von sich gewiesen. Und auch wenn hier mittlerweile Bewegung ins Spiel gekommen ist – der Zusammenhang von Fachkräftemangel und der jeweiligen Attraktivität eines Berufsbildes oder einer Branche wird mittlerweile auch in der Wirtschaft als Herausforderung erkannt –, wird viel zu häufig darauf eher mit Imagekampagnen reagiert als mit Änderungen in der Sache. (Vgl. hierzu auch Tillmann u. a. 2014) Es gibt zwar leichte Verbesserungen hinsichtlich der Übernahmesituation und bei den Ausbildungsvergütungen. Dies ist aber in erster Linie auf tarifliche Erfolge von Gewerkschaften zurückzuführen. Gerade die Übernahmefrage war für die Gewerkschaften in den letzten Jahren ein zentraler Punkt in Tarifauseinandersetzungen.

Kurze Beschreibung der Situation heute

Der eklatante Mangel an Ausbildungsplätzen in Berlin wurde bereits benannt. Grund dafür ist vor allem die erschreckend niedrige Ausbildungsbeteiligung der Betriebe. Gerade einmal 12,5 Prozent[1] aller Betriebe in Berlin bildet überhaupt noch aus. (Vgl. DGB-Jugend Berlin-Brandenburg 2015) Dies bildet sich auch entsprechend im Ausbildungsreport ab:

Nicht jeder Auszubildende hatte die Chance, einen Ausbildungsplatz in einem von mehreren aus ihrer Sicht interessanten Berufen zu bekommen oder sogar einen Ausbildungsplatz im Wunschberuf zu finden. Nur 37,2 Prozent fanden eine Ausbildung im Wunschberuf, vom Wunschbetrieb zu schweigen. Weitere 39,3 Prozent machen ihre Ausbildung „in einem von mehreren interessanten Berufen". Ca. ein Viertel der befragten Azubis musste eine nicht geplante berufliche Alternative akzeptieren oder sich mit einer reinen Notlösung zufrieden geben. Frauen gelang es deutlich seltener als Männern, ihre Ausbildung in ihrem Wunschberuf oder zumindest einem von mehreren als interessant befundenen Berufen zu beginnen. Fast ein Drittel der weiblichen Azubis (31 Prozent) absolvieren ihre Ausbildung in einem nicht geplanten oder nicht gewünschten Beruf. Auch Azubis mit Migrationshintergrund mussten überdurchschnittlich häufig (27 Prozent) eine Ausbildung in einem Beruf beginnen, den sie eigentlich nicht angestrebt hatten.

---

[1] Alle Zahlen, soweit nicht anders angegeben, stammen aus dem Ausbildungsreport Berlin-Brandenburg 2015 (vgl. DGB-Jugend Berlin-Brandenburg 2015).

Hinsichtlich der aktuellen Situation seien hier exemplarisch die „Klassiker" des Ausbildungsreportes vorgestellt. Die aktuellen Ergebnisse bewegen sich auf demselben Niveau, wie in den Vorjahren. Hinzu kommt, dass in großen Betrieben die Ausbildungsbedingungen tendenziell besser sind als in kleinen oder mittleren Betrieben. Hier besteht nicht zuletzt auch ein enger Zusammenhang mit dem Vorhandensein von Betriebsräten sowie der Stärke von Gewerkschaften in den Betrieben.

Die Zufriedenheit mit der Ausbildung insgesamt ist – wie schon in den Vorjahren – relativ hoch. Drei Viertel der Befragten sind alles in allem „sehr zufrieden" oder „zufrieden". Auch die fachliche Qualität der Ausbildung im Betrieb wird von der Mehrzahl der Befragten mit „sehr gut" oder „gut" bewertet. Nur sehr wenige beurteilen sie negativ.

Immerhin fast ein Viertel der Befragten gab an, dass ihnen ein Ausbildungsplan zum betrieblichen Teil der Ausbildung gar nicht vorliegt. Dies entspricht in etwa den Ergebnissen der Vorjahre. Entscheidend ist auch hier der Unterschied zwischen kleineren und größeren Betrieben. Bei Auszubildenden in Unternehmen mit elf bis 20 Beschäftigten geben hier schon fast ein Drittel (30,1 Prozent) an, den Ausbildungsplan nicht zu kennen. Mit Blick auf die Ausbildungsqualität ist dies – unbeschadet der fehlenden Möglichkeit für die Auszubildenden, die Ausbildung auf der Basis des Ausbildungsplans zu beurteilen – auch ein klares Indiz dafür, dass überhaupt viel zu wenig mit ihm gearbeitet wird. Nicht zuletzt soll er ja auch als praktisches Instrument zur Gliederung der Ausbildung fungieren.

Dazu passend ist das hinzukommende Ergebnis hinsichtlich ausbildungsfremder Tätigkeiten. Immer noch viel zu häufig müssen Auszubildende Arbeiten erledigen, die dem Ausbildungsplan nicht entsprechen. In unserer Befragung gaben 62 Prozent derjenigen Azubis an, denen ein Ausbildungsvertrag vorlag, ausbildungsfremde Tätigkeiten verrichten zu müssen. Es gibt leider keinen Beruf, in dem das nicht vorkommt. Fast die Hälfte der von uns Befragten kann ihr Berichtsheft entgegen eindeutiger Regeln im Berufsbildungsgesetz nur „manchmal", „selten" oder sogar „nie" im Betrieb ausfüllen.

Ein Viertel der befragten Azubis gibt an, regelmäßig Überstunden zu machen. Weiterhin berichtet fast jeder vierte Azubi, dass regelmäßig sechs oder mehr Überstunden wöchentlich geleistet werden. Die in Teilen kritische Arbeitszeitsituation der Azubis zeigt sich auch darin, dass 15 Prozent der Befragten angaben, dass sie Zeiten des Berufsschulunterrichts im Betrieb nacharbeiten müssen.

Was fällt bei den Befunden besonders für Berlin auf?

Vorab muss erwähnt werden, dass es im Rahmen des regionalen Ausbildungsreports keine getrennte Auswertung für Berlin und Brandenburg gibt. Allerdings ergeben sich bei genauerer Betrachtung zwischen Berlin und Brandenburg keine wesentlichen Unterschiede in den Befunden, insofern sie vielfach vor allem auch branchenspezifisch sind. Dies hat viel mit der vergleichbaren Wirtschaftsstruktur in Berlin und Brandenburg zu tun, zumindest insoweit sie weniger durch industrielle Großbetriebe geprägt ist, als vielmehr durch kleine und mittlere Unternehmen im Dienstleistungsbereich, der Hotel- und Gaststättenbranche sowie im Handwerk. Und auch der Anteil von Auszubildenden mit Hochschulzugangsberechtigung ist in beiden Ländern überdurchschnittlich hoch.[2] (Vgl. BIBB 2015, S. 173)

Insgesamt ist festzustellen, dass sich nur langsam etwas zum Besseren wendet. Zwar ist die allgemeine Zufriedenheit der Auszubildenden mit der fachlichen Qualität der Ausbildung in den Betrieben konstant auf hohem Niveau. Dies wird auch den DGB-Ausbildungsreports immer entgegengehalten. Der Teufel steckt aber im Detail: Regelmäßige Überstunden, ausbildungsfremde Tätigkeiten, fehlende Ausbildungspläne, geringe Vergütungen und fehlende Übernahmeperspektiven sind seit zehn Jahren die „Klassiker", die von den Auszubildenden nahezu gleichbleibend stark bemängelt werden.

Der Spardruck im öffentlichen Dienst von Berlin spiegelt sich seit 2005 regelmäßig in der Bewertung der Qualität der Berufsschulen durch die Auszubildenden wider. Sonderbefragungen der ver.di-Jugend Berlin haben dabei ergeben, dass vor allem regelmäßiger Unterrichtsausfall, veraltete oder fehlende Lehrmittel, aber auch der allgemeine Zustand der Berufsschulen (z. B. der sanitären Einrichtungen) für Berliner Azubis ein großes Problem darstellen.

Größtes Problem von Berlin ist und bleibt die Ausbildungsplatzsituation. Jahr für Jahr fehlen zum Stichtag 30.9. mindestens 1.000 Ausbildungsplätze. Die Ausbildungsbeteiligung ist mit 12,5 Prozent aller Betriebe in Berlin auf einem historischen Tiefstand angelangt. Damit stellt das Land Berlin das bundesweite Schlusslicht dar. Im Gegensatz zu Brandenburg hat Berlin aber kein Problem mit dem demografischen Wandel. Im Gegenteil, es fällt auf, dass Berlin tendenziell sogar wieder jünger wird.

Gleichzeitig bleiben in manchen Branchen (Hotel- und Gaststättenbereich, einzelne Dienstleistungsberufe) regelmäßig Ausbildungsplätze unbesetzt. Auffällig ist dabei, wie oben bereits gesagt, dass es gerade diejenigen Branchen sind, in denen Rahmenbedingungen von den Auszubildenden in den Ausbildungsreports regelmäßig als mangelhaft bewertet werden. Das heißt, die Ursache für unbesetzte Ausbildungsplätze ist keineswegs nur in einer immer wieder behaupteten „mangelnden Ausbildungsreife" von Schulabgängerinnen und Schulabgängern zu suchen.

Was ist zu tun und wo gibt es bereits gute Ansätze?

Das Ausbildungsplatzangebot in Berlin muss sich spürbar verbessern. Dazu muss die Ausbildungsbeteiligung der Betriebe deutlich gesteigert werden. Der DGB favorisiert hierzu die Einführung einer Ausbildungsgarantie in Form eines Rechtsanspruchs auf einen dualen Ausbildungsplatz. Diese Ausbildungsgarantie sollte von einer sogenannten Ausbildungsumlage flankiert werden, da gerade für die in Berlin

---

2   Bei den Neuzugängen in Berlin mit 32,5 Prozent, in Brandenburg mit 27,1 Prozent (Bundesgebiet insgesamt 25,3 Prozent).

oft vorkommenden kleinen und Kleinstbetriebe der zu erwartende finanzielle Aufwand oft ein Hemmnis darstellt, um Berufsausbildung durchzuführen.

Die Stärkung und Förderung von überbetrieblichen Kooperationen und Verbundausbildungen, wie es in Berlin bereits seit Jahren erfolgreich über das Berliner Ausbildungsplatzprogramm (BAPP) oder über das ebenfalls vom Land Berlin finanzierte Programm zur Förderung der Berufsausbildung im Land Berlin (FBB) geschieht[3], ist bei der in Berlin anzutreffenden Wirtschafts- und Betriebsstruktur ein weiteres adäquates Mittel, um die Qualität und Rahmenbedingungen von dualer Berufsausbildung weiter zu verbessern, aber auch um Berufsausbildung an sich zu ermöglichen.

Andere bereits bestehende Programme zur Unterstützung der dualen Berufsausbildung wie das Landesprogramm Mentoring[4] oder die sogenannte „Assistierte Ausbildung"[5] sind grundsätzlich zwar ebenfalls zu begrüßen, sie setzen aber nach wie vor an Defiziten oder besonderen Förderbedarfen der Jugendlichen an. In den Ausbildungsreporten jedoch werden immer wieder strukturelle Probleme in den Betrieben aufgezeigt. Aus diesem Grund regt der DGB in der Debatte auch immer wieder an, diese Konzepte auch in Richtung allgemeiner Assistenzen für Betriebe mit entsprechenden Bedarfen weiter zu denken.

Als weitere Handlungsansätze sind z. B. auch Berufsschultouren der DGB-Jugend zu nennen. Hier informiert die DGB-Jugend seit 2002 mit einem bundesweit erprobten Konzept Auszubildende in beruflichen Schulen – also direkt vor Ort – über ihre Rechte, gibt konkrete Tipps zur Bewältigung von Problemen und motiviert sie, Möglichkeiten zur betrieblichen Mitbestimmung und zur gewerkschaftlichen Interessenvertretung wahrzunehmen.

Dr. Azubi ist ein digitales Serviceangebot der DGB-Jugend im Internet. Auszubildende können sich auf der Homepage von Dr. Azubi einerseits über häufig auftauchende Probleme in der Ausbildung und die dazu vorhandenen Lösungsmöglichkeiten informieren, andererseits aber auch geschulte Beraterinnen und Berater auf der Homepage mit konkreten Fragen anschreiben.[6]

Schlichtungsausschuss der IHK Berlin
Im Schlichtungsausschuss der IHK Berlin werden konkrete Konfliktfälle in Ausbildungsverhältnissen durch Vertreterinnen und Vertreter der Gewerkschaften und der Arbeitgeber angehört und gemeinsam mit den Beteiligten versucht, Lösungsmöglichkeiten zu finden, um gerichtliche Verfahren zu vermeiden und Vertragslösungen zu verhindern.

---

3   Siehe http://www.nrav.de/aktuelles/berliner-ausbildungsplatzprogramm-2015-bapp-2015/ (Stand: 22.01.2016) sowie https://www.hwk-berlin.de/fileadmin/user_upload/Dokumente/Bildung/FBB/Flyer/FBB_Foerderflyer_Stand_11-08-2015_online_bf.pdf (Stand: 22.01.2016)
4   Siehe https://www.berlin.de/sen/arbeit/berlinarbeit-ziel-3/ausbildung/landesprogramm-mentoring/programm/ (Stand: 22.01.2016)
5   Siehe https://www.bibb.de/de/1301.php (Stand: 22.01.2016)
6   Siehe http://jugend.dgb.de/ausbildung/beratung/dr-azubi (Stand 22.01.2016)

Weiterhin sieht der DGB in der Stärkung der Berufsbildungsausschüsse bei den Kammern als zuständige Stellen für die Berufsausbildung nach dem Berufsbildungsgesetz ein zentrales Element, um Qualität und Rahmenbedingungen von Berufsausbildung in Berlin entscheidend zu verbessern. In diesen Berufsbildungsausschüssen treten alle Beteiligten der Berufsausbildung (Arbeitgeberseite, Arbeitnehmerseite, Berufsschulen) regelmäßig zusammen, um Probleme der Berufsausbildung zu diskutieren. Der zur Verfügung stehende Spielraum wird aber leider nicht in vollem Umfang genutzt.

Ein guter in Berlin verfolgter Ansatz, um den Übergang von der Schule in die Berufsausbildung zu gestalten, ist die sogenannte Jugendberufsagentur. In dieser Jugendberufsagentur soll eine rechtskreisübergreifende Beratung und Vermittlung Jugendlicher in eine Berufsausbildung gewährleistet werden. Das Konzept der Jugendberufsagentur war ursprünglich Teil des Hamburger Modells und wurde aufgrund der vergleichbaren Situation als Stadtstaat bzw. der damit erzielten Erfolge in Hamburg von der Berliner Politik übernommen.

Wie können auch Unternehmen von mehr Ausbildungsqualität profitieren?

Die Ausbildungsreporte dienten und dienen nicht dazu, Branchen und Unternehmen an den Pranger zu stellen. Vielmehr ist der Ansatz, Auszubildende zu Wort kommen zu lassen, **mit** ihnen zu reden, anstatt über sie.

Von einer guten Ausbildungsqualität profitieren alle Seiten:

Eine gute Ausbildungsqualität und ordentliche Rahmenbedingungen in der Ausbildung machen eine Ausbildung für Jugendliche attraktiv und bringen den Betrieben den dringend benötigten Fachkräftenachwuchs. Jugendliche werden durch eine gute Ausbildung auch motiviert, eine Ausbildung nicht abzubrechen und über die Ausbildung hinaus weiter in ihren Ausbildungsbetrieben zu bleiben.

Nicht zu unterschätzen ist, dass motivierte Auszubildende nach ihrer Ausbildung auch motivierte Arbeitnehmerinnen und Arbeitnehmer sein werden. Umso wichtiger ist es aber, dass bestehende Regeln eingehalten werden und mehr noch, dass junge Menschen dadurch von Anfang an das Bewusstsein haben können, dass sie, ihre Potenziale sowie ihre Arbeit tatsächlich wertgeschätzt werden. Denn wenn Jugendliche schon in ihrer Ausbildung nur die Erfahrung sammeln, dass sie nur als billige und austauschbare Arbeitskraft angesehen werden, werden sie kaum in der betreffenden Branche bzw. dem Beruf zu halten sein.

Tatsächlich ist eine qualitativ hochwertige Ausbildung geeignet, Jugendliche umfassend auf das Berufsleben vorzubereiten. Der Einstieg in das Arbeitsleben funktioniert umso reibungsloser, je höher die Qualität der Ausbildung ist. Darüber hinaus ist eine gute Ausbildung die entscheidende Grundlage, sich später beruflich weiter zu entwickeln und Potenziale weiter zu entfalten.

Die nach wie vor hohe Jugendarbeitslosigkeit in Berlin steht nach wie vor auch in einem engen Zusammenhang mit der hohen Zahl an Ausbildungsabbrüchen in Berlin. In keinem Bundesland gibt es so viele Jugendliche ohne einen berufsqualifizierenden Abschluss. Eine hohe Qualität in beiden Säulen des dualen Berufsbildungssystems ist ein wichtiger Garant, um Jugendarbeitslosigkeit bzw. „Sozialkarrieren" zu vermeiden und die daraus resultierenden Belastungen für die sozialen Sicherungssysteme zu verringern.

Literatur

Bundesinstitut für Berufsbildung (BIBB) (Hg.) (2015): Datenreport zum Berufsbildungsbericht 2015. Informationen und Analysen zur Entwicklung der beruflichen Bildung. URL: https://www.bibb.de/dokumente/pdf/bibb_datenreport_2015.pdf (Stand: 21.01.2016)

Deutscher Gewerkschaftsbund (DGB) (Hg.) (2015): Ausbildungsreport 2015. Berlin. URL: http://www.dgb.de/presse/++co++e4352cbe-50a5-11e5-b80e-52540023efia (Stand: 21.01.2016)

DGB-Jugend Berlin-Brandenburg (Hg.) (2015): Ausbildungsreport 2015 der DGB-Jugend Berlin-Brandenburg. URL: http://bb-jugend.dgb.de/ausbildung/ausbildungsreport/++co++f0e7303a-9dc9-11e5-bb6f-525400808b5c (Stand: 21.01.2015)

Tillmann, F./ Schaub, G./Lex, T./Kuhnke, R./Gaupp, N. (2014): Attraktivität des dualen Ausbildungssystems aus Sicht von Jugendlichen. Band 17 der Reihe Berufsbildungsforschung. Bonn. URL: https://www.bmbf.de/pub/Berufsbildungsforschung_Band_17.pdf (Stand: 21.01.2016)

Teil II

Qualitätssicherung für die betriebliche Berufsausbildung – Das Projekt Berliner Ausbildungsqualität

Tobias Funk, Christel Weber

Die betriebliche Ausbildungsqualität ist seit jeher Gegenstand der Diskussionen um die Qualität der dualen Berufsausbildung (vgl. o. den Beitrag in diesem Band von Karin Büchter, sowie Fischer 2014). Dennoch war das, was in den Betrieben während der Ausbildung passierte, zumindest jenseits der statistischen Indikatoren von Prüfungserfolgen oder auch vorzeitigen Vertragslösungen, bis vor Kurzem weitgehend eine Blackbox. Im Gegenteil: Lange Zeit war es geradezu ein Tabu, die betriebliche Ausbildung anders als über Erfolgsmeldungen zu thematisieren. Dies galt insbesondere für die noch nicht lange zurückliegende Zeit eines großen Ausbildungsplatzmangels, die Zeit des von der Wirtschaft eher ungeliebten und zunächst nur durch die Androhung einer Ausbildungsplatzabgabe zustande gekommenen ersten Ausbildungspaktes.[1] Um zusätzliche Ausbildungsplätze zu gewinnen, wurde von 2003 bis 2009 sogar die Ausbilder-Eignungsverordnung (AEVO) außer Kraft gesetzt. Das heißt, die Qualität der betrieblichen Ausbildung wurde damals – unbeschadet der weiterhin guten und belastbaren Ordnungsvoraussetzungen des dualen Systems und unbeschadet aller dokumentierten Ausbildungserfolge in der Summe – zumindest nachrangig behandelt. Die gerade in jüngster Zeit enorm gewachsene Anerkennung des deutschen Modells der dualen Ausbildung im Ausland half ebenfalls, über Problemstellen großzügig hinwegzusehen.[2] (Vgl. jüngst auch OECD 2015)

Inzwischen hat sich diese Situation mit dem Wandel des Ausbildungsplatzmarktes zu einem Nachfragemarkt deutlich verändert. Heute müssen sich Betriebe mindestens genauso bei den potenziellen Auszubildenden bewerben wie diese umgekehrt

---

[1] Der „Nationale Pakt für Ausbildung und Fachkräftenachwuchs in Deutschland" vom 16. Juni 2004 ist 2010 ein letztes Mal verlängert worden. Seit 12. Dezember 2014 ist er abgelöst durch die „Allianz für Aus- und Weiterbildung". (Siehe hierzu z. B. https://www.bmbf.de/de/allianz-fuer-aus-und-weiterbildung-1071.html (Stand: 21.01.2016))

[2] Siehe https://www.bundesregierung.de/ContentArchiv/DE/Archiv17/Artikel/2013/04/2013–04–24-exportschlager-duale-ausbildung.html (Stand: 21.01.2016)

bei den Unternehmen. Dies gilt zumindest mit Blick auf die besonders gut geeigneten Ausbildungsplatzbewerberinnen und -bewerber. Und heute sind es auch eher die Betriebe als die Auszubildenden, die unter vorzeitigen Vertragsauflösungen leiden. Zudem hat – auch das wird deutlich – das langjährige Tabuisieren von Problemen dem Image, aber auch der Weiterentwicklung der betrieblichen Ausbildung eher geschadet. Schon 2001 hat Günter Kutscha darauf hingewiesen: „Vordergründiges Marketing ist schnell zu durchschauen und führt auf Märkten, die auf längerfristigem Vertrauen basieren, zu kontraproduktiven Effekten. Letztlich kommt es auf die Qualität des Produkts am Ausbildungsmarkt an (...)" (zit. nach Tillmann u. a. 2014, S. 29). Dies schlägt jetzt besonders zu Buche, da die duale Berufsausbildung und damit die Fachkräftegewinnung jenseits des akademischen Niveaus auch von ganz anderer Seite her unter Druck steht, nämlich nicht nur durch die im Vergleich zu den Vorjahren absolut geringer gewordene Zahl von Schulabgängerinnen und -abgängern, sondern vor allem auch durch die immer größere Zahl von Schulabgängerinnen und -abgängern mit Hochschulberechtigung. Für immer mehr potenzielle Auszubildende ist die duale Berufsausbildung nur noch eine Option unter anderen. 2013 haben in Deutschland erstmals mehr Schulabgängerinnen und -abgänger ein Hochschulstudium als eine betriebliche Ausbildung aufgenommen. Allen Prognosen zufolge war dies kein episodisches Ereignis, sondern eine Wendemarke. (Vgl. Bertelsmann Stiftung 2015)

Die betriebliche Berufsausbildung steht unter einem ganz neuen Wettbewerbsdruck. Damit gehen aber auch steigende Anforderungen an die praktische Qualität der Ausbildung im Betrieb einher. Zunehmend und als Folge der oben skizzierten Veränderungen des Ausbildungsmarktes sind Unternehmen gezwungen, auch solche Auszubildenden in Betracht zu ziehen, die sie bis dato wegen mangelnder Ausbildungsreife noch abgelehnt hätten. Auch dies hat zur Folge, dass an die Qualität der Ausbildung höhere Anforderungen gestellt sind, als es der Fall wäre, wenn man es nur mit sogenannten (auch i. d. R. eher nur vermeintlich) pflegeleichten Auszubildenden zu tun hat.

Dass die Qualitätsanforderungen steigen, wird zudem auch mit Blick auf eine ganz andere, gegenläufige Entwicklung deutlich, die bei der Debatte um den sog. „Akademisierungswahn"[3] meistens unter den Tisch fällt: Der Anteil von Auszubildenden mit Hochschulzugangsberechtigung ist in den vergangenen Jahren kontinuierlich gewachsen und alles andere als marginal: Im Bundesdurchschnitt sind es mittlerweile 25,3 Prozent, Berlin liegt im Ländervergleich an dritter Stelle und weist sogar eine Quote von 32,5 Prozent auf. (Vgl. BIBB 2015, S. 173) Und diese Beobachtung gilt nicht nur für Berufe wie etwa die des/der Biologielaboranten/-in oder Mikrotechnologen/-in (hier liegt die Quote von Anfang an bei fast 100 Prozent Auszubildenden mit Hochschulzugangsberechtigung), sondern auch etwa für Berufe im Gastge-

---

[3] Nach dem sprichwörtlich gewordenen Buchtitel von Julian Nida-Rümelin: Der Akademisierungswahn: Zur Krise beruflicher und akademischer Bildung, Hamburg 2014

werbe: Die Neueinstiege von Auszubildenden im Jahr 2013 weisen für das Land Berlin bei den Hotelfachleuten einen Anteil von 40 Prozent aller Auszubildenden mit Hochschulzugangsberechtigung auf; bei den Köchinnen und Köchen oder auch den Systemgastronomen sind es 20 Prozent und selbst bei Restaurantfachleuten sind es immer noch 10 Prozent.[4]

Und schließlich ist auch der immer schnellere technologische Wandel bzw. überhaupt all das, was unter den Chiffren Wissenschaftsgesellschaft bzw. jetzt auch „Wirtschaft 4.0" verhandelt wird, als besondere Herausforderung auch für die betriebliche Ausbildung zu nennen. (Vgl. z. B. Zinn 2015; BWP 2015)

All dies sind Indikatoren dafür, dass Ausbildung einerseits von den Ausbildungszielen und den Ausbildungsinhalten her immer anspruchsvoller wird, andererseits aber wird die Herausforderung an eine gute Ausbildung auch deshalb immer größer, weil sich die Auszubildenden in den einzelnen Berufsbildern noch nie derart heterogen zusammengesetzt haben wie heute. Die Anforderungen an die Qualität der betrieblichen Ausbildung, und zwar gerade auch in dem jeweiligen Betrieb vor Ort, sind enorm.

Als quasi offiziellen Startschuss, das Thema der Qualitätssicherung der betrieblichen Ausbildung wieder stärker in den Vordergrund zu rücken – sieht man von den verdienstvollen, wenn auch wegen der Fokussierung auf das Negative teilweise umstrittenen Ausbildungsreports des DGB ab, die seit 2005 den ersten Ausbildungspakt kritisch begleiteten[5] –, kann man den 2007 gestarteten BIBB-Forschungsverbund zur Ausbildungsqualität in Deutschland mit zwei Teilprojekten ansehen. (Vgl. Ebbinghaus/Krewerth 2010; Krewerth/Eberhard/Gei 2008; Beicht/Krewerth 2008)

Mit den Studien des BIBB von Ebbinghaus et al. (Ebbinghaus 2009) wurde das Thema Qualität der betrieblichen Ausbildung erstmals systematisch bearbeitet und in einer vergleichenden Studie empirisch untersucht. Zugrunde gelegt wurde eine Vorstellung von Qualität als ein zunächst inhaltlich offenes Konstrukt, das von den handelnden Akteurinnen und Akteuren anhand ihrer eigenen Anforderungen und Gütevorstellungen expliziert und im besten Fall zwischen ihnen ausgehandelt werden muss – somit Qualität nicht als eine absolut zu setzende Größe, sondern immer als eine Vereinbarung zwischen den (an der Dienstleistung/am Produkt) „Beteiligten" zu sehen sei. Die Untersuchungen unter Ausbildungsverantwortlichen, Auszubildenden und weiteren Expertinnen und Experten der Berufsbildung ergaben zwar weitgehend überschneidende Erwartungen, aber auch signifikante Differenzen bezogen auf die Ansprüche an die Qualität der dualen Ausbildung. Hieran schloss die von Scheib, Windelband und Spöttl im Auftrag des BMBF verfasste Vorstudie zur „Entwicklung einer Konzeption für eine Modellinitiative zur Qualitätsentwicklung

---

4 Siehe die zu den jeweiligen Berufen unter https://www.bibb.de/dazubi abrufbaren Datenblätter. Stand der oben genannten Zahlen ist das Berichtsjahr 2013.
5 Vgl. Beitrag von Ch. Richter in diesem Band.

und -sicherung in der betrieblichen Berufsausbildung" an (BIBB 2009), aus der 2010 der Förderschwerpunkt „Qualitätsentwicklung und -sicherung der betrieblichen Berufsausbildung" des BIBB hervorging. Die k.o.s GmbH war an diesem Förderprogramm mit einem Modellprojekt beteiligt, das im Verbund mit der ABB Ausbildungszentrum Berlin gGmbH (damals noch ABB Training Center Berlin), unter dem Titel „Berliner AusbildungsQualität in der Verbundausbildung" durchgeführt wurde. Gemeinsam mit ausgewählten Betrieben aus dem Verbundnetzwerk von ABB ist in diesem Rahmen ein eigenes Qualitätskonzept für die betriebliche Ausbildung entwickelt worden, das die Grundlage ist für die Beratungsleistungen im nun vom Land Berlin finanzierten Transferprojekt der k.o.s GmbH „Berliner AusbildungsQualität". (Vgl. Schröder/Weber/Häfner-Wernet 2015)

Ausbildung als Organisationsgeschehen – ein Qualitätskonzept für die betriebliche Ausbildung

Was war und ist nun das Besondere an diesem Konzept? – Es ist zunächst einmal die Grundannahme, dass der Unternehmensprozess Ausbildung nicht anders als auch andere Unternehmensprozesse Gegenstand einer kontinuierlichen betrieblichen Qualitätssicherung sein und damit auch zum Thema einer betrieblichen Verständigung über eigene Qualitätsvorstellungen und -maßstäbe der betrieblichen Ausbildung werden sollte. Eine Voraussetzung, die mit Blick auf die gelebte Praxis selbst in größeren KMU auch heute noch alles andere als selbstverständlich ist.

Die zweite, vielleicht noch wichtigere Grundannahme besagt, dass vor allem die Vereinbarung von betrieblichen Routinen die Qualität der Ausbildung sichern hilft. Darin können selbstverständlich auch pädagogische, didaktische und sozialpädagogische Einzelmaßnahmen inbegriffen sein, im Zentrum aber steht immer die Etablierung eines betrieblich und systematisch zielgerichteten Vorgehens in der Ausbildung.

So betrachtet ist das Thema Ausbildungsqualität in die übergeordneten Themen der Arbeitgeberqualität, der Unternehmenskultur und der Gestaltung der Organisationsstrukturen insgesamt eingebettet. Das Qualitätskonzept fasst das Thema der Sicherung und Entwicklung von Ausbildungsqualität von Anfang an entsprechend als Aufgabe des gesamten Unternehmens.

Auszubildende sind von Beginn an, d.h. auch schon in ihrer Probezeit, Mitarbeitende wie alle anderen auch, und auch die Ausbilderinnen und Ausbilder sind in der Regel nicht die professionell etwa nach der AEVO geschulten Personen, sondern all die Fachkräfte, bei denen die Auszubildenden dann „mitlaufen". Untersuchungen zufolge sind sie es, die im Betrieb etwa 90 Prozent der „Last" und damit de facto auch der Verantwortung für die Ausbildung tragen. (Bahl u.a. 2012) Insofern führt die erfolgreich absolvierte AEVO-Prüfung in erster Linie zu einer Ausbildungsberechtigung nicht nur der geprüften Person, sondern häufig auch des ganzen Betriebes. Keineswegs ist damit gesagt, dass automatisch und ganz praktisch auch die Ausbildung insgesamt und damit auch die Auszubildenden von der Schulung profitieren.

Ein geordnetes Lernen – sieht man von der parallel laufenden Berufsschule ab – fehlt damit meistens. Dies ist zwar einerseits im dualen System so intendiert: Der Betrieb soll ja keine Schul-, sondern eine Arbeits- und Unternehmenswirklichkeit bieten. Andererseits laufen die Unternehmen Gefahr, sich letztlich auch selbst zu schaden, indem sie auf die Effekte klarer Zielvorgaben und damit auch auf die Effekte klarer Regelungen dessen, was in der Ausbildung passiert, in der Regel ganz ohne Not einfach verzichten. Dies hat nicht nur problematische Folgen für die Auszubildenden, wichtiger noch ist aus betriebswirtschaftlicher Sicht der Befund, dass diese eher traditionelle Praxis nicht hinreichend ergebnisorientiert ist.

Wie aber nähert man sich nun am besten einer solch komplexen Herausforderung einer Qualitätssicherung der Ausbildung im Betrieb? – Wie immer muss auch hier nicht alles auf einmal getan werden. Andererseits schadet es nicht, bereits am Anfang ein Bewusstsein dafür zu entwickeln, dass es bei Qualitätssicherung nicht einfach um Krisenintervention geht. Um sich der Frage nach dem Stand der betrieblichen Ausbildungsqualität systematisch zu stellen, sind in dem von der k.o.s GmbH entwickelten Qualitätskonzept sechs Qualitätsbereiche definiert worden, die zusammen eine systematische Einheit bilden. Im Zentrum steht dabei die Qualität des Lernprozesses, und hier vor allem die besondere Verbindung von Arbeiten und Lernen während der Ausbildung im Unternehmen, d.h. die Integration des Lernens in die betrieblichen Arbeitsprozesse.

Das eigene Qualitätsinteresse der Unternehmen

Das duale System der deutschen Berufsausbildung zeichnet sich durch die besondere Praxisnähe zur betrieblichen Wirklichkeit aus. Die Praxis eines Berufes wird exemplarisch in einem konkreten Betrieb vermittelt. Die duale Ausbildung folgt jedoch nicht allein dem Primat der betrieblichen Einzelinteressen, da es immer auch um den an einer übergreifenden Beruflichkeit orientierten Bildungsauftrag geht. Das Qualitätskonzept gründet auf diesem gesetzlich geregelten Bildungsauftrag, setzt aber vor allem auch auf das Interesse der einzelnen Ausbildungsbetriebe an einer möglichst guten Qualität. Deshalb heißt das Motto der vorliegenden, ebenfalls im Rahmen des Transferprojektes Berliner AusbildungsQualität konzipierten Veröffentlichung auch „Unternehmensstrategie Ausbildungsqualität". Die Ausbildungsbetriebe selbst sind es, die im Rahmen einer dreijährigen Ausbildung am meisten von einem möglichst hohen learning outcome (Praxis und Theorie) schon in frühen Phasen der Ausbildung profitieren. Wer Auszubildende nur als Hilfskräfte sieht, wie es in vielen Branchen immer noch der Fall ist, verschenkt am Ende vor allem enorme Ressourcen für die eigene Fachkräftegewinnung sowie auch für die Entwicklung betrieblichen Know-hows.

Das Qualitätskonzept umfasst also sechs Qualitätsbereiche, die jeweils wiederum mit Qualitätsanforderungen unterlegt sind, die es im Sinne der eigenen Unternehmensziele zu füllen gilt. Die Qualitätssicherung wird zudem durch die Entwicklung eines unternehmensspezifischen Leitbildes für die Ausbildung fundiert. Erst damit wird eine ideelle und nachvollziehbare Basis geschaffen, auf der Anforderungen des Qualitätskonzeptes nach und nach mit Leben erfüllt werden.

Drei grundlegende Maßstäbe, an denen sich die Qualität der Ausbildung ausrichtet, sind dem Qualitätskonzept zugrunde gelegt:

a) zum einen sind das die ordnungspolitischen Mindestanforderungen, d. h. diejenigen Bedingungen, die der Gesetzgeber an ausbildende Betriebe stellt und die im Berufsbildungsgesetz festgelegt sind. Das sind zunächst die angemessene personelle und sachliche Ausstattung des Betriebes sowie die persönliche Eignung des ausbildenden Personals, wodurch die Eignung als Ausbildungsbetrieb definiert wird. Betriebliche Pflicht für die Durchführung einer dualen Ausbildung ist weiterhin die Erstellung eines betrieblichen Ausbildungsplans, in dem ein sinnvoller Durchlauf durch das Unternehmen bzw. eine Reihenfolge des Erlernens von betrieblichem Handlungswissen festgelegt wird, mithin eine Art betriebliches Curriculum, das sich am Rahmenplan des Berufsbildes orientiert. Weiterer Punkt ist der schriftliche Ausbildungsnachweis als Instrument zur Dokumentation des Ausbildungsverlaufs, der vom Gesetzgeber gefordert wird und Bedingung für die Zulassung zur Prüfung ist.

b) Der zweite Maßstab sind elementare berufspädagogische Standards, die sich in den Qualitätskriterien niederschlagen: ein Schwerpunkt ist hier die Integration von Auszubildenden in das Unternehmen als wesentliche Voraussetzung für gelingende Lernprozesse, ein weiterer die didaktische Gestaltung, Bewertung und Dokumentation des Lernprozesses. Nicht zuletzt wurde hier die Zusammenarbeit des Betriebes mit dem Lernortpartner Berufsschule bzw. weiteren Lernortpartnern als ein Qualitätsschwerpunkt integriert.

c) Drittens ist das Qualitätskonzept an den grundlegenden Prinzipien des Qualitätsmanagements orientiert. Damit ist es auch mit der regelmäßigen Anwendung und Überprüfung der selbst gesetzten Qualitätsanforderungen befasst. Im Qualitätsbereich „Evaluation" soll die kontinuierliche Weiterentwicklung der definierten Verfahren sichergestellt werden.

Alle Qualitätskriterien, die im Qualitätskonzept aufgenommen wurden, fungieren dann als Referenzrahmen, den die Ausbildungsbetriebe zur Festlegung der jeweils eigenen Maßnahmen nutzen können. Dazu werden im Unternehmen die Anforderungen des Qualitätskonzeptes auf die jeweilige betriebliche Realität hin übersetzt und das Unternehmen legt fest, was genau die Leistungen sind, die vorgehalten bzw. dann auch zum Gegenstand eines kontinuierlichen Verbesserungsprozesses werden.

Der Qualitätskreislauf

```
Konzeption und Planung
          ↓
Auswahl und Integration
   von Auszubildenden
          ↓
Gestaltung des Lernens
      und Arbeitens
Beteiligung – Befähigung – Begleitung
          ↓
       Evaluation
```

Kooperation der Lernorte

Ausbildungsmanagement

Leitbild Ausbildung
Ziele – Leistungen – Auszubildende – Ausstattung – Fähigkeiten

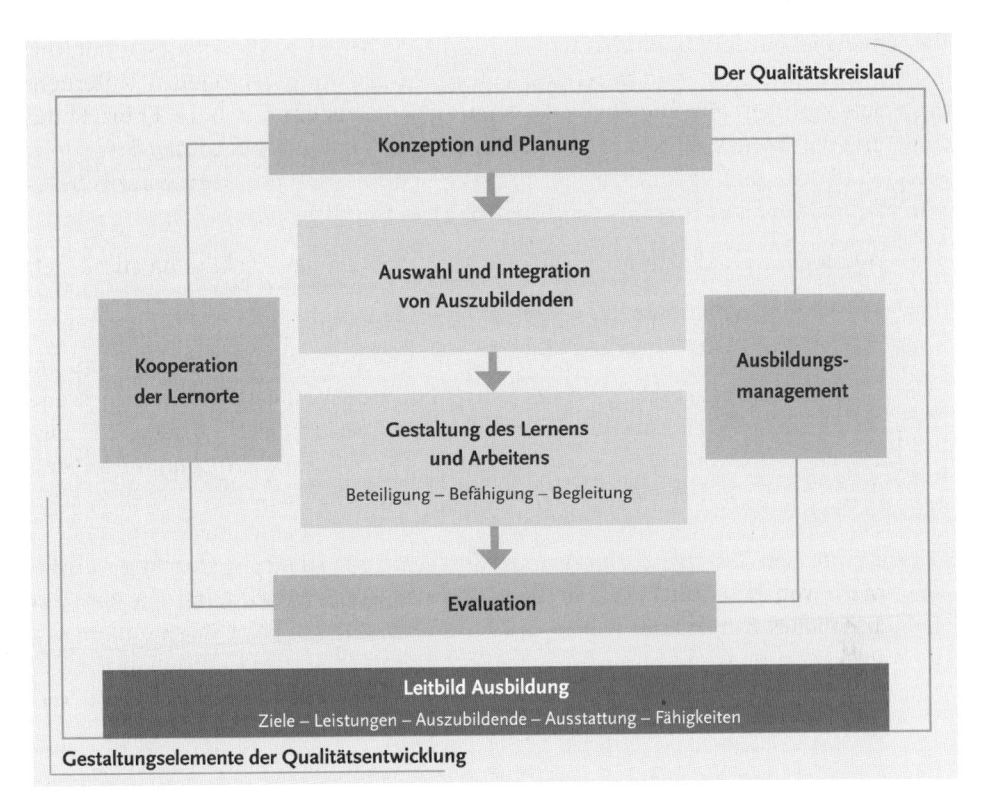

Gestaltungselemente der Qualitätsentwicklung

Abb. 1: Das von der k. o.s GmbH entwickelte Qualitätskonzept für die betriebliche Berufsausbildung

Unternehmensstrategie Ausbildungsqualität – die weiteren Perspektiven

Das im Rahmen des BIBB-Modellversuchs entwickelte Qualitätskonzept mit seinen Qualitätsbereichen fungiert nun im Angebot der k. o.s GmbH als eine Arbeitshilfe, anhand derer die Auseinandersetzung mit der Qualität der betrieblichen Ausbildung systematisch vollzogen werden kann. Damit geht es um das Thema der Qualität der Ausbildung insgesamt. Und wie immer führt nicht nur ein Weg zum Ziel. Genau das ist auch der Ansatz der vorliegenden Publikation wie auch der Tagungen und der betrieblichen Einzelberatungen, die im Rahmen des Projektes durchgeführt worden sind.

Die mögliche Perspektivenvielfalt der Arbeit mit dem „Qualitätskonzept betriebliche Berufsausbildung" zeigt sich auch anhand der wichtigsten Handlungsfelder des Projektes BAQ. Sie markieren zugleich drei Hauptstrategien der Arbeit mit dem Qualitätskonzept und zur Weiterführung der Qualitätsdebatte in der Berufsausbildung:

a) Die Beratung von Betrieben und die Qualifizierung des ausbildenden Personals

Auf der Grundlage des Qualitätskonzeptes bietet das Projekt Berliner Ausbildungs-Qualität Beratung für ausbildende Betriebe an, die Bedarf für eine Weiterentwicklung ihrer Ausbildungspraxis anmelden. Mit dem Angebot zur Qualitätssicherung auf der Grundlage des Qualitätskonzeptes werden die Betriebe dabei unterstützt, verbindliche Regelungen zur Durchführung der Ausbildung einzuführen. Hiermit kann Vorsorge getroffen werden, dass bestimmte Probleme, wie beispielsweise die fehlende Transparenz zum Lernerfolg bzw. den bisherigen Lernleistungen der Auszubildenden, in der Ausbildung erst gar nicht auftreten. Beweggründe der Unternehmen, sich auf den Prozess der Qualitätssicherung einzulassen, sind zunächst der Wunsch, dass die Ausbildung insgesamt reibungsloser verläuft, aber auch sich am „Ausbildungsmarkt" gegenüber potenziellen Bewerbern besser aufzustellen. Hier spielt dann das Interesse der Unternehmen eine Rolle, ihr besonderes Ausbildungsangebot gezielt zu bewerben und über das Marketing die passenden Auszubildenden anzusprechen. Den Unternehmen ist es aber auch ein Anliegen, den fachlichen Lernprozess der Auszubildenden besser und zielgerichtet zu fördern. Gerade diejenigen Betriebe, die bereits Teile der Ausbildung von einem Verbundpartner durchführen lassen, wollen das gleiche fachliche Niveau wie der Bildungsdienstleister in ihren eigenen Ausbildungsanteilen absichern.[6]

So begründet ein Geschäftsführer, der an der Verbundausbildung des ABB Ausbildungszentrums teilnimmt, sein Interesse an der Qualitätssicherung der eigenen Ausbildung folgendermaßen:

> *„Die intensive Beschäftigung mit dem Thema Ausbildung hat uns gezeigt, dass wir als Unternehmen mit dem, was wir tun, Einfluss auf die Qualität der Ausbildung haben. Die Verbundausbildung verleitete dazu, das Thema Ausbildung wie eine Black-Box wahrzunehmen. Es lohnt sich, immer wieder genau hinzusehen, was in der Ausbildung geschieht."* (Dr. Heiko Dittmer, Geschäftsführer KST Kraftwerks- und Spezialteile GmbH)

Die Beratung im Unternehmen nach dem Qualitätskonzept startet immer mit einem Vorgespräch, in dem es zunächst darum geht einzuschätzen, wo die eigene Ausbildung steht und worin aktuelle Herausforderungen bestehen. Hier zeigt sich dann bereits auch, welchen eigenen Qualitätsstandards der Betrieb folgt. Auf dieser Grundlage wird ein klar umgrenzter Beratungsauftrag festgelegt und der Rahmen für die Beratung vereinbart. In der Regel findet das Erstgespräch mit der Geschäftsleitung des Unternehmens statt, wenn möglich nehmen hieran bereits ausbildungsverantwortliche Meisterinnen und Meister, Auszubildendenvertreter oder Personalreferentinnen oder -referenten teil, um so möglichst auch mehrere Einschätzungen zu erhalten. Das Ergebnis ist dann die Grundlage für einen verbindlichen Beratungsauftrag. Gegenstand der Abstimmung sind neben den inhaltlichen Schwerpunkten des Beratungsprozesses auch die Art und Weise des Vorgehens in der Beratung: Hier wird ein beteiligungsorientiertes Vorgehen vorgeschlagen, sodass das Unternehmen gewährleistet, möglichst Vertreterinnen und Vertretern aller Ebenen und Verantwortungsbereiche der Ausbildung Mitsprache- und Gestaltungsmöglichkeiten im Qualitätsprozess zu geben.

---

6 Vgl. Beitrag von G. Woweries in diesem Band.

Wichtiger Punkt für eine effektive Herangehensweise ist, dass diejenigen, die von den Ergebnissen der Beratung dann betroffen sein werden, an den Beratungen beteiligt werden und sie ihre Einschätzung und ihre Erfahrungen einbringen können. Je nach Betriebsgröße und Struktur des Unternehmens bildet sich für den Beratungsprozess so ein Team aus Personal- und Ausbildungsverantwortlichen, ggf. (bei größeren Betrieben) Personal- bzw. Jugendausbildungsvertretungen, ausbildenden Fachkräften und nicht zuletzt auch aus Auszubildenden, die zugleich als eigene „Experten" und Adressaten der Ausbildung mit ihren Vorstellungen am Beratungsprozess mitwirken.

Der Qualitätsprozess startet mit der Erarbeitung eines unternehmensbezogenen Leitbilds, das aus Sicht der Betriebe Leitvorstellungen einer gelungenen Ausbildung beschreibt. Es dient in der Folge als Bezugspunkt, um Qualitätsmaßnahmen abzuleiten und sie anhand der Leitziele dann auch zu bewerten. Im Leitbild werden zu folgenden Punkten Aussagen gemacht:
- den Zielen der Ausbildung aus Sicht des Betriebes und der Auszubildenden
- den Leistungen, die vom Unternehmen in der Ausbildung erbracht werden
- den Fähigkeiten, über die das Unternehmen und seine Fachkräfte verfügen
- zur Ausstattung, die für die Ausbildung bereitgestellt wird, und
- zu den Erwartungen an die Auszubildenden und auch, was die Auszubildenden vom Betrieb erwarten können.

Mit dem Leitbild stecken die Unternehmen den Handlungsrahmen für ihre Ausbildung sowie dann auch für die konkreten Qualitätsentwicklungsmaßnahmen ab. Das Leitbild wirkt jedoch auch über den unmittelbaren Ausbildungsbereich im Unternehmen hinaus. Indem es die Leistungen, die für die Ausbildung erbracht werden, sichtbar werden lässt, wird auch der Stellenwert der Aufgaben rund um die Ausbildung im Gesamtunternehmen für alle erkennbar. Dies fördert die Motivation zur Ausbildung beim Personal wie bei den Auszubildenden. Darüber hinaus stellt das Leitbild Transparenz in Bezug auf das Ausbildungsangebot her – sowohl gegenüber potenziellen Ausbildungsanwärterinnen und -anwärtern als auch im Umfeld des Unternehmens (Kunden, Wirtschaftsverbände, etc.). Damit kann das Ausbildungsangebot des Unternehmens bekannt gemacht und z. B. in Schulen, bei Bewerbermessen und Tagen der Ausbildung aussagekräftig beworben werden. So steigt die Attraktivität des Unternehmens für Ausbildungsplatzbewerberinnen und -bewerber und die Unternehmen sind eher in der Lage, ihre Ausbildungsplätze adäquat zu besetzen.

Ausgehend von der Arbeit an einem Leitbild zur Ausbildung bearbeiten die Unternehmen ausgewählte besondere Qualitätsthemen, die für ihre Praxis aktuell von besonderem Interesse sind. Regelmäßig steht hier insbesondere auch die Planung der betrieblichen Ausbildung im Fokus, denn es zeigt sich, dass die Übersetzung des Ausbildungsrahmenplanes für die eigene betriebliche Realität, d. h. die Erstellung eines betrieblichen Ausbildungsplanes, der tatsächlich auch für die Praxis taugt und der Ausbildung nützt, alles andere als einfach ist.

Folgende Anliegen stehen bei der Verbesserung der Ausbildungsplanung zur Diskussion – Beispiele aus den Beratungsprozessen:
- Was sind die ausbildungsrelevanten Unternehmensbereiche, die die Auszubildenden tatsächlich kennenlernen sollen und auch können?
- In welchem zeitlichen Umfang und in welcher Reihenfolge durchlaufen die Auszubildenden die einzelnen Stationen?
- Wie kann eine Einführungsphase aussehen, die einer optimalen ersten Orientierung im Unternehmen dient?
- Welche Zusatzqualifikationen oder sonstigen zusätzlichen Ausbildungseinheiten sollen ggf. eingeplant werden, und wann und wie werden diese dann umgesetzt?
- Wer hat die organisatorische Aufsicht und wie wird die fachliche Aufsicht über den gesamten Ausbildungsverlauf geregelt?
- Was gehört in eine Ausbildungsmappe bzw. in ein Starterset, das beim Ausbildungsstart den Auszubildenden ausgehändigt werden soll?
- Wann sollte Zeit für Feedback- oder für Beurteilungsgespräche eingeplant werden?

Hier geht es also um mehr als die zeitliche und sachliche Gliederung der Ausbildungsinhalte – und so wird der Plan dann zur Arbeitshilfe für die praktische Durchführung und dient der Transparenz: Wer ist wann für den Auszubildenden zuständig, wann sollen welche Ausbildungsinhalte vermittelt werden, wann werden Zusatzmodule eingeplant usw. Wenn dann auch die Lerneinheiten in der Berufsschule hier mit erfasst werden, ist der betriebliche Ausbildungsplan ein guter Bezugspunkt für die regelmäßige Durchführung von Feedback- und Beurteilungsgesprächen. Dies ist auch die Einschätzung eines Meisters einer Malereifirma, der an einer Unternehmensberatung des BAQ-Projektes zur Ausbildungsqualität teilgenommen hat:

> „Ein für alle gut verständlicher Ausbildungsplan schafft eine gute Grundlage, um die Gespräche zum Ausbildungsnachweis sachbezogener zu gestalten. Dann macht es auch Sinn, dass sie regelmäßig und in kürzeren Abständen stattfinden."[7] (A. Müller, ausbildungsverantwortlicher Meister, Fa. Bein Malereibetrieb GmbH & Co. KG)

Zu allen sechs Qualitätsbereichen gibt es neben dem Beratungsangebot für die Überprüfung und Bewertung der eigenen Praxis auch Qualifizierungsangebote zu den Qualitätsschwerpunkten, wie beispielsweise:
- Was sind ordnungspolitische Regelungen, die bei der Ausbildungsplanung zu beachten sind?
- Wie gelingt eine gute Integration von Auszubildenden in das Unternehmen?
- Worauf kommt es bei der Auswahl von Auszubildenden an?

---

[7] Siehe auch das auf der Website des Unternehmens veröffentlichte Leitbild zur Ausbildung: http://www.bein-malerei.de/ausbildung (Stand: 22.01.2016)

- Was sind Bedingungen für erfolgreiches Lernen in der betrieblichen Ausbildung?
- Wie kann das Unternehmen von der Zusammenarbeit mit der Berufsschule profitieren?

Im Zuge der Beratung geht es aber immer auch um die Qualifizierung zur Entwicklung bzw. zum Einsatz von Instrumenten zur Qualitätssicherung wie beispielsweise von Beurteilungsbögen. Was sind Standards eines guten Beurteilungsbogens, wie wird er in der Praxis eingesetzt? Welche Transparenzanforderungen sind sinnvoll, welche Rolle sollen Selbst- und Fremdeinschätzungen dabei spielen und vieles andere mehr. Abgestimmte und festgelegte Verfahren haben auch hier den Nutzen, dass sie den Kompetenzzuwachs bereits während der Ausbildung für alle Beteiligten sichtbar und nachvollziehbar machen. Und nicht zuletzt helfen sie auch dabei, die Auszubildenden zu mehr Eigenverantwortung für ihren Lernprozess zu befähigen. So formuliert es ein Bereichsleiter im ABB Ausbildungszentrum:

> *„Für uns ist es wichtig, dass die Auszubildenden lernen, selbst einen Teil der Verantwortung für ihre Ausbildung zu übernehmen. Dafür führen wir die Ausbildungsstammkarte, in der transparent alle Ausbildungsleistungen abgebildet sind. So wissen die Auszubildenden immer, wo sie in ihrem Lernprozess stehen und können auch bei Bedarf noch fehlende Ausbildungsinhalte einfordern." (T. Duske, Bereichsleiter Metall ABB Ausbildungszentrum gGmbH)*

b) Zusammenarbeit mit Branchen- und Berufsverbänden und die Arbeit im Netzwerk

Fachverbände und Innungen sind als unternehmensübergreifende Organisationen Bindeglied zwischen der Politik und den Interessen der einzelnen Unternehmen. Im Interesse ihrer Branche und auch den einzelnen Mitgliedsunternehmen stellen sich immer mehr solche „intermediären" Organisationen auch dem Thema Ausbildungsqualität insbesondere unter dem Vorzeichen drohenden Fachkräftemangels. Hier informiert das Projekt „Berliner AusbildungsQualität" zu Fragen der Ausbildung im Rahmen von Veranstaltungen der Verbände und bietet den Mitgliedsunternehmen Beratung und Begleitung an. Im Vordergrund stehen insbesondere solche Branchen, in denen aufgrund stark rückläufiger Ausbildungsbewerberzahlen, einer geringen Ausbildungsbetriebsquote oder aber auch einer überdurchschnittlichen Quote von vorzeitigen Vertragslösungen besonderer Handlungsbedarf besteht. Beispielhaft seien hier das Berliner Hotel- und Gaststättengewerbe und das Malerhandwerk genannt. Der DEHOGA Berlin führt mit seiner „Initiative Ausbilden mit Qualität" regelmäßig Befragungen bei den Unternehmen und seinen Auszubildenden durch.[8] Hier ist das Projekt Kooperationspartner und unterstützt die Initiative „Ausbilden mit Qualität" u. a. durch unternehmensübergreifende Workshops. Zugleich berät es den DEHOGA Berlin bei der Weiterentwicklung der Initiative, insbesondere mit Blick auf die Einbeziehung auch kleinerer Unternehmen des Gastgewerbes.

---

8   Vgl. Beitrag von G. Buchhorn/K. Pabst in diesem Band.

Daneben besteht eine Zusammenarbeit mit der Maler- und Lackiererinnung, die ihren Schwerpunkt darauf setzt, mehrere Leuchtturmbeispiele guter Praxis für die Ausbildung im Malerhandwerk aufzubauen, die dann als Multiplikatorinnen und Multiplikatoren in die Branche hineinwirken können.[9]

Ein weiteres Angebot des Projektes Berliner Ausbildungsqualität besteht im Aufbau und der Begleitung von betrieblichen Qualitätsnetzwerken als einer möglichen Plattform für einen fachlichen Austausch und auch als eine überbetriebliche Beratungs- und Entwicklungsstruktur zur betrieblichen Ausbildung. Hierzu zählt das „Netzwerk AusbildungsQualität" Pankow Park, ein Zusammenschluss von Ausbilderinnen und Ausbildern aus zurzeit elf Unternehmen im Bereich der technisch-gewerblichen Ausbildung, die im Netzwerk die Qualität ihrer Ausbildung weiterentwickeln wollen.[10] Das Netzwerk Ausbildungsqualität ist entstanden aus den Unternehmen, die die Beratungsleistungen des Projektes Berliner AusbildungsQualität zur systematischen Weiterentwicklung ihrer Ausbildungspraxis nutzen. Ausbilder und Ausbilderinnen in technisch-gewerblichen Ausbildungsberufen beteiligen sich am Netzwerk Ausbildungsqualität, das sich in den Räumen des ABB Ausbildungszentrums trifft. Das Netzwerk lebt vom Engagement der einzelnen Mitglieder, die ihre unterschiedlichen fachlichen Kenntnisse und Fähigkeiten in das Netzwerk einbringen. Leitend für die Arbeit im Netzwerk ist das Tauschprinzip: Jeder gibt etwas – alle bekommen etwas. Gemeinsames Anliegen der Netzwerkmitglieder ist es, das Profil einer Unternehmensstrategie Ausbildungsqualität für den eigenen Betrieb weiter zu präzisieren und sich dabei von den anderen Mitgliedern anregen zu lassen, aber zugleich auch die anderen Beteiligten durch die eigenen Praxisbeispiele anzuregen.

Ab 2016 wird es eine Online-Plattform zum Netzwerk Ausbildungsqualität geben, auf der sich das Netzwerk in einem öffentlichen Bereich für weitere interessierte Ausbilderinnen und Ausbilder vorstellt. Es wird die Möglichkeit zum Download von Instrumenten und Materialien zur Ausbildung geben. Außerdem informiert sie über aktuelle Themen und Termine. In einem geschützten Bereich haben die Mitglieder die Möglichkeit sich zu aktuellen Anliegen und Fragen an die Mitglieder zu wenden und zusätzlich auf einem Marktplatz „Suche und Biete" eigene Bedarfe und Angebote zu platzieren.

c) Branchenübergreifende Fachtagungen

Und schließlich nutzt das Projekt die Möglichkeit, über eigene Fachtagungen das Thema Qualität weiter in die öffentliche Diskussion zu tragen. Schwerpunkte von Tagungen waren Gestaltungsansätze und Erfahrungen zur Qualitätspraxis in den Unternehmen sowie Ergebnisse aus dem BIBB-Modellversuch, das Thema Lernortkooperation oder „Unternehmensstrategie Ausbildungsqualität", aus der heraus der vorliegende Sammelband entstanden ist. Fachtagungen bieten die Möglichkeit, dass die Pilotunternehmen, die die Beratungsleistungen des Projektes als erste nutzen

---

9 Vgl. Beitrag J. Gustavus in diesem Band.
10 Vgl. Beitrag von G. Woweries in diesem Band.

und somit eine Pionierstellung einnehmen, ihre Ergebnisse präsentieren können, um so auch andere zu motivieren, in die Qualität ihrer Ausbildung zu investieren. Sie bieten ein Forum auch für weitere Beispiele guter Ausbildungspraxis über den Rahmen des Projektes hinaus und geben Anregung auch aus anderen Branchen wie beispielsweise dem Gebäudereiniger-Handwerk. Zu nennen ist hier nicht zuletzt auch die Fachtagung „Gute Praxis Ausbildungsqualität", die 2015 in Kooperation mit der Deutschen Referenzstelle für Qualitätssicherung (DEQA-VET)[11] durchgeführt wurde und bei der eine Vielzahl von Beispielen guter Ausbildungspraxis aus fünf Branchen vorgestellt wurden.[12]

Fazit

Mit diesen drei Strategien zur Nutzung des von der k.o.s GmbH entwickelten Qualitätskonzepts für die betriebliche Ausbildung sowie zur Weiterführung der Qualitätsdebatte in der Berufsausbildung zeichnet sich das Projekt Berliner AusbildungsQualität durch einen Transferansatz aus, der im Land Berlin gleich auf mehreren Ebenen wirksam wird: auf der Ebene des einzelnen Ausbildungsbetriebs, auf der Ebene der Vernetzung von Ausbildungsbetrieben sowie schließlich auch auf der Ebene der Berufs- und Branchenverbände, der Kammern, der Gewerkschaften, der Senatsverwaltungen und der sonstigen intermediären Akteure und Stakeholder der Berufsbildung in Berlin. Das Qualitätskonzept dient so einerseits der effektiven und effizienten Gestaltung betrieblicher Routinen für die Qualitätssicherung der Ausbildung vor Ort, andererseits aber ist es Grundlage auch für weiterführende Diskussionen.

Literatur

Bahl, A. (u. a.) (2012): Die Situation des ausbildenden Personals in der betrieblichen Bildung (Abschlussbericht BIBB Forschungsprojekt). Bonn. URL: https://www2.bibb.de/bibbtools/tools/dapro/data/documents/pdf/eb_22301.pdf (Stand: 21.01.2016)
Beicht, U./Krewerth, A. (2008): Ausbildungsqualität in Deutschland aus Sicht der Auszubildenden. Erste Ergebnisse einer Umfrage des Bundesinstituts für Berufsbildung (BIBB) unter Teilzeitberufsschülern und -schülerinnen. Bonn.
Bertelsmann Stiftung (Hg.) (2015): Nachschulische Bildung 2030. Trends und Entwicklungsszenarien. Bielefeld

---

11 Vgl. Beitrag von H. Sabbagh/B. Hemkes in diesem Band.
12 Die Dokumentationen der Fachtagungen können auf der Webseite www.ausbildungsqualitaet-berlin.de nachgelesen werden.

Bundesinstitut für Berufsbildung (BIBB) (Hg.) (2015): Datenreport zum Berufsbildungsbericht 2015. Informationen und Analysen zur Entwicklung der beruflichen Bildung. Bonn. URL: https://www.bibb.de/dokumente/pdf/bibb_datenreport_2015.pdf (Stand: 21.01.2016)

BWP (Hg.) (2015): Berufsbildung in Wissenschaft und Praxis (BWP), Heft 6, 2015, Themenschwerpunkt Lernen für die Digitale Wirtschaft.

BIBB (Hg.) (2009): Entwicklung einer Konzeption für eine Modellinitiative zur Qualitätsentwicklung und -sicherung in der betrieblichen Berufsausbildung. Band 4 der Reihe Berufsbildungsforschung. Bonn/Berlin. URL: https://www.bmbf.de/pub/band_vier_berufsbildungsforschung.pdf (Stand: 21.01.2016)

Ebbinghaus, M. (2009): Ideal und Realität Betrieblicher Ausbildungsqualität. Sichtweisen ausbildender Betriebe. Schriftenreihe des Bundesinstituts für Berufsbildung Bonn, Wissenschaftliche Diskussionspapiere, Heft 109. Bonn. URL: https://www.bibb.de/veroeffentlichungen/de/publication/download/id/2276 (Stand: 21.01.2016)

Ebbinghaus, M./Krewerth, A. (2010): BIBB-Forschungsverbund zur Ausbildungsqualität in Deutschland: „Qualitätssicherung in der betrieblichen Berufsausbildung" und „Ausbildung aus Sicht der Auszubildenden". Gemeinsamer Abschlussbericht. Bonn. URL: https://www2.bibb.de/bibbtools/tools/dapro/data/documents/pdf/eb_22202.pdf (Stand: 21.01.2016)

Fischer, M. (Hg.) (2014): Qualität in der Berufsausbildung. Anspruch und Wirklichkeit. Bonn

Krewerth, A./Eberhard, V./Gei, J. (2008): Merkmale guter Ausbildungspraxis. Ergebnisse des BIBB-Expertenmonitors. Bonn. URL: https://www.bibb.de/dokumente/pdf/Expertenmonitor_2008_-_Merkmale_guter_Ausbildungspraxis.pdf (Stand: 21.01.2016)

Matthes, S./Ulrich, J. G./Krekel, E. M./Walden, G. (2014): Wenn Angebot und Nachfrage immer seltener zusammenfinden. Wachsende Passungsprobleme auf dem Ausbildungsmarkt: Analysen und Lösungsansätze. Bonn. URL: http://www.bibb.de/dokumente/pdf/a2_passungsprobleme-ausbildungsmarkt.pdf (Stand: 21.01.2016)

Münk, H. D./Weiß, R. (Hg.) (2009): Qualität in der beruflichen Bildung. Forschungsergebnisse und Desiderata (AGBFN Bd. 6). Bonn

OECD (2015): Postsekundäre Berufsbildung: Synthesebericht. Paris (Orig. engl. 2014). URL: http://dx.doi.org/10.1787/9789264227842-de (Stand: 21.01.2016)

Schröder, F./Weber, C./Häfner-Wernet, R. (2015): Qualitätskonzept für die betriebliche Berufsbildung, Leitfaden zur Qualitätssicherung und Entwicklung der betrieblichen Ausbildung. Bielefeld

Tillmann, F./ Schaub, G./Lex, T./Kuhnke, R./Gaupp, N. (2014): Attraktivität des dualen Ausbildungssystems aus Sicht von Jugendlichen. Band 17 der Reihe Berufsbildungsforschung. Bonn. URL: https://www.bmbf.de/pub/Berufsbildungsforschung_Band_17.pdf (Stand: 21.01.2016)

Weber, C./Häfner-Wernet, R. (20145): Der Beitrag der Evaluation zur Qualität der betrieblichen Ausbildung. In: Cramer/Dietl/Schmidt/Wittwer (Hg.). Ausbilder-Handbuch, 175. Erg.-Lfg. – November 2015

Weber, C./Häfner-Wernet, R. (2014): Der Beitrag des Ausbildungsmanagements zur Qualität der betrieblichen Ausbildung, in: Cramer/Dietl/Schmidt/Wittwer (Hrsg.). Ausbilder-Handbuch, 165. Erg.-Lfg. – Dezember 2014

Weber, C./Häfner-Wernet, R. (2014): Qualitätssicherung der betrieblichen Ausbildung durch systematische Konzeption und Planung, in: Cramer/Dietl/Schmidt/Wittwer (Hrsg.). Ausbilder-Handbuch, 159. Erg.-Lfg. – Juni 2014

Zinn, B. (2015): Bedingungsvariablen der Ausbildung 4.0 – Ausbildung der Zukunft. In: Journal of Technical Education (JOTED), Bd. 3, 2015, S. 10–18. URL: http://www.journal-of-technical-education.de/index.php/joted/issue/current (Stand: 21.01.2016)

Ausbildungsqualität im Verbundnetzwerk der ABB Ausbildungszentrum gGmbH

Gerd Woweries

Kurze Beschreibung der Verbundausbildung

Im ABB Ausbildungszentrum Berlin gGmbH (AZB) werden Fachkräfte für die Unternehmen des ABB-Konzerns ausgebildet. Neben der Ausbildung eigener Auszubildender hat sich ein weiteres Geschäftsfeld entwickelt. Das AZB unterstützt als Bildungsdienstleister in der Ausbildung vor allem kleine und mittelständische Unternehmen in Berlin und Brandenburg durch innovative betriebliche Verbundausbildung in 16 vornehmlich gewerblich-technischen Berufen und bietet zusätzlich einen ganzheitlichen Bildungsservice für die unternehmensspezifische Aus- und Weiterbildung an. Viele Unternehmen können aufgrund fehlender materieller und personeller Voraussetzungen die vorgeschriebenen Ausbildungsinhalte nicht in vollem Umfang oder nicht in der entsprechenden Qualität ohne externe Unterstützung vermitteln. Dazu hat das AZB auf Grundlage der Ausbildungsrahmenpläne der einzelnen Berufe Ausbildungsmodule entwickelt. Auf Grundlage der Module können die Unternehmen Ausbildungsinhalte nach ihrem individuellen Bedarf auswählen. Die Möglichkeiten reichen von der Auswahl einzelner Module zu fachspezifischen Inhalten und zur Prüfungsvorbereitung, über das sog. „Rundum-sorglos Paket" mit der Auswahl von Bewerberinnen und Bewerbern über die Vermittlung aller relevanter Module, bis hin zur Vorbereitung auf die Abschlussprüfung. Dabei sind die Auszubildenden in der Regel bis zur Abschlussprüfung Teil I oder zur Zwischenprüfung im AZB und setzen danach in ihren Unternehmen den praktischen Teil der Ausbildung fort. Vor den Abschlussprüfungen erhalten sie dann im AZB eine Prüfungsvorbereitung bzw. es werden die absolvierten Ausbildungsinhalte vertieft.

Besondere Merkmale der Ausbildungsqualität von ABB

Anlässlich der Eröffnung des Ausbildungsjahres 2015/2016 wurde dem AZB das Siegel der IHK Berlin für „Exzellente Ausbildungsqualität" verliehen. Welche Faktoren waren dafür ausschlaggebend?

Eine gute Ausbildung gelingt nur dann, wenn die Jugendlichen einen ihrer Wünsche und Fähigkeiten entsprechenden Beruf erlernen. Deshalb ist eine gute Berufsorientierung vor der Entscheidung für einen bestimmten Beruf zwingend notwendig. ABB unterstützt dies durch ein vielfältiges Angebot an Schnuppertagen, Praktika für Schülerinnen und Schüler, Technikcamps, insbesondere auch für Mädchen, und Schulkooperationen.

Qualität der Ausbildung ist immer eng verbunden mit der Einhaltung der entsprechenden gesetzlichen Vorschriften durch die Ausbildungsbetriebe. Gerade in einer Zeit, in der häufig sehr junge Schülerinnen und Schüler die Schulen verlassen und eine Ausbildung in Unternehmen aufnehmen, ist es ein wichtiges Signal von ABB, die Einhaltung der Vorschriften des Jugendarbeitsschutzgesetzes sehr ernst zu nehmen. Neben der Einhaltung des Jugendarbeitsschutzgesetzes gehören eine Vergütung und Urlaubsgewährung entsprechend der tariflichen Vereinbarungen ebenso dazu wie die Ausbildung nach der jeweiligen Ausbildungsverordnung oder die Freistellung der Auszubildenden für den Berufsschulunterricht.

Ein wichtiger Baustein der Qualitätsausbildung bei ABB ist der Einsatz hauptberuflichen Ausbildungspersonals. Die Ausbilderinnen und Ausbilder haben alle eine Aufstiegsfortbildung zur Industrie- oder Handwerksmeisterin bzw. zum Industrie- oder Handwerksmeister, Technikerin bzw. Techniker oder einen ähnlichen Abschluss absolviert. Das ist aber bei Weitem nicht ausreichend. In einer Zeit, da sich Produktionsmethoden, Technologien und die eingesetzte Technik in einem bisher ungeahnten Tempo weiterentwickeln, muss darauf geachtet werden, dass die Ausbildung der Fachkräfte mit dieser Entwicklung Schritt halten kann. Das Thema Wirtschaft 4.0 muss auch in der Ausbildung abgebildet werden. Das erfordert von den Ausbildenden des AZB sich ständig fort- und weiterzubilden und die dafür geschaffenen Voraussetzungen zu nutzen.

Eine qualitativ hochwertige Ausbildung zukünftiger Fachkräfte muss planvoll erfolgen. Die Ausbildungsinhalte der einzelnen Ausbildungsberufe werden im AZB in verschiedene Module aufbereitet, die jeweils aufeinander aufbauen. Jeder Auszubildende erhält bei Beginn der Ausbildung einen Ausbildungsplan, aus dem ersichtlich ist, welche Module in welcher Woche und bei welchem Ausbilder oder von welcher Ausbilderin absolviert werden. Dadurch erfolgt die Ausbildung sehr strukturiert, die Auszubildenden und die Ausbildenden wissen immer, was am Ende jedes Ausbildungsabschnittes erreicht sein muss, wie das Vorgehen und die Ausbildungsmethoden aussehen sollen und wie die innerbetriebliche Zusammenarbeit ausgestaltet sein soll. Alle Auszubildenden wie auch ABB und die Kooperationsunternehmen haben jederzeit die Möglichkeit, sich über den genauen Ausbildungsstand ihrer Auszubildenden zu informieren. Verbunden mit dieser sachlich-zeitlichen Gliederung ist ein Anwesenheits- und Bewertungssystem in Form einer sog. Stammkarte. In der Stammkarte werden neben verschiedenen anderen Angaben alle absolvierten Ausbildungsmodule sowie die Noten der Leistungsüberprüfungen erfasst, sodass ebenfalls schnell ersichtlich ist, welchen Leistungsstand jeder einzelne Auszubildende hat.

Durch die jeweiligen Ausbilderinnen und Ausbilder werden mit den Auszubildenden regelmäßig Gespräche geführt, in denen der Leistungsstand eingeschätzt und gegenseitige Erwartungen, Informationen u. Ä. ausgetauscht werden.

Fördern und Fordern werden im AZB großgeschrieben. Leistungsstarke Auszubildende fördern wir durch zusätzliche Qualifikationsmöglichkeiten, leistungsschwächere Auszubildende erhalten Hilfsangebote wie Nachhilfeunterricht oder ausbildungsbegleitende Hilfen. Ausbildungsqualität ist aber darüber hinaus auch Gegenstand ganz unterschiedlicher Projekte, die die eigentlichen Ausbildungsaktivitäten des AZB produktiv ergänzen. Sie werden teils durch das AZB selbst durchgeführt, teilweise aber auch durch externe Kooperationspartner. Ein Schwerpunkt dieser Projekte zum Thema Ausbildungsqualität liegt dabei bereits im Feld der Berufsorientierung und setzt somit noch vor der eigentlichen Ausbildung im engeren Sinn an.

Berufsorientierung für Mädchen und junge Frauen – das Projekt „girlsatec"

Es gibt verschiedene Initiativen, die den Mädchen und jungen Frauen die gewerblich-technischen Berufe näherbringen sollen, da das Interesse an MINT von Eltern und Lehrenden bei Mädchen und Jungen unterschiedlich gefördert wird. Gewerblich-technische Berufe bieten neben der Anwendung technischen Geschicks die Möglichkeit, sich kreativ auszuleben und in Teamarbeit an einem Produkt zu arbeiten. Die Berufswahl von Jugendlichen ist eine richtungsweisende Entscheidung, die durch die Schaffung neuer Berufe und gestiegene Ausbildungsanforderungen erschwert wird. Das duale Berufsbildungssystem eröffnet jungen Menschen einen sehr guten Einstieg in das Berufsleben und bietet ihnen damit hervorragende Zukunftschancen. Im Berufswahl- und Bewerbungsprozess benötigen die Jugendlichen viele gut strukturierte Informationsmöglichkeiten, die es ihnen ermöglichen, eine gezielte Berufswahl zu treffen.

Das Projekt „girlsatec" wirbt dafür, Mädchen und junge Frauen im Rahmen der Berufsorientierung über gewerblich-technische Berufe zu informieren. Über verschiedene Angebote wird Mädchen und jungen Frauen der Zugang zu gewerblich-technischen Berufen erleichtert. Das Projekt trägt damit nicht nur dazu bei, das bisher noch tradierte Berufswahlverhalten zu ändern, sondern auch den Herausforderungen im Hinblick auf den demografischen Wandel und dem prognostizierten Fachkräftebedarf zu begegnen.

„girlsatec" richtet sich mittels Botschafterinnen, das sind junge Auszubildende und Facharbeiterinnen, an Mädchen und junge Frauen. Mit ihren persönlichen Geschichten stellen die Botschafterinnen Interessierten ihren Weg zur Berufswahl vor und berichten von ihren ersten Ausbildungs- bzw. Berufserfahrungen aus ihrer Branche. Über Mädchen und junge Frauen hinaus adressiert das Projekt Eltern, Schulen und Unternehmen.

Das Projekt
- weckt Interesse und Begeisterung für Berufe wie z. B. Mechatronikerin,
- erweitert das Spektrum bei der Berufswahl,
- stellt Mädchen attraktive, technische Berufe vor und lässt sie diese im Rahmen von z. B. Schnuppertagen, dem Girls' Day oder Technik-Camp ausprobieren,
- zeigt Eltern die Chancen technischer Berufe für ihre Töchter auf und richtet für sie Elterntage, unsere Parents' Days aus,
- involviert Unternehmen, die die Potenziale von Mädchen in ihrer Branche fördern,
- strebt an, in der Gesellschaft einen Mentalitätswandel in Bezug auf traditionell verankerte Berufsrollen zu fördern.

„girlsatec" ist ein Projekt, das vom AZB durchgeführt und mit Mitteln der Senatsverwaltung für Arbeit, Integration und Frauen im Rahmen des Programms BerlinArbeit gefördert wird. Das Projekt zielt darauf ab, Mädchen und jungen Frauen, Eltern, Schulen sowie Unternehmen aufzuzeigen, dass gewerblich-technische Berufe gerade auch für weibliche Auszubildende attraktiv sein können. Dazu bedarf es Unternehmen, die Mädchen und jungen Frauen Praktikums- und Ausbildungsplätze anbieten.

Unternehmen stellen ihre Auszubildenden oder Mitarbeiterinnen als sog. Botschafterin für das Projekt punktuell frei. Öffentlich informieren die Botschafterinnen darüber, wie sie ihren Weg in gewerblich-technische Berufe gefunden haben. Um auf die Potenziale von Mädchen aufmerksam zu machen, wirken die Botschafterinnen in Schulen, Unternehmen, Verbänden und auf Ausbildungstagen. Die Einbindung in etablierte Veranstaltungen wie den Girls' Day zeigt Möglichkeiten auf und nutzt die schon vorhandenen Strukturen und Netzwerke. „girlsatec" bietet in den Ferien Technik-Camps für Schülerinnen an. Mädchen und junge Frauen sind eingeladen, eine Woche lang eine kleine Reise durch die Welt der Technik zu erleben. Sie lernen in dieser Woche die verschiedenen Maschinen und Arbeitstechniken kennen, können sich mit Auszubildenden und den Botschafterinnen austauschen, besuchen kleine und mittelständische Unternehmen in Berlin/Brandenburg und sammeln wertvolle Informationen rund um die Ausbildung und über spätere Jobchancen. Über die Hälfte der Technik-Camp-Teilnehmerinnen hat im Anschluss eine gewerblich-technische Ausbildung aufgenommen.

Berliner AusbildungsQualität in der Verbundausbildung – ein Projekt im Rahmen des BIBB-Förderschwerpunktes „Qualitätssicherung der betrieblichen Ausbildung"

Aber natürlich reichen die Qualitätsanstrengungen über die Anstrengungen in der Berufsorientierung hinaus. Das ABB Ausbildungszentrum am Standort Berlin versteht sich als innovativer Bildungsdienstleister, der neue Entwicklungen erkennt, seine Angebote daraufhin ausrichtet und moderne Bildungsinhalte und -methoden vermittelt. Damit können nicht nur die vielfältigen Ansprüche von Kundinnen bzw.

Kunden, Partnerinnen bzw. Partnern und Beschäftigten besser erfüllt, sondern insbesondere auch Jugendliche und Erwachsene fit für den nationalen und internationalen Wettbewerb im Berufsleben gemacht werden.

Unter dieser Perspektive ist auch das Engagement des ABB Ausbildungszentrums zu sehen, sich an Bundes- und Landesmodellprogrammen zu beteiligen, um insgesamt innovative Entwicklungen in Berufsausbildung mit voranzutreiben und neue Impulse auch an die Unternehmen im Verbundnetzwerk heranzutragen und in deren Ausbildungspraxis zu verankern. Dazu zählt auch die Beteiligung am Modellversuch „Berliner AusbildungsQualität in der Verbundausbildung" (2010 bis 2013) im Rahmen des BIBB-Modellprogramms „Qualitätsentwicklung und -sicherung der betrieblichen Berufsausbildung".

Die langjährigen Erfahrungen in der praktischen Ausgestaltung von Ausbildungsqualität im Ausbildungszentrum sowie in der fachlichen und persönlichen Begleitung von Auszubildenden und auch die Vertrautheit mit dem Praxisfeld der gewerblich-technischen Berufsausbildung in der Metall- und Elektrobranche waren eine gute Voraussetzung, um in der Zusammenarbeit mit der k.o.s GmbH ein Qualitätskonzept für den betrieblichen Teil der Ausbildung zu entwickeln, welches die besonderen Bedingungen der an der Verbundausbildung beteiligten KMU berücksichtigt. In diesem Qualitätskonzept geht es darum, die ausbildenden Unternehmen darin zu unterstützen, die betrieblichen Anteile der Ausbildung, die in Kooperation mit dem AZB als zentralem Verbundpartner erbracht werden, ebenfalls auf einem möglichst hohen Qualitätsniveau umzusetzen. Ein gutes Beispiel dafür ist das oben bereits erwähnte Anwesenheits- und Bewertungssystem des AZB in Form einer sog. Stammkarte. Hier war es zunächst noch alles andere als selbstverständlich, dass auch die in der Ausbildung kooperierenden Unternehmen für die von ihnen zu absolvierenden Teile der praktischen Ausbildung ähnlich arbeiten, d.h. die Ausbildung ähnlich systematisch und modular strukturieren können wie das AZB. Die Kohärenz der Ausbildung insgesamt, die Nutzung aller möglichen Synergien zwischen den an der Ausbildung beteiligten Partnerunternehmen aber ist eine wesentliche Voraussetzung für eine bestmögliche Ausbildungsqualität insgesamt.

Die Motivation der beteiligten Unternehmen, sich verstärkt Fragen der eigenen Ausbildungsqualität zuzuwenden, begründet sich daraus, dass sich insgesamt die Situation auf dem Ausbildungsmarkt in den vergangenen Jahren verschärft hat und die Zahl der Bewerberinnen und Bewerber auf freie Ausbildungsplätze rückläufig ist. Für ausbildende Unternehmen, und hier insbesondere für KMU, sind nicht zuletzt angesichts der neuen Kräfteverhältnisse auf dem Ausbildungsmarkt, bei dem anders als noch vor einigen Jahren – Eignung vorausgesetzt – die Ausbildungsplatzbewerberinnen und -bewerber im Vorteil sind und unter den Ausbildungsbetrieben auswählen können, verstärkte Anstrengungen erforderlich. Dies gilt für das eigene Ausbildungsmarketing ebenso wie für die Personalauswahl und die Personalbindung. Gerade KMU müssen sich als attraktive Arbeitgeber ausweisen, geeignete Anwerbestrategien etablieren und qualifizierte Mitarbeiterinnen und Mitarbeiter langfristig an sich binden sowie selbst eine „gute" Ausbildung anbieten können.

Es zeigt sich aber, dass Unternehmen, die im Verbund ausbilden, sich ohnehin bereits entschieden haben, die Qualität von Ausbildung zum Thema zu machen und daraus auch praktische Konsequenzen abzuleiten. Die Arbeit mit einem gemeinsam geteilten Qualitätskonzept hat hier in der Regel von vornherein eine höhere Anfangsplausibilität als bei einem allein ausbildenden Unternehmen.

In Zusammenarbeit mit der k.o.s GmbH als Verbundpartnerin des Projekts sowie mit ausgewählten Pionierunternehmen aus dem Verbundnetzwerk wurde ein Qualitätsansatz für die Gestaltung, Überprüfung und Optimierung des betrieblichen Ausbildungsprozesses erarbeitet. Zugleich wurde ein darauf ausgerichtetes Qualifizierungskonzept für das ausbildende Personal sowie auch für die mit der Ausbildung befassten Führungskräfte entwickelt und erstmals modellhaft erprobt. Es zeigte sich, dass gerade in der Verbundausbildung besonders gute Voraussetzungen für ein solches Vorhaben aufgrund des höheren Abstimmungsbedarfs zwischen den beteiligten Unternehmen für die Planmäßigkeit und Vollständigkeit einer Ausbildung gegeben sind.

Die Frage der Ausbildungsqualität berührt immer ganz unterschiedliche Aspekte der betrieblichen Ausbildung. In dem gemeinsam entwickelten Qualitätskonzept sind sie systematisch geordnet zu sechs zusammenwirkenden Qualitätsbereichen zusammengefasst worden. (Vgl. Schröder/Weber/Häfner-Wernet 2015; sowie Beitrag von T. Funk/C. Weber in diesem Band) Tatsächlich erfordert eine systematische Qualitätssteigerung in der betrieblichen Berufsausbildung die kontinuierliche Qualitätssicherung und -entwicklung in Unternehmen hinsichtlich ihrer Ausbildungsleistungen, wie z. B.

- die vertiefte Auseinandersetzung mit den (eigenen) Qualitätszielen für die betriebliche Ausbildung im Unternehmen sowie mit definierten Qualitätskriterien für die betriebliche Ausbildung,
- eine systematische Bewertung der Ausbildungspraxis im Unternehmen,
- eine gezielte und praxisorientierte Qualifizierung für das ausbildende Personal in Unternehmen und
- Synergien durch einen kontinuierlichen Austausch über die Ausbildungsqualität.

Entsprechend handelt es sich um Maßnahmen und Instrumente zur Erfassung des Status quo und zur Entwicklung einer betrieblichen Qualitätsstrategie, einer betrieblichen Verständigung über die Ausbildungsqualität (Ziele, Verständnis, Merkmale) und Erstellung eines betrieblichen Leitbildes zur Ausbildung, Konzeption, Planung und Organisation der Ausbildung, Planung, Gestaltung und Beurteilung von Lehr-/Lernprozessen.

Als Ergebnis des Modellversuchs stehen seit 2014 Handlungshilfen, Verfahren und Instrumente zur Verfügung, um die Qualität der betrieblichen Ausbildung zu überprüfen und zu unterstützen. Berufliche Ausbildung wird dabei als Unternehmensprozess betrachtet. Die entwickelten Verfahren und Instrumente schaffen Anlässe für die Reflexion und innerbetriebliche Kommunikation. So eröffnet der Prozess einer Leitbild-Entwicklung Möglichkeiten zur Beteiligung, Mitgestaltung und Aushandlung, indem relevante Akteure einbezogen, Vorgaben interpretiert und gegebenenfalls Alternativen erkundet werden.

Die Unternehmen, die als Kunden mit dem ABB Ausbildungszentrum im Rahmen einer kooperativen betrieblichen Verbundausbildung in der Ausbildung zusammenarbeiten, haben nun die Möglichkeit, selbst eine abgestimmte Systematik für die Qualität der Ausbildung im eigenen Haus zu implementieren. Seit 2014 wird die weitere Erprobung und Implementierung des Qualitätskonzeptes durch das vom Land Berlin geförderte Transferprojekt „Berliner AusbildungsQualität" unterstützt.

Der Austausch von Betrieb zu Betrieb – das neue Netzwerk Ausbildungsqualität im Rahmen des Ausbildungsverbundes

Wichtig auch mit Blick auf die eigene Qualitätsphilosophie des ABB Ausbildungszentrums ist zudem die weitere, ebenfalls durch das Projekt BAQ unterstützte Perspektive des Aufbaus eines betrieblichen Netzwerkes Ausbildungsqualität PankowPark. Die Idee eines gemeinsamen Netzwerkes entstand aus der Gruppe der elf Pionierunternehmen, die sich bereits am Projekt Berliner AusbildungsQualität beteiligten. Sie bilden die Kerngruppe einer Netzwerkrunde, deren Ziel es ist, sich gemeinsam weiterzuentwickeln und von den Erfahrungen und bereits erprobten Herangehensweisen untereinander zu profitieren. Die regelmäßig im ABB Ausbildungszentrum stattfindenden Netzwerktreffen verstehen sich als eine gemeinsame „Lernplattform", wo Synergien zwischen den interessierten Ausbildungsbetrieben entstehen, indem sie sich wechselseitig bei Fragen der Ausbildungsqualität beraten. So steht jedes Treffen unter einem thematischen Schwerpunkt, zu dem von den teilnehmenden Unternehmen jeweils Beispiele guter Praxis aus ihrem Ausbildungsalltag eingebracht und zur Diskussion gestellt werden. Zudem wird auf Wünsche nach spezifischem fachlichen Input und weiterer Expertise, an Materialien und Informationen oder auch an Beratung reagiert, sodass auch gesonderte Termine hierfür vereinbart werden können.

Das Kernteam des Netzwerkes besteht zunächst aus Vertreterinnen und Vertretern der elf Unternehmen, die das Qualitätskonzept eingeführt und die Beratungen im Rahmen von BAQ in Anspruch genommen haben. Der Auswahl an Themen bei den Netzwerktreffen liegt ein Themenspeicher zugrunde, der regelmäßig geprüft und ergänzt wird. Die Themen reichen von der wirkungsvollen Ansprache von Auszubildenden, Mädchen in MINT-Berufen bis zur Durchführung betrieblicher Praktika. Auch werden in Form einer Biete-/Suche-Runde Angebote wie fachliche Inputs zu Themen oder Interessen an wechselseitiger Hospitation formuliert.

Bisherige Schwerpunkte, die diskutiert wurden, waren u. a. das Thema Rekrutierung, bei dem Verfahren der Ansprache, der Attraktivität des eigenen Unternehmens, der Durchführung von Auswahlgesprächen und auch der Bindung bis zum Vertragsabschluss und in der Anfangsphase der Ausbildung besprochen wurden.[1] Weiterer Schwerpunkt war die Begleitung und Betreuung von Auszubildenden im Ausbildungsverlauf, hier mit der Vorstellung eines umfassenden Mentorenmodells der Mercedöl-Feuerungsbau GmbH. Mercedöl wurde von der IHK Berlin und der HWK Berlin als Berlins bester Ausbildungsbetrieb 2015 ausgezeichnet.

Zukünftig geplant ist eine gemeinsame Internetplattform, die dem Kontakt und der wechselseitigen Beratung auch außerhalb der Netzwerktreffen dienen soll und auch als Austausch- und Wissensbörse genutzt werden kann. Hier lassen sich Beispiele guter Praxis in einfacher Form aufrufen und können auch einem erweiterten Kreis zugänglich gemacht werden.

Weitere Perspektiven

Mit Bundesmitteln, Mitteln des Landes Berlin und der ABB AG entsteht aktuell auf dem Gelände des PankowParks ein hochmodernes neues Ausbildungszentrum. Ab September 2016 werden dann Kapazitäten für ca. 800 Auszubildende zur Verfügung stehen. Durch den Einsatz modernster Technik wird es möglich sein, neue Entwicklungen in der Wirtschaft bzw. den Unternehmen noch besser ausbildungsseitig abzubilden. Insbesondere wird das Thema Digitalisierung der Wirtschaft eine weitaus größere Rolle in der Ausbildung spielen als bisher. Im neuen Ausbildungszentrum werden den Auszubildenden modernste Technik (z. B. die neue Generation von Industrierobotern von ABB) sowie neueste Softwarelösungen zur Verfügung stehen. Mithilfe der Errichtung von Simulationsstrecken werden die Auszubildenden in die Welt von Wirtschaft 4.0, aber auch in neue Arbeitsmethoden eingeführt und somit auf ihr späteres Arbeitsleben passgenau vorbereitet.

Literatur

Schröder, F./Weber, C./Häfner-Wernet, R. (2015): Qualitätskonzept für die betriebliche Berufsausbildung. Leitfaden zur Qualitätssicherung und -entwicklung der betrieblichen Ausbildung. Bielefeld

---

[1] Vgl. dazu auch das von der k. o. s GmbH koordinierte europäische Projekt „Ausbildung am Start – StartApp. Nachhaltige Rekrutierung von jungen Ausbildungsinteressierten", bei dem das ABB Ausbildungszentrum als Partner beteiligt ist. http://www.kos-qualitaet.de/startapp.html (Stand: 22.01.2016)

Das IHK-Siegel „Exzellente Ausbildungsqualität"

Rica Kolbe

Was war der Anlass für das Siegel – warum jetzt?

Die Industrie- und Handelskammer ist eine wichtige Partnerin für Ausbildungsbetriebe und Auszubildende in der dualen Berufsausbildung. Zu den wichtigsten gesetzlich verbrieften Aufgaben der Industrie- und Handelskammer gehören die Feststellung der Eignung von Ausbildungsstätten und des Ausbildungspersonals sowie die Überwachung des Ausbildungsverlaufes. Die Wahrnehmung dieser Aufgabe erfolgt durch Maßnahmen wie Routinebesuche bei Ausbildungsbetrieben, Sprechstunden der IHK-Ausbildungsberaterinnen und -berater oder das Angebot der Schlichtung bei Konflikten während der Ausbildung. Zudem bietet die IHK Berlin traditionell ein weitgefächertes Weiterbildungsangebot für Ausbilder, Ausbilderinnen und ausbildende Fachkräfte. Und seit über zehn Jahren vergibt die IHK Berlin gemeinsam mit der Handwerkskammer in Berlin einen Preis für die besten Ausbildungsbetriebe des Jahres. Es ist jedoch noch nicht lange her, dass die Schaffung neuer Ausbildungsplätze als eine gesellschaftliche Aufgabe zur Verhinderung von Jugendarbeitslosigkeit fast noch eine höhere Priorität hatte als die umfassende Überwachung der Qualität. Viele unserer Aktivitäten dienten insbesondere in der Zeit des ersten „Nationalen Pakts für Ausbildung und Fachkräftenachwuchs" von 2004 bis 2014 (inkl. Verlängerung) vor allem der Gewinnung neuer Unternehmen für die duale Berufsausbildung. Es war gesamtgesellschaftlicher Konsens, dass dafür auch Kompromisse nötig waren, wie bspw. die zeitweise Aussetzung des Nachweises der arbeits- und berufspädagogischen Eignung (AEVO).

Heute hat sich die Situation am Ausbildungsmarkt zugunsten der Ausbildungsplatzbewerberinnen und -bewerber erheblich gewandelt. Noch immer gilt es auch neue Unternehmen für die duale Berufsausbildung zu gewinnen. Doch mittlerweile gibt es für angebotene Ausbildungsplätze längst keinen Bewerberüberhang mehr. In Berlin ist die Zahl der gemeldeten Plätze erheblich mehr gewachsen als die Zahl der abgeschlossenen Verträge. Dies zeigt deutlich: Das größte Problem auf dem Berliner Ausbildungsmarkt bleibt das Mismatch. 36 Prozent der Unternehmen konnten laut Aus- und Weiterbildungsumfrage der IHK Berlin ihre Ausbildungsplätze im letzten

Jahr nicht besetzen. Knapp 65 Prozent gaben an, dass sie keine geeigneten Bewerbungen erhalten haben. (Vgl. IHK 2015) Einerseits sinkt im Zuge der demografischen Entwicklung die Zahl der Schulabgängerinnen und Schulabgänger. Andererseits entscheiden sich mittlerweile immer mehr von ihnen für einen akademischen Bildungsweg oder einen weiterführenden Schulbesuch mit dem Ziel, einen höheren Schulabschluss zu erreichen. Die Akzeptanz der dualen Berufsausbildung scheint bei Jugendlichen und Eltern nicht nur, aber gerade auch in Berlin zu schwinden, obgleich das deutsche Berufsausbildungssystem weltweit anerkannt ist.

Es sind die Unternehmen, die diesen Wandel bei der Besetzung ihrer Ausbildungsplätze Jahr für Jahr mehr zu spüren bekommen. Und mittlerweile sind sie es auch, die fast mehr noch als die betroffenen jungen Auszubildenden unter vorzeitigen Auflösungen von Ausbildungsverträgen leiden. Immer mehr Ausbildungsplätze bleiben unbesetzt. Gleichzeitig stellen Unternehmen in Berlin fest, dass die schulischen Voraussetzungen der Bewerberinnen und Bewerber, die Kenntnis zu den Ausbildungsmöglichkeiten und Berufsbildern sowie die Motivation und der Leistungswille immer seltener in erforderlichem Maß mitgebracht werden. Diese Entwicklungen stellen die Ausbildungsbetriebe in Berlin vor verschiedene Herausforderungen. Das reicht von einem guten Ausbildungsmarketing, über frühzeitiges Bemühen um Bewerberinnen und Bewerber wie bspw. durch Schulkooperationen, bis hin zur Schulung des Ausbildungspersonals und Förderangeboten sowohl für leistungsschwache als auch für leistungsstarke Auszubildende.

Als Vertreter der Berliner Unternehmen aus Industrie, Handel, Dienstleistungen sowie der Hotellerie und Gastronomie unterstützt die IHK Berlin mit verschiedenen Maßnahmen die Ausbildungsbetriebe in dieser Situation. Beispiele dafür sind Berufsorientierungs- und Ausbildungsmessen (Tage der Berufsausbildung, Studienaussteigermesse, Deutsch-Türkische Ausbildungsmesse, Tag der Technik) für bestimmte potenzielle Bewerbergruppen, verschiedene Schulungsangebote für Ausbildende (Ausbilderwerkstatt)[1] oder der Azubi-Willkommenstag, an dem Auszubildende die IHK mit ihren Aufgaben und Beratungsangeboten kennenlernen. Tatsächlich müssen die Ausbildungsbetriebe heute mehr tun, um ihr Ausbildungsangebot zu bewerben und mehr noch, um frühzeitig potenziell geeignete Auszubildende an sich zu binden. Dabei geht es darum, die Attraktivität der betrieblichen Ausbildung im Wettbewerb mit den konkurrierenden schulischen und akademischen Angeboten herauszustellen, aber auch um den Wettbewerb der einzelnen Arbeitgeber um die besten Bewerber und Bewerberinnen. Die Qualität des jeweiligen Ausbildungsangebotes ist dabei ein wichtiges Argument.

Eine der Maßnahmen, um die duale Berufsausbildung wieder mehr in das Licht der Öffentlichkeit zu rücken und für sie zu werben, aber eben auch, um mehr Ausbildungsbetriebe dafür zu gewinnen, in das Thema Ausbildungsqualität zu investieren, ist das IHK-Siegel für exzellente Ausbildungsqualität. Seit Mai 2015 würdigt die IHK

---

[1] Siehe https://www.ihk-berlin.de/aus_und_weiterbildung/Lehrgaenge_Seminare/Unser_Angebot/Ausbilderqualifizierung_Dozentenqualifizierung/Ausbilderwerkstatt (Stand 22.01.2016)

Berlin mit der Vergabe des Siegels das hervorragende Engagement der gut ausbildenden Unternehmen. Es ist auch eine Antwort auf die Diskussionen über zu hohe „Abbrecherquoten" bei Ausbildungsverhältnissen und die regelmäßig in den Medien auftauchenden, negativen Schlagzeilen zur Ausbildung, wie beispielsweise nach der Veröffentlichung des Ausbildungsreportes der DGB-Jugend Berlin-Brandenburg.

Welche Erwartungen verbinden sich mit der Initiative, welche Ziele werden angestrebt?

Mit der Vergabe des Siegels wollen wir das Image des dualen Ausbildungssystems wieder aufwerten und die hervorragenden Einstiegsmöglichkeiten einer Berufsausbildung hervorheben. Zugleich geht es aber auch darum, die Betriebe selbst für den neuen Wettbewerb zu sensibilisieren und sie dabei zu unterstützen. Denn nur wenn am Ende möglichst alle Ausbildungsunternehmen ihre Ausbildung tatsächlich auch attraktiv gestalten, können auch Imagekampagnen eine nachhaltige Wirkung erzielen. Neben der Werbung für die exzellenten Ausbildungsbetriebe soll das neue Siegel somit auch betriebsübergreifend für die Qualität der dualen Ausbildung stehen. Allen Ausbildungsbetrieben soll mit dieser Initiative deutlich gemacht werden, dass sich eine qualitativ hochwertige Ausbildung lohnt. Dies gilt sowohl für das Azubi-Recruiting als auch für die Bindung von Fachkräften an das Unternehmen. Zum anderen wollen wir über die positive Aufmerksamkeit für das Siegel auch neue Unternehmen für die Ausbildung gewinnen. Es geht nicht nur um die Leuchttürme. Deshalb ist es erfreulich, wie schnell sich das Siegel durchzusetzen beginnt. Innerhalb eines halben Jahres konnte bereits 25 Betrieben aus ganz unterschiedlichen Branchen das Siegel „Exzellente Ausbildungsqualität" verliehen werden, begleitet von zahlreichen Berichten in der Presse. Ausgezeichnete Unternehmen werden auf der Internetseite der IHK Berlin veröffentlicht.[2]

Unser Ziel ist es, den Stellenwert einer qualitativ guten Ausbildung, insbesondere auch bei den kleineren Ausbildungsbetrieben noch weiter zu heben und Verantwortung dafür zu übernehmen, dass diese in erforderlichem Maße sichergestellt wird.

Das IHK-Siegel für exzellente Ausbildungsqualität ist aber auch eine Orientierungsmöglichkeit für Schülerinnen und Schüler und deren Eltern bei der Berufsorientierung, der Bewerbung um einen Ausbildungsplatz sowie möglicher Karrierewege in den ausgezeichneten Ausbildungsbetrieben.

Abb. 1: Logo des Siegels „Exzellente Ausbildungsqualität" der IHK Berlin

---

2   Siehe www.ihk-berlin.de/qualitaetssiegel (Stand: 21.01.2016)

Was ist das besondere Charakteristikum des Siegels auch im Vergleich zu anderen Auszeichnungen?

Die wesentlichen Besonderheiten des IHK-Siegels für exzellente Ausbildungsqualität sind:
- berufs- und branchenübergreifend (für die Branche des Gastgewerbes ist der DEHOGA Berlin hier bereits seit 2012 mit einer ähnlichen zukunftsweisenden Initiative aktiv)
- Differenzierung zwischen großen Ausbildungsbetrieben über 50 Beschäftigte und kleinen Ausbildungsbetrieben unter 50 Beschäftigten
- beinhaltet Pflichtkriterien, Exzellenzkriterien sowie offene Kriterien
- die Angaben der Ausbildungsbetriebe werden durch die zuständigen Ausbildungsberatenen vor Ort und durch Befragung von Auszubildenden geprüft. So müssen Ausbildungsbetriebe bspw. die Erfüllung des Kriteriums „Ausbildungsinhalte, die in unserem Unternehmen nicht in einer guten Qualität vermittelt werden können, werden durch Verbundpartner abgedeckt, die die Eignung für die entsprechenden Ausbildungsinhalte haben." durch Vorlage einer Kooperationsvereinbarung zwischen den Verbundpartnern sowie Kontrolle des Berichtsheftes (Ausbildungsnachweis) zu den vermittelten Ausbildungsinhalten beim Verbundpartner nachweisen
- das Siegel ist auf zwei Jahre begrenzt, danach ist eine Rezertifizierung notwendig
- die Übergabe der Urkunde „Exzellente Ausbildungsqualität" erfolgt vor Ort im Unternehmen durch Führungskräfte des Bereiches Ausbildung der IHK Berlin
- es ist kostenfrei

Dabei müssen die teilnehmenden Betriebe verschiedene Kriterien erfüllen. Zunächst müssen sie die Leistungen zusichern, zu denen sie gesetzlich ohnehin verpflichtet sind. Dabei handelt es sich um elf gesonderte Einzelanforderungen, zu denen sie sich an dieser Stelle noch einmal ohne Ausnahme explizit verpflichten (müssen). Anschließend folgen vier Bereiche, untergliedert nach „Vor der Ausbildung", „Einführung in die Ausbildung", „Durchführung der Ausbildung" sowie „Verschiedenes", in denen Kriterien benannt sind, die über das ohnehin Gebotene hinausreichen. In jedem dieser Bereiche müssen die teilnehmenden kleineren Unternehmen mindestens eine Anforderung, Unternehmen mit mehr als 50 Beschäftigten jeweils mindestens zwei Anforderungen erfüllen.

Neben der Überprüfung der Bewerbungsunterlagen durch die Ausbildungsberatenden existiert in der IHK Berlin ein abgestimmtes Prozessverfahren zur Sicherung einer objektiven Bewertung. Die befragten Auszubildenden bzw. Jugendauszubildendenvertretungen stimmten bisher immer den Angaben in der Bewerbung ihres Ausbildungsbetriebes zu. Die Bewerbung um das Siegel für exzellente Ausbildungsqualität führt nach unserer Auffassung zu einer erhöhten Identifikation der Auszubildenden mit dem Ausbildungsbetrieb. Die Auszubildenden sind stolz auf ihren Ausbildungsbetrieb und wissen die gute Ausbildungsqualität zu schätzen.

Von Mai bis Dezember 2015 hat die IHK Berlin bereits erste 39 Anträge für das Siegel für exzellente Ausbildungsqualität erhalten und 35 Urkunden überreicht. Mit der zunehmenden öffentlichen Wahrnehmung der Auszeichnung ist damit zu rechnen, dass die Zahl der teilnehmenden Unternehmen rasch wachsen wird.

Die Übergabe der Urkunde durch die Führungskräfte nehmen die Unternehmen als eine sehr persönliche Wertschätzung wahr. Darüber hinaus erhalten die ausgezeichneten Unternehmen die Auszeichnung auch in Form eines Logos, das sie für Geschäftspost, E-Mails und ihre Internetseite verwenden können.

Insgesamt wird durch die Vergabe des Siegels das überaus engagierte Handeln und Bemühen dieser Ausbildungsbetriebe nach außen sichtbar. Es bietet zugleich die Chance, auf weitere Angebote der IHK und anderer Partner in der Berufsausbildung hinzuweisen.

Wir freuen uns auch darüber, dass unsere Brandenburger IHK-Kollegen die Idee und das Konzept des Siegels aufgegriffen haben und an der Umsetzung arbeiten.

Wie wirkt die Auszeichnung durch das Siegel zusammen mit anderen Initiativen der Kammer (aber auch anderer Player in Berlin) zur Förderung von Ausbildungsqualität bzw. zur Stärkung der dualen Berufsausbildung?

Das IHK-Siegel für exzellente Ausbildungsqualität ist Bestandteil eines ganzen Straußes von Initiativen zur Förderung der Ausbildungsqualität und Stärkung der dualen Berufsausbildung. Das Siegel fungiert praktisch als die mittlere Stufe zwischen dem Logo „Wir bilden aus", das jedes Jahr an alle aktiven IHK-Ausbildungsbetriebe mit einer Urkunde und einem ad fixe (Aufkleber) versendet wird, und dem oben bereits erwähnten – ebenfalls jährlichen – Wettbewerb „Berlins bester Ausbildungsbetrieb". Beim Wettbewerb „Berlins bester Ausbildungsbetrieb" können sich Ausbildungsbetriebe der Industrie- und Handelskammer und Handwerkskammer bewerben. Es gibt je Kategorie (bis 50 und über 50 Mitarbeiter und Mitarbeiterinnen, Sonderpreis) nur einen Sieger. Das Siegel für exzellente Ausbildungsqualität kann dagegen jeder Ausbildungsbetrieb der IHK erhalten, wenn er die vorgegebenen Kriterien erfüllt. Die Kriterien wirken zudem insofern mit anderen Initiativen der IHK zusammen, als die Anforderungen durch Angebote der IHK unterstützt werden. Beispielsweise gibt es für die Erfüllung des oben bereits als Beispiel genannten Exzellenz-Kriteriums „Wir sorgen für eine regelmäßige und qualifizierte Weiterbildung aller an der Ausbildung beteiligten Mitarbeiter/-innen des Unternehmens" das kostenfreie IHK-Angebot „Ausbilderwerkstatt" sowie Seminare/Workshops zu verschiedenen Themen rund um die Ausbildung.

Was sind die Perspektiven, welche weiteren Herausforderungen werden künftig eine besondere Rolle spielen?

Unser Ziel ist es, die Ausbildungsqualität in den Betrieben auf breiter Basis zu verbessern. Ausbildungsbetriebe müssen ihrer Verantwortung während der Ausbildung allumfassend gerecht werden. Das werden wir zukünftig noch stärker überwachen,

Verstöße aufzeigen und Abhilfe einfordern. Wir wollen dabei mit allen Partnern der dualen Berufsausbildung zusammenarbeiten. Ein wichtiges Thema ist beispielsweise die Verhinderung von Fehlzeiten der Auszubildenden, sodass das Ausbildungsziel erreicht werden kann.

Wir werden unseren Ausbildungsbetrieben dabei alle Unterstützung geben, die erforderlich ist. Dazu zählt:
- die Information über Hilfsangebote während der Ausbildung, wie beispielsweise ausbildungsbegleitende Hilfen (abH) oder auch die Möglichkeit der Vermittlung von ehrenamtlichen Ausbildungsbegleiterinnen und -begleitern im Rahmen der Initiative VerA – Stark durch die Ausbildung[3],
- die Beratung bei der Ausarbeitung betrieblicher Ausbildungspläne oder
- wie bereits genannt, die Schulung des Ausbildungspersonals.

Die zukünftige Herausforderung ist, sowohl leistungsschwachen als auch leistungsstarken Jugendlichen über eine qualitativ hochwertige betriebliche Ausbildung eine berufliche Perspektive zu bieten. Dabei müssen wir den Unternehmen das Potenzial leistungsschwacher oder sozial benachteiligter Jugendlicher unter Nutzung von Angeboten wie der assistierten Ausbildung oder auch von Teilqualifikationen verdeutlichen. Für eine langfristig gute wirtschaftliche Perspektive müssen die Unternehmen dieses Potenzial zur Fachkräftesicherung ausschöpfen.

Leistungsstarke Schulabgängerinnen und Schulabgänger für eine betriebliche Ausbildung zu gewinnen, kann ebenso über eine gute Ausbildungsqualität und spezielle Förderangebote, wie bspw. fachspezifische Zusatzqualifikationen und eine gute Karriereplanung im Ausbildungsbetrieb gelingen. Eine Förderung von leistungsstarken Azubis kann auch durch die frühzeitige Übertragung von Verantwortung nicht nur in geschäftlichen Prozessen, sondern auch im Rahmen des Ausbildungsprozesses selbst erfolgen. Bewährt haben sich in Ausbildungsbetrieben zum Beispiel sogenannte Azubi-Tandems. Ein Auszubildender oder eine Auszubildende des zweiten oder dritten Ausbildungsjahres kümmert sich jeweils um einen neuen Auszubildenden aus dem ersten Ausbildungsjahr.

Und nicht zuletzt gilt: Wer Gutes tut, soll darüber reden.

Diese Öffentlichkeitsarbeit will die IHK Berlin gern leisten. Auch das ist ein Beitrag, um die Attraktivität der dualen Berufsausbildung wieder zu erhöhen, damit sie die verdiente Anerkennung in der Gesellschaft zurückerlangt.

---

3 Siehe https://www.ihk-berlin.de/aus_und_weiterbildung/Ausbildung/Infos_fuer_Ausbildungsbetriebe/Der_Ausbildungsbetrieb/VerA_verhindert_Ausbildungsabbrueche/2262732 (Stand 22.01.2016)

Literatur

Industrie- und Handelskammer zu Berlin (IHK Berlin) (Hg.) (2015): Aus- und Weiterbildungsumfrage 2015. Berlin. URL: https://www.ihk-berlin.de/blob/bihk24/aus_und_weiterbildung/bildungspolitik/Download/2691380/cfe7a19a8c2c968270755ba22a5a8956/Berliner-Ergebnisse_2015-data.pdf (Stand: 21.01.2016)

Gemeinsam Qualität gestalten – die Initiative „Ausbildung mit Qualität" des DEHOGA Berlin

Gerrit Buchhorn, Kathrin Pabst

Zukunftsbranche Tourismus ohne Fachkräfte?

Der Tourismus boomt, und damit das so bleibt und die Gäste auch wiederkommen ist es umso wichtiger, Fachkräfte in höchster Qualität auszubilden und an die Branche zu binden. Es sind große Herausforderungen, die auf die Betriebe zukommen, insbesondere weil in der Öffentlichkeit das Image des Gastgewerbes durch eine Minderheit schlecht ausbildender Unternehmen nachhaltig beeinflusst wird. Die negativ behafteten Beispiele finden jedoch in den Medien leider eine deutlich höhere Resonanz als die guten Nachrichten. Das hat erhebliche Auswirkungen auf das gesamte Gastgewerbe mit dem Ergebnis, dass sich weniger junge Menschen für die Branche interessieren, was sich bei den Bewerberzahlen insgesamt, und leider auch bei den traditionell guten Ausbildungsbetrieben bemerkbar macht.

Sicherlich spielen auch andere Faktoren wie einerseits der demografische Wandel sowie andererseits die Qualität der Berufsorientierung oder das Matching zwischen Betrieb und Bewerberinnen und Bewerbern eine Rolle. Der demografische Wandel ist nicht zu beeinflussen und spielt speziell in Berlin auch nur eine vergleichsweise geringe Rolle. Es bleibt aber festzuhalten: Insgesamt ist die Zahl der Auszubildenden in Berlin seit 2008 um rund 30 Prozent zurückgegangen. Dem gilt es entgegenzusteuern, und das gilt insbesondere auch für das Hotel- und Gaststättengewerbe: „Es ist höchste Zeit, dass sich die bisher schweigende Mehrheit der gut ausbildenden Gastgeberinnen und Gastgeber laut und vernehmlich zu Wort meldet!" (Peter Braune, Ausbildungsberater a. D., IHK Frankfurt am Main).

Schwerpunkt Arbeitsmarkt

Anfang 2008 hat der Berliner Hotel- und Gaststättenverband e. V. (DEHOGA Berlin) damit begonnen, seine Aktivitäten im Bereich Fachkräftesicherung zu verstärken. Er hat es sich dabei ganz besonders zur Aufgabe gemacht, Betriebe bei diesem Thema zu unterstützen, denn es hat sich herauskristallisiert, dass die Themen Berufsorientierung, Ausbildungsqualität und Weiterbildung erheblich an Bedeutung gewonnen haben. Entscheidend ist dabei immer auch die Frage: Wer und/oder was beeinflusst eigentlich das Image eines Betriebes bzw. einer ganzen Branche?

Herausforderung Mensch und Qualität

Was macht eigentlich einen guten Ausbildungsbetrieb aus bzw. woran erkennt man eine qualitativ hochwertige Ausbildung? Sind es die vielen Angebote, die ein Betrieb seinen Auszubildenden macht, oder hängt Qualität ausschließlich vom Ausbilder, von der Ausbilderin selbst mit seiner bzw. ihrer Fach- und Führungskompetenz ab? Vielleicht sind es aber auch eine gelebte Unternehmenskultur und die interne Kommunikation, die Auswirkungen auf die Zufriedenheit der Mitarbeiterinnen und Mitarbeiter bzw. Auszubildenden haben.

Viele Fragen, auf die es leider oder vielleicht auch zum Glück nicht die **eine** Antwort gibt, weil da, wo unterschiedliche Menschen in unterschiedlichen Unternehmen zusammen arbeiten, sowohl unterschiedliche Qualitätsbedingungen als auch unterschiedliches Qualitätsempfinden herrschen, auf die unterschiedlich eingegangen werden muss.

Am Anfang war die Initiative „Gastro-Leuchtturm-Ausbildung"

2010 fing alles mit der Gründung der Xing-Gruppe „Qualitätssicherung in der gastronomischen Berufsausbildung" an. Das Ziel der von Peter Braune gegründeten Initiative war und ist es, das verloren gegangene Vertrauen in die Ausbildungsqualität der Branche wiederherzustellen. Die Mitglieder dieser Gruppe entwickelten zehn Leitsätze, die die Unternehmenskultur der Ausbildungsbetriebe in der Öffentlichkeit hervorheben bzw. transparent machen sollten. 2011 wurden die Leitsätze und die Betriebe, die sich hierzu bekannt haben, erstmalig auf der Homepage der Initiative „Gastro-Leuchtturm-Ausbildung" veröffentlicht.[1] Seitdem sind weitere Initiativen entstanden. Dazu gehört auch die Berliner Initiative „Ausbildung mit Qualität", deren Leitsätze u. a. auf der Basis der genannten Initiative weiterentwickelt wurden.

Orientierung und Qualität – Qualität und Orientierung

Mit der im Oktober 2012 gestarteten und in Deutschland bislang in dieser Form einzigartigen Initiative „Ausbildung mit Qualität" war der DEHOGA Berlin Trendsetter, insbesondere weil es sich eben nicht nur um eine oberflächliche Imagekampagne handelte.

---

1 Siehe www.gastro-leuchtturm-ausbildung.de

Ziel der Initiative war es, jungen Menschen eine Orientierungshilfe bei der Wahl ihres Ausbildungsplatzes zu geben (hier wird auch eine Brücke zur Berufsorientierung geschlagen): Sie sollten erkennen und sichergehen können, dass sie sich in all den Unternehmen, die an der Initiative teilnehmen und dies mit dem Logo auch zeigen, auf einen besonders guten Ausbildungsstandard verlassen können. Darüber hinaus wird die Qualität der Ausbildung im Dialog mit den Azubis überprüft, weiterentwickelt und, falls notwendig, optimiert. Damit dient die Initiative immer beiden Seiten, den Auszubildenden, aber auch den ausbildenden Betrieben, die von guten Erfolgen in der Ausbildung insgesamt nicht weniger profitieren als die einzelnen Auszubildenden. **Die Auszubildenden als Auditorinnen bzw. Auditoren – darauf kommt es an.**

Abb. 1: Logo der Initiative Ausbildung mit Qualität des DEHOGA Berlin[2]

Der DEHOGA Berlin, die Betriebe untereinander und verschiedene Kooperationspartnerinnen und -partner (derzeit: Generation: L Michael Hoffmann e. K. mit dem Produkt azubi:web; [know:bodies] Gesellschaft für integrierte Kommunikation und Bildungsberatung mbH sowie die k. o. s GmbH) unterstützen die Ausbildungsbetriebe bei Bedarf, um die gesetzten Ziele zu erreichen – im Schulterschluss auch zu Weiterbildungsangeboten des Verbandes (DEHOGA Berlin Seminare).

Grundsätzlich ist die Teilnahme an der Initiative „Ausbildung mit Qualität" freiwillig. Derzeit ist sie auf Ausbildungsbetriebe angeschlossener DEHOGA Landesverbände beschränkt und für deren Mitglieder, aber auch Nichtmitglieder zugänglich. Jeder Ausbildungsbetrieb, der die Leitsätze der Initiative erfüllt, kann sich für die Teilnahme bewerben: Es sind ein Fragebogen sowie eine Teilnahmeerklärung auszufüllen.

Die zehn Leitsätze[3]

- Wir ermöglichen einen **optimalen Start in die Ausbildung** durch eine angemessene Orientierungsphase und Einarbeitungszeit.
- Jede/r Auszubildende hat eine **Bezugsperson im Betrieb**, die ihm bei Fragen und Problemen als Ansprechpartner/in zur Seite steht.
- Die **kontinuierliche Qualifizierung unserer Ausbilder/innen** garantiert eine Ausbildung auf fachlich und menschlich hohem Niveau.
- Unser Arbeitsklima ist geprägt von Weltoffenheit, Fairness, Toleranz und Respekt.
- Wir führen regelmäßig **Feedbackgespräche** mit unseren Auszubildenden, erkennen Leistung an und sind offen gegenüber konstruktiver Kritik.

---

2 Siehe http://www.ausbildung-mit-qualitaet.de/betriebe/index.php (Stand: 22.01.2016)
3 Siehe http://www.ausbildung-mit-qualitaet.de/betriebe/index.php?c=leitsaetze (Stand: 22.01.2016)

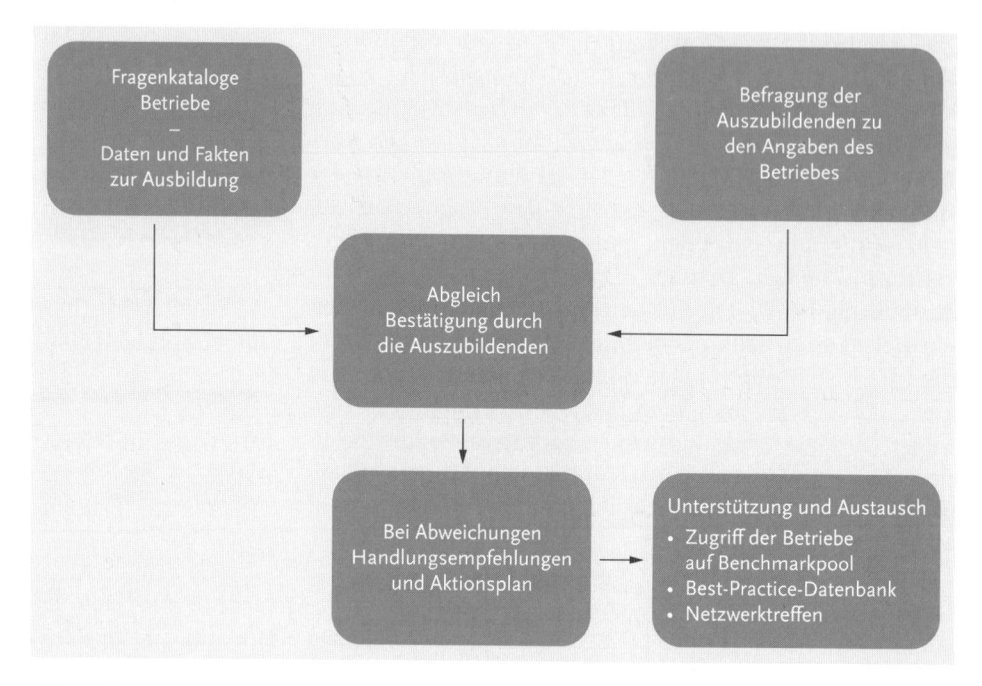

Abb. 2: Prozessdiagramm der Initiative „Ausbilden mit Qualität" (Prozessabweichung aufgrund der Anzahl der Auszubildenden möglich)[4]

- Wir ermöglichen die **Teilnahme an berufsbezogenen Projekten**, Schulungen und Wettbewerben.
- Unsere Auszubildenden werden **intensiv auf die Abschlussprüfung vorbereitet**.
- Wir unterstützen unsere Auszubildenden rechtzeitig bei der **Planung ihrer Karriere**.
- Wir sorgen für einen angemessenen Einklang zwischen Arbeit und Privatleben (**Work-Life-Balance**).
- Das **Einhalten der gesetzlichen Bestimmungen** ist für uns selbstverständlich. Darüber hinaus orientieren wir uns bezogen auf Arbeitszeit und Ausbildungsvergütung an den tariflichen Regelungen.

Diese Leitsätze sind jeweils mit einem Katalog konkreter Qualitätsanforderungen hinterlegt.

Abgeleitet aus dem sich daraus ergebenden Fragenkatalog für die teilnehmenden Ausbildungsbetriebe – „Welche und wie viele der Anforderungen erfüllen Sie?" – ist für die Teilnahme an der Initiative eine zu erreichende Mindestpunktzahl erforderlich. Nach dem Prüfen der Unterlagen und Erfüllen der Zugangsvoraussetzungen erhält der Betrieb eine Bestätigung/Urkunde und kann offiziell mit seiner Teilnahme an der Initiative werben. Die Teilnahme gilt für zwei Jahre, danach ist ein Folgeantrag einzureichen.

---

4   Siehe http://www.ausbildung-mit-qualitaet.de/betriebe/index.php?c=was (Stand: 22.01.2016)

In diversen Arbeitsgruppen haben Ausbilderinnen und Ausbilder aus zahlreichen Betrieben die Leitsätze bisheriger Initiativen überarbeitet. Daran können und sollen sich Ausbildungsbetriebe orientieren, um in guter Qualität auszubilden und somit den Bedürfnissen der zukünftigen Fachkräfte gerecht zu werden. Die Anpassung der Leitsätze war dabei durchaus eine Herausforderung, weil diese sowohl auf kleine und auch große Betriebe passen sollten. Sowohl der Start in die Ausbildung, die Ausbildung selbst sowie der Punkt Karriere müssen darin abgebildet werden. Insbesondere die dazugehörigen Fragenkataloge und das Punktesystem mussten mehrmals angepasst werden.

Im Gegensatz zu vielen anderen Initiativen gibt es bei der vom DEHOGA Berlin ins Leben gerufenen Initiative zudem auch Hilfestellungen und diverse Instrumente, die den Prozess der Qualitätssicherung unterstützen. Ausbildungsqualität ist nichts Statisches, sondern muss immer wieder auch weiterentwickelt werden.

Kommunikation, der Schlüssel zum Erfolg?

Es gibt viele Betriebe, die bereits gut ausbilden, ihren Auszubildenden eine ganze Menge an attraktiven Möglichkeiten bieten oder zumindest erkannt haben, wie wichtig es ist, eine qualitativ hochwertige Ausbildung anzubieten. Die Frage ist, kommen die Angebote auch bei den Auszubildenden an?

Das Hauptinstrument bei „Ausbildung mit Qualität" ist die Azubi-Befragung mit einem dazugehörigen Reporting- und Vergleichssystem. Technisch hat sich der DEHOGA Berlin dabei am System des „Gastro-Management-Passes"[5] aus Bayern und der „ServiceQualitätDeutschland"[6] orientiert. Die Fragen der Auszubildenden ähneln grundsätzlich denen der Betriebe, aus Verständnisgründen wurden sie jedoch durch eine Klasse von Berufsschülerinnen und Berufsschülern sprachlich überarbeitet.

Die Befragungen finden jährlich statt, bisher drei Mal. In der Regel lag die Beteiligung seitens der Azubis bei etwa 60 Prozent – eine Zahl, die keineswegs schlecht ist, die aber in Zukunft noch deutlich höher ausfallen sollte und an der alle Beteiligten wohl noch arbeiten müssen. Tatsächlich ist es durchaus eine Herausforderung, die Auszubildenden zum Mitmachen zu animieren.

Im Ergebnis aller Befragungen ist festzustellen, dass die Angaben der Betriebe durch die Auszubildenden überwiegend bestätigt werden, jedoch nicht von allen, und vor allem werden auch nicht alle Angaben gleichermaßen bestätigt, das gilt auch für die durchschnittliche Bewertung der teilnehmenden Unternehmen.

Das heißt, es werden im sogenannten Bestätigungsgrad immer Werte erreicht, die den Zielwert von 75 Prozent pro Frage unterschreiten. Daraus ist wiederum zu schließen, dass die Angebote der Betriebe – wenn es sie denn, wie angegeben gibt – nicht bei allen Azubis ankommen. Letztendlich anscheinend alles nur eine Frage der Kommunikation? Oder der Umsetzung in den Abteilungen?

---

5   Siehe http://www.gmp-bayern.de/topnavi/startseite.html
6   Siehe http://www.q-deutschland.de/

Optimierungsansätze

Durchweg positiv wurden die fachliche und soziale Kompetenz der Ausbilderinnen und Ausbilder sowie das Arbeitsklima in den Unternehmen bewertet – und das durchweg in allen bisherigen Befragungen, andererseits gilt es auch hier genau hinzuschauen: Die Angabe etwa „Bei Streitigkeiten erhält jeder die Möglichkeit, seinen Standpunkt darzulegen" bestätigen nur 61 Prozent der Auszubildenden. Ausbaufähig ist u. a. auch der Bereich Karriereplanung. Hier scheint es so zu sein, dass Betriebe nicht mit allen Azubis sogenannte Karrieregespräche führen. Auch banale Dinge wie Weiterbildungsempfehlungen wären durchaus einfach einzuführen. Die Möglichkeit zur Teilnahme an Projekten oder Wettbewerben ist schließlich nicht allen Azubis bekannt. Auch hier sollte es ein Leichtes sein, dies den Azubis zugänglich zu machen (zumindest die Information darüber).

Auswertung und Vergleich

Die betriebsbezogenen Auswertungen erhalten die Betriebe direkt nach der Befragung. Hier besteht als „Anreiz" die Möglichkeit, sich mit anderen Betrieben anonymisiert zu vergleichen: Wo stehe ich mit meinem Unternehmen im Qualitätsranking? Ergänzt werden die Auswertungen durch Handlungsimpulse und eine Best Practice-Datenbank. Die Betriebe mit problematischen Rückmeldungen sind im Zeitraum zwischen den Befragungen dazu angehalten und – wichtiger noch – haben sich vorab dazu bereiterklärt, einen Aktionsplan mit fünf zu optimierenden Punkten zu erstellen und bis zur Folgebefragung zu bearbeiten. Gute Ideen fließen in die genannte Best Practice-Datenbank ein. Weitere Tools sind – in Abhängigkeit vom Bundesland – der Wegweiser für Ausbilderinnen und Ausbilder (DEHOGA Bundesverband 2012), Ausbildertreffen und Seminare.

Abgeleitet aus den Gesamtergebnissen der Azubi-Befragung (2014) wurde durch die k.o.s GmbH und [Know:bodies] erstmals ein Workshop konzipiert, in dem durch gegenseitigen Austausch Maßnahmen und Bausteine erarbeitet werden, die den teilnehmenden Betrieben als Hilfestellung zur Qualitätssicherung und/oder Optimierung der Ausbildung dienlich sind. Diese Erkenntnisse fließen in die Evaluation der Ausbildungsinitiative ein.

Gemeinsam Qualität gestalten

Gemeinsam mit den teilnehmenden Betrieben werden die Initiative und ihre Instrumente regelmäßig evaluiert und weiterentwickelt – alle Beteiligten sind aktive Mitgestalterinnen bzw. Mitgestalter. Auch dies unterscheidet die Initiative.

Durch ihre Teilnahme stellen sich Unternehmen aktiv der Herausforderung Ausbildungsqualität. Sie sind bereit, das Feedback der Azubis sowie von Dritten formulierte Handlungsempfehlungen anzunehmen und damit zu arbeiten. Ihnen ist im Gegensatz zu anderen Ausbildungsbetrieben bewusst, dass man erstens auf dem Ausbildungsmarkt nur mit Qualität überzeugen kann und zweitens nur dadurch auch langfristig den Fachkräftebedarf sichert.

Die Zukunft beginnt heute

Das Gute an dieser so breit angelegten Initiative ist, dass viele Ideen in den Ausbau mit einfließen. Neben der weiteren Optimierung des Reportingsystems sollen zukünftig auch Betriebe mit weniger als vier Azubis die Möglichkeit erhalten, an der Initiative teilnehmen zu können, was aufgrund der Anonymisierung der Befragung bisher nicht vorgesehen war. Weitere Ideen aus den Reihen der Akteurinnen und Akteure sind beispielsweise eine Prämierung der fünf besten Betriebe, die Gründung eines Azubi-Beirats oder auch die Möglichkeit via App eine Art Tagesvoting zur Ausbildungszufriedenheit bei den Auszubildenden einzuführen. Erstmalig in 2015 werden die Azubis auch nicht nur zu den von den Unternehmen angegebenen Qualitätsmerkmalen befragt – tatsächlich ist die Wahrnehmung der Auszubildenden schon hier keineswegs immer deckungsgleich mit den Angaben –, sondern auch explizit zu ihrer Ausbildungszufriedenheit. Denn nur die Tatsache z. B., dass regelmäßig Feedbackgespräche geführt werden, heißt ja noch lange nicht, dass sie auch gut geführt werden.

In 2015 haben sich die DEHOGA Landesverbände Brandenburg, Mecklenburg-Vorpommern, Sachsen-Anhalt und NRW der Initiative „Ausbildung mit Qualität" angeschlossen. Insgesamt nehmen mit Stichtag 15.12.2015 82 Betriebe an der Initiative teil, davon stammen 46 aus Berlin. Bleibt abzuwarten, ob sich ggf. weitere Landesverbände bzw. Betriebe anschließen. Damit würde die Branche sicherlich ein Zeichen setzen.

Für Mitglieder angeschlossener DEHOGA Landesverbände wird zurzeit eine Gebühr von 100,00 € zzgl. MwSt. pro Jahr berechnet (Rechnungsstellung durch die HOGA Berlin Service GmbH).

Für Nichtmitglieder beträgt die Gebühr 175,00 € zzgl. MwSt. pro Jahr. Für Mitglieder des DEHOGA Berlin ist die Teilnahme an der Qualitätsinitiative sogar kostenlos.

Literatur

Deutscher Hotel- und Gaststättenverband e. V. (DEHOGA Bundesverband) (Hg.) (2012): Wegweiser für Ausbilder. Erfolg durch Ausbildungsqualität. Berlin

Ausbildungsqualität im Berliner Malerhandwerk

Julia Gustavus

„Dem Berliner Handwerk geht es gut. 30.600 Handwerksbetriebe bedeuten gut 185.000 Arbeitsplätze und mehr als 10.000 Ausbildungsplätze". So beginnt die Einleitung des gemeinsam vom Land Berlin und der Handwerkskammer (HWK) Berlin beschlossenen „Aktionsprogramm Handwerk 2015–2017". Diesem positiven Befund ist zunächst auch mit Blick auf das Maler- und Lackiererhandwerk nichts hinzuzufügen. Die momentane Auftragslage ist nicht anders als gut zu beschreiben. Auch das Maler- und Lackiererhandwerk profitiert von dem dynamischen Wachstum und der guten wirtschaftlichen Entwicklung der Metropole Berlin.

Aber es gibt auch die andere Seite. Sie ist verbunden mit Begriffen wie „Demografischer Wandel", „mangelnde Ausbildungsreife" und „Fachkräftemangel", die in der vergangenen Zeit in öffentlichen Diskussionen und in den Medien sehr strapaziert wurden.

Eine Zeitlang konnten sie fast wie Übertreibungen wirken. Aber leider kann man nicht sagen, dass diese Themen nicht mehr aktuell sind. Nein, sie sind sogar aktueller als je zuvor. Schon jetzt fehlen Berliner Unternehmen ca. 27.000 Fachkräfte und davon etwa 17.000 beruflich Qualifizierte.[1] Gerade in einer konjunkturellen Hochzeit, wie sie das Handwerk gerade erfährt, ist dies natürlich fatal. Die Nachfrage nach Renovierungs- und Sanierungsarbeiten ist anhaltend gut. Investitionen in Immobilien werden angesichts des Niedrigzinsniveaus insbesondere von Privateigentümern bevorzugt – die sogenannte „Flucht ins Betongold" findet immer noch statt. Gerade in Berlin kann man von einem regelrechten Bauboom sprechen, und dieser wird auch in der nächsten Zeit bei unserer wachsenden Stadt, die in den nächsten Jahren um die Größe eines ganzen Bezirkes wachsen wird, ca. 240.000 Menschen, nicht abreißen.

Nur qualifizierte Mitarbeiterinnen und Mitarbeiter können diese Aufträge der Kundinnen und Kunden auch qualitativ hochwertig abarbeiten. Die Ansprüche an das

---

1 Siehe https://www.ihk-berlin.de/servicemarken/presse/presseinfo/Berliner-Bildung-in-Zahlen_2015/2717694 (Stand: 22.01.2016) (gemeinsame Presseerklärung IHK und HWK Berlin vom 04.08.2015)

Handwerk wachsen stetig. Kreativität, hochwertiges Handwerk, aber auch Umweltbewusstsein und Nachhaltigkeit werden immer mehr von der Kundschaft nachgefragt. Handwerk hat also im Moment wirklich goldenen Boden.

Seit Jahren kann man im Malerhandwerk aber den Trend des zunehmend höheren Durchschnittsalters der Beschäftigten beobachten, das mittlerweile bei 41 Jahren liegt. Dies zeigt deutlich, dass die Betriebe im Malerhandwerk dringend qualifizierte Fachkräfte und qualifizierten Nachwuchs benötigen. Und unzählige Betriebsinhaber und Betriebsinhaberinnen suchen eine Nachfolgerin bzw. einen Nachfolger.

Das Bild des Fachkräftemangels wird bei der Betrachtung der Zahlen der Ausbildungsverträge noch plastischer. Gab es im Jahr 2000 noch über 21.500 Ausbildungsverträge im Handwerk, so hat sich die Zahl bis 2014 mehr als halbiert auf über 9.500 Ausbildungsverträge im Handwerk, davon im ersten Lehrjahr ca. 3.700. An diesen Zahlen lässt sich deutlich ablesen: Die duale Ausbildung ist nicht mehr so selbstverständlich im Fokus der Jugendlichen wie noch zu früheren Zeiten. Die Ursachen dafür sind vielfältig. Ein ganz entscheidender Grund dabei ist, dass mittlerweile weit mehr junge Menschen als früher die Chance auf einen höheren Schulabschluss haben. Lag die Quote der Hochschulzugangsberechtigten bei den Schulabgängerinnen und Schulabgängern eines Jahrgangs 1980 etwa noch bei 22,2 Prozent für Deutschland, waren es 2013 bereits 51,7 Prozent (Quelle: Statistisches Bundesamt). Zugleich wächst damit die Unkenntnis über die Chancen, die mit einer beruflichen Erstausbildung verbunden sind. Für die Unternehmen bedeutet das, dass es für sie immer schwieriger wird, gut geeignete Auszubildende für sich zu gewinnen. So standen bei der Bundesagentur für Arbeit in Berlin im Jahr 2014 nur ca. 21.000 gemeldete Bewerberinnen und Bewerber ca. 14.400 betrieblichen Ausbildungsplätzen gegenüber – und je spezifischer die Anforderungen einer Branche, eines Berufsbildes oder aber auch einfach eines einzelnen Betriebes sind, desto schwieriger wird es.

Auch wenn dies die Berliner Zahlen für das Handwerk insgesamt sind, kann man die Tendenzen fast eins zu eins auch auf das Berliner Maler- und Lackiererhandwerk übertragen. Traditionell gehört der Beruf des Malers und Lackierers auch 2014 noch zu den zehn stärksten Ausbildungsberufen im Berliner Handwerk. Mit ca. 500 Ausbildungsverträgen steht der Beruf hier auf Platz 6.

Aber mittlerweile spüren es viele Malerbetriebe – die Bewerbungen für einen Ausbildungsplatz nehmen ab. Viele Jugendliche entscheiden sich heute für einen weiteren schulischen Bildungsgang nach der 10. Klasse mit dem Ziel, den Schulabschluss zu verbessern oder gar das Abitur zu erreichen. Ein handwerklicher Beruf ist für viele Jugendliche anscheinend nicht ausreichend interessant bzw. lohnend. Eher wird ein Studium mit der Gefahr des Scheiterns angestrebt, als ein Ausbildungsberuf im Handwerk in Betracht gezogen. Und das hat Folgen: Gab es 2010 noch 357 Neuabschlüsse für Berufsausbildungsverträge im Berliner Maler- und Lackiererhandwerk, waren es 2013 nur noch 216.[2]

Was können die Ausbildungsbetriebe im Maler- und Lackiererhandwerk tun, um diesem Dilemma entgegenzuwirken?

Schon Sokrates sagte: „Die Jugend liebt heutzutage den Luxus. Sie hat schlechte Manieren, verachtet die Autorität, hat keinen Respekt vor älteren Leuten und schwatzt, wo sie arbeiten soll. Die jungen Leute stehen nicht mehr auf, wenn Ältere das Zimmer betreten. Sie widersprechen ihren Eltern, schwadronieren in der Gesellschaft, verschlingen bei Tisch die Süßspeisen, legen die Beine übereinander und tyrannisieren ihre Lehrer." Wenn man dies liest, stellt sich die Frage: Sind es wirklich die Jugendlichen, die mit einer fehlenden Ausbildungsreife von der Schule kommen? Natürlich gibt es auch Defizite bei den allgemeinbildenden Schulen. Und viele Jugendliche, die den Weg in das Handwerk finden, haben auch einen schwierigen persönlichen Hintergrund. Aber es ist wichtig sich klarzumachen, dass dies nicht der einzige Ansatzpunkt für mehr Ausbildungsfähigkeit und Ausbildungsqualität ist. Und vor allem, selbst wenn: Die Betriebe brauchen jetzt Fachkräfte, Betriebsinhaberinnen und Betriebsinhaber brauchen jetzt einen Nachfolger oder eine Nachfolgerin im Betrieb. Alle Änderungen im schulischen Bereich werden sich erst mittel- und langfristig auswirken.

Die Betriebe stehen vor der Herausforderung, den Jugendlichen, die jetzt die Schule verlassen, den Beruf wieder in das positive Bewusstsein zu rücken. Das ist aber nicht nur eine Sache der Darstellung. Sie müssen tatsächlich alles und vielleicht auch noch mehr als in der Vergangenheit tun, um den Ausbildungsverlauf ansprechend und zielführend zu gestalten. *Der Wurm sollte dem Fisch schmecken, nicht dem Angler!* Sind die Jugendlichen von heute wirklich Traumtänzer, sind sie wirklich nicht mehr so belastbar wie früher, Besserwisser, Nur-Selbstverwirklicher? Oder tickt die Generation Y eben einfach doch anders als ältere Generationen, indem eine sinnvolle Aufgabe das Wichtigste für sie ist. Sie wollen sich wohlfühlen und Spaß bei der Arbeit haben. Sie wollen beruflich etwas erreichen, aber nicht um jeden Preis. Und nicht zuletzt ist ihnen die Balance zwischen Beruf und Privatem wichtig. Die Überschrift der 17. Shell Jugendstudie 2015 lautet denn auch eher positiv: „eine pragmatische Generation im Umbruch". Und noch etwas ist anders geworden: Junge Menschen haben heute viel mehr Wahlmöglichkeiten als früher. Heute ist es immer auch der Ausbildungsbetrieb, der sich um geeignete Auszubildende bewirbt.

Mit welchen Mitteln ist es also möglich, die heutigen Jugendlichen für eine duale Ausbildung im Maler- und Lackiererhandwerk zu begeistern? Was sollten die Ausbildungsverantwortlichen dabei berücksichtigen? Was gewährleistet eine qualitativ gute Ausbildung in der heutigen Zeit? Wie kann man Ausbildungsabbrüche verhindern sowie ein Durchfallen in der Abschlussprüfung? Tatsächlich steht das Maler- und Lackiererhandwerk in der Statistik trotz der langen Ausbildungstradition und der vie-

---

2   Siehe http://www2.bibb.de/bibbtools/tools/dazubi/data/Z/B/11/3950.pdf (Stand: 22.01.2016)

len auch heute vorbildlich ausbildenden Betriebe im Vergleich zu anderen Berufen nicht unbedingt auf einem guten Platz. Die Angaben zur Qualität der Ausbildung etwa in den seit 2005 jährlich erscheinenden Ausbildungsreports des DGB lassen vermuten, dass auch die Ausbildungsbetriebe hierzu einen Beitrag leisten können. Wobei eine Befragung des Bundesverbandes Farbe, Gestaltung, Bautenschutz bei den Auszubildenden zu einem besseren Platz in der Ausbildungsqualität geführt hat. Dies verdeutlicht wieder: Zu einer umfassenden Betrachtung einer Situation gehört es immer, von verschiedenen Seiten auf den aktuellen Stand zu schauen.

Noch verzeichnet das Maler- und Lackiererhandwerk in jedem Jahr zwischen einem Drittel und einem Viertel vorzeitiger Vertragslösungen. Zwar ist in den Statistiken schwer zu erfassen, welche Gründe es hierfür gibt. Wird ein Vertrag schon vor Aufnahme der Ausbildung wieder gelöscht, zählt dies schon als Abbruch? Weiter ist in diesen Zahlen auch schon enthalten, wenn Auszubildende den Ausbildungsbetrieb wechseln, dem Gewerk und der Branche also erhalten bleiben. Für den einzelnen Ausbildungsbetrieb aber ist jeder vorzeitige Ausbildungsabbruch ein herber Verlust, und in jedem Fall sind die Zahlen eindeutig zu hoch. Gleiches gilt für die Durchfallquoten in den Abschlussprüfungen von zurzeit über 30 Prozent.

In jedem Fall steht es mit dem Image der Ausbildung insbesondere auch im Maler- und Lackiererhandwerk nicht zum Besten, und es scheint so, dass es sich nicht nur um eine Frage des Marketings handelt. Es geht auch um Investitionen in die Ausbildung selbst. Laut der 2015 erschienenen Würth-Handwerksstudie ist der wichtigste Erfolgsfaktor bei der Fachkräftegewinnung etwas anscheinend ganz Altmodisches, nämlich die Weiterempfehlung, die „Mundpropaganda" der eigenen Mitarbeiterinnen und Mitarbeiter – für die befragten besonders erfolgreichen sog. Top-zehn-Unternehmen gilt dies noch einmal im besonderen Maße, und zwar vor allem auch bei der Gewinnung von Auszubildenden.[3] Dies funktioniert aber nur, wenn es im Unternehmen auch stimmt – nicht zufällig spielen z. B. dann auch Mitarbeitergespräche in den o. g. Top-zehn-Betrieben eine weitaus größere Rolle als bei allen anderen Unternehmen. Als Zwischenfazit kann festgehalten werden: Imagekampagnen haben keinen Wert, wenn sie nicht auch gekoppelt sind an Qualitätskampagnen.

Die Maler- und Lackiererinnung Berlin unterstützt ihre Mitgliedsunternehmen auf beiden Feldern. Seit 2014 existiert im Rahmen der Innung der **Förderkreis für die Handwerksausbildung der Maler und Lackierer e. V.** Er unterstützt die Förderung der positiven Wahrnehmung des Berufsbildes der Malerin und Lackiererin bzw. des Malers und Lackierers sowie der Ausbildung in der Öffentlichkeit und in den neuen Medien. Dafür organisiert der Verein in Zusammenarbeit mit Betrieben, denn nichts ist anschaulicher als die praktische Darstellung, die Teilnahme an Berufsorientierungsveranstaltungen, wie z. B. beim Tag des Handwerks oder bei den Tagen der Berufsausbildung. Zudem wirbt der Verein auch auf der Homepage[4] aktiv für den Beruf. Hier finden Interessenten alle Informationen zu den Berufen des Maler- und

---

3 Siehe https://www.servicebarometer.net/handwerksstudie/ (Stand: 22.01.2016)
4 Siehe http://www.junge-maler-berlin.de/ (Stand: 22.01.2016)

Lackiererhandwerks sowie frei gemeldete Ausbildungsplätze von Innungsmitgliedsbetrieben.

Auf der anderen Seite unterstützt der Verein mit ganz unterschiedlichen Angeboten die Ausbildungsbetriebe dabei, tatsächlich auch selbst neue Schritte zu gehen. Dabei hilft nicht zuletzt die gute Vernetzung des Vereins mit einer Reihe von weiteren Einrichtungen, die im Bereich Berufliche Bildung in Berlin aktiv sind.

Das Thema Ausbildungsqualität beginnt dabei schon im Bereich der Schulpraktika. Die Innung setzt sich mit dem Verein dafür ein, dass Schulpraktika qualitativ hochwertig durchgeführt werden, hat hierfür eine Checkliste und einen Ablaufplan für Schulpraktika erstellt und steht interessierten Betrieben auch für Fragen zur konkreten Durchführung zur Verfügung.

Um dann auch die Ausbildung selbst hochwertig starten zu lassen, hat der Verein im Jahr 2015 eine betriebsübergreifende Willkommensveranstaltung für alle Auszubildenden im ersten Lehrjahr initiiert, die nun, nachdem sie ein voller Erfolg war, verstetigt werden soll. Dort werden wichtige Informationen und Kontaktpersonen für die Ausbildung vorgestellt, um eine reibungslose Ausbildung zu garantieren. Und die Auszubildenden bekamen eine erste Einweisung in Arbeitssicherheit von der BG BAU.

Jeden Samstag wird zudem ein Nachhilfe- und Prüfungsvorbereitungsunterricht von einem ehemaligen Berufsschullehrer angeboten. Es hat sich schon herumgesprochen, dass ein Besuch die Chance auf ein gutes Durchkommen durch die Abschlussprüfung erhöht. In diesem Unterricht wird nicht nur fachlich, sondern auch psychologisch auf die Prüfungssituation vorbereitet. 2015 wird darüber hinaus erstmalig ein vierwöchiger Einführungskurs „Technische Mathematik" angeboten, sowie Tapezierkurse und Workshops für Auszubildende, wie z. B. „Azubi im Kundenkontakt".

Doch es bleibt dabei: Entscheidend ist immer das, was im Betrieb selbst geschieht. Damit die Werkzeuge und Materialien für die Auszubildenden in guter Qualität vorliegen, können Ausbildungsbetriebe schon seit vielen Jahren bei der Innung z. B. einen Ausbildungsrucksack mit allen benötigten Materialien erwerben.

Nicht nur die Auszubildenden werden somit durch den Förderkreis unterstützt, sondern und im Besonderen auch die Ausbildungsbetriebe und die Ausbilder und Ausbilderinnen. So sind unter dem Titel „Masterplan Ausbildung" weitere Workshops z. B. zu den Themen Feedbackgespräch oder Umgang mit Problemlagen in der Ausbildung geplant.

Aus dem Netzwerk des Vereins ist zudem ein besonderes Projekt entstanden. Der Innungsbetrieb Fa. Heinz Bein Malereibetrieb GmbH & Co. KG hat zusammen mit der k.o.s GmbH an einem Beratungsangebot des vom Land Berlin geförderten Projektes „Berliner AusbildungsQualität" (BAQ) teilgenommen. In Abstimmung mit dem Unternehmen wurden auf der Basis eines von der k.o.s entwickelten Qualitätskonzeptes für die betriebliche Berufsausbildung Lösungsansätze zu ausgewählten

Fragen der praktischen Ausbildung im Betrieb erarbeitet. An dem Beratungsprozess nahm die Firmenleitung ebenso teil, wie stellvertretend ein Ausbilder, ein Geselle und ein Auszubildender. Tatsächlich ist eben an der Ausbildung nicht nur die oder der Auszubildende und die Ausbilderin oder der Ausbilder beteiligt, sondern in der einen oder anderen Weise immer auch das ganze Unternehmen. Die Themen Ausbildungsqualität und Arbeitgeberqualität gehören tatsächlich eng zusammen. Zunächst wurden die besonderen Stärken der eigenen Ausbildung ermittelt und auf dieser Basis ein Leitbild für die Ausbildung entwickelt, welches transparent die Richtung vorgibt, wofür das Unternehmen steht und wohin sich auch zukünftig die Ausbildung entwickeln soll. Das stellt langfristig eine wichtige Orientierung bei allen praktischen Fragen der Ausbildung im Team, aber auch ein deutliches Signal für potenzielle Ausbildungsplatzbewerberinnen und -bewerber dar. Zugleich wurden Verfahren erarbeitet, wie man mit der oder dem Auszubildenden im guten Kontakt bleibt – auch in schwierigen Situationen, wie Lernfortschritte effektiv geplant werden können und vieles andere mehr. Insgesamt ein Beispiel dafür, dass auch für Unternehmen im Maler- und Lackiererhandwerk Beratungsangebote zum Thema Ausbildungsqualität angenommen und auch mit Erfolg umgesetzt werden können. Zudem können solche Beratungsprojekte einen positiven Nebeneffekt auch für die Netzwerkarbeit der Innung haben. Sie produzieren Good practice-Beispiele, die zum Nachahmen animieren. Tatsächlich zeigt die Erfahrung, dass es eher die ohnehin schon ambitionierten Betriebe sind, die sich auf solche Beratungsprozesse einlassen und damit noch besser werden wollen. Dennoch haben sie eine wichtige Vorbildfunktion inne. Praktisch wirksam wird diese aber nur, wenn sie mit ihrer guten Praxis für andere auch sichtbar werden.

Dies war hier der Fall. Im Rahmen eines Workshop-Angebotes für Ausbildungsbetriebe der Innung wirkte die Firma Bein nun selbst als Multiplikator, in dem sie ihre guten Praxisbeispiele zum Thema „Zauberwerk Ausbildungsplanung" vorstellte. Hier konnten Praktikerinnen und Praktiker von einem Praktiker lernen, nämlich dem Ausbildungsmeister der Firma Bein. Der Beginn des Ausbildungsjahres ist für die neuen Auszubildenden verbunden mit Unsicherheiten und Fragen zum Ausbildungsablauf. Mit einem auf den Betrieb abgestimmten, transparenten und knapp gehaltenen Ausbildungsplan schafft ein Betrieb es für sich, seinen Mitarbeiterinnen und Mitarbeitern und seinen Auszubildenden Sicherheit in Planung und Durchführung für die bevorstehenden drei Jahre zu bringen. Der neue betriebliche Ausbildungsplan der Firma Bein richtet sich zunächst einmal zwangsläufig nach der bundeseinheitlichen Verordnung über die Berufsausbildung im Maler- und Lackierergewerbe vom 3.7.2003. Er versucht aber die dort festgehaltenen Ausbildungspositionen so zu übersetzen, dass Auszubildende wie auch die ausbildenden Gesellen wissen, was bei den jeweiligen Positionen denn praktisch auch gelernt werden soll, was also das wöchentliche oder monatliche Ziel ist. Der Workshop zeigte somit, wie der Betrieb für die Ausbildung einen Überblick über die Lerninhalte der einzelnen Ausbildungsjahre inhaltlich und zeitlich sowie passend auch für die eigenen Betriebsabläufe planen kann. Denn im Hinblick auf den Fachkräftemangel empfiehlt es sich für den Ausbildungsbetrieb, den Auszubildenden so viel praktische Lerninhalte wie möglich zu vermitteln, damit auch im Anschluss an die Ausbildung fähige und vielfältig einsetzbare Mitarbeiterinnen und Mitarbeiter beschäftigt werden können.

Dieser Workshop war zugleich ein Beispiel, wie Netzwerkarbeit zum Thema Ausbildungsqualität gelingen kann, mit Beiträgen aus der Praxis für die Praxis und einer guten Moderation. Die Innung bietet hierfür einen geeigneten Rahmen.

Durch die Initiative des Förderkreises sind, wie dargestellt, viele einzelne Initiativen auf allen Ebenen der Ausbildung zur Steigerung der Ausbildungsqualität entstanden und werden bestehende Angebote der Maler- und Lackiererinnung Berlin gebündelt. Und erste Früchte tragen diese Bemühungen und das Vorgehen auch. So konnte die Anzahl der Eintragungen von Lehrverträgen im ersten Ausbildungsjahr von 2014 auf 2015 deutlich gesteigert werden. Hierbei sind die Initiativen zur Ausbildungsqualität in den Betrieben, bei den Auszubildenden und aber auch in der öffentlichen Wahrnehmung sicher wichtige Mosaiksteine.

Viele dieser Einzelmaßnahmen sind schon sehr erfolgreich. Das Thema Ausbildung und Ausbildungsqualität ist aber komplex und kann insgesamt auch nur mit einem komplexen Lösungsansatz angegangen werden. Ziel soll es deshalb sein, in der Zukunft dies noch deutlicher sichtbar zu machen durch ein Netzwerk für Ausbildungsqualität im Maler- und Lackiererhandwerk. Der entscheidende Wert eines solchen Netzwerkes besteht zunächst im Austausch von Good practice-Beispielen sowie überhaupt der Bereitschaft, sich regelmäßig zu dem Thema Ausbildungsqualität auszutauschen und hier auch neue Ideen zu entwickeln, von denen dann sowohl die einzelnen Betriebe – und zuerst natürlich immer die, die direkt an den Austauschen teilnehmen – als auch die Branche profitieren kann.

Am Ende des Weges könnte dann zum Beispiel auch ein Ausbildungssiegel für Ausbildungsqualität im Maler- und Lackiererhandwerk in Berlin stehen. Aber es ist genau Sache eines solchen Netzwerkes die Sinnhaftigkeit und ggf. dann auch die Ausgestaltung solcher Initiativen mit zu beraten. Einen ersten Auftakt zu diesem Vorschlag hat es auf Initiative der Innung hin 2015 ebenfalls bereits gegeben. Nach einer kurzen Einführung zum Thema „Jugend von heute", inklusive ein paar Fakten und Zahlen zum Berufsorientierungsverhalten Jugendlicher, wurden verschiedene Kriterien vorgestellt, die dem Ziel einer guten Ausbildung ein Stück näherkommen könnten. Diese Vorschläge wurden im Kreis der anwesenden Betriebe lebhaft diskutiert und auf realistische Durchführbarkeit geprüft. Ein erster Maßnahmenkatalog wurde erstellt. Deutlich wurde auch, dass es in diesem Prozess besonders wichtig ist, möglichst viele Innungsbetriebe zu gewinnen und somit langfristig einen verlässlichen Ausbildungsstandard für die zukünftigen Bewerberinnen und Bewerber anzubieten. Gemeinsam wird an „Standards" gearbeitet, die für alle Ausbildungsbetriebe realistisch durchführbar sind. Mehr anzubieten, geht im Übrigen immer! Das heißt, neben den Standards geht es immer auch um das „Darüber hinaus".

Geplant sind in diesem Prozess außerdem ein regelmäßiger Newsletter für Ausbildungsbetriebe und ein Stammtisch für Ausbilderinnen und Ausbilder zum Netzwerken und Austauschen.

Auch wenn es etwa bis zu einem bekannten und breit akzeptierten Qualitätssiegel für Ausbildungsbetriebe im Maler- und Lackiererhandwerk noch ein langer Weg ist, sind die Initiativen, Aktivitäten und Netzwerke, die auf diesem Weg entstehen, schon ein großer Schritt, um die Ausbildungsqualität im Berliner Malerhandwerk weiter zu erhöhen. Das große Ziel ist es, damit den Beruf der Malerin und Lackiererin bzw. des Malers und Lackierers für die Jugendlichen, die auf der Suche nach einem Beruf sind, noch attraktiver zu machen und den Betrieben einen sicheren Weg aufzuzeigen, ihre Fachkräfte und damit den Fortbestand dieses wunderbaren, traditionsreichen, aber auch innovativen Handwerks zu sichern, welches Farbe in unsere Stadt, unsere Wohnung und unser Leben bringt und damit Berlin noch attraktiver macht.

Berufsausbildung im Verbund von Unternehmen als Qualitätsargument

Kerstin Josupeit

1 Stellenwert der Verbundausbildung in der Berliner Wirtschaft

Die Struktur der Berliner Wirtschaft zeichnet sich durch einen sehr großen Anteil kleiner und mittelständischer Unternehmen (KMU) aus. Hinzu kommt eine stark wachsende Zahl von jungen Unternehmen, die sich auf dem Markt etablieren können und damit an Stabilität und Mitarbeiterzahl gewinnen. Somit wird das enorm wichtige Ausbildungsengagement der großen Unternehmen über alle Wirtschaftsbereiche hinweg durch ein erhebliches Potenzial in den KMU ergänzt. Hier finden sich auch die Grundlagen für die Entwicklung der Verbundausbildung.

Die duale Ausbildung in Deutschland, die spätestens mit dem Inkrafttreten des Berufsbildungsgesetzes im Jahr 1969 den Anspruch an systematische berufliche Bildung erhebt, ist zwar historisch gewachsen und anerkannt. Für ihre Umsetzung sind jedoch Qualitätsmaßstäbe einzuhalten, u. a. die Vermittlung aller Kenntnisse, Fertigkeiten und Fähigkeiten, die jeweils einen der ca. 330 Ausbildungsberufe im dualen System ausmachen. Um dies zu gewährleisten, benötigten gerade viele der oben genannten KMU schon von jeher Kooperationspartner. Dabei ist anzumerken, dass vielfach, und vor allem im Handwerk, solche Verbünde eher informell auf der Basis des Handschlags zwischen den Inhaberinnen bzw. Inhabern oder Meisterinnen bzw. Meistern eingegangen wurden und noch heute werden. Eine statistische Auswertung über die Anzahl zwischenbetrieblicher Verbünde könnte sich daher nur auf die nicht regelmäßig erfolgenden tatsächlichen Meldungen der Unternehmen an die für die Berufsausbildung zuständigen Stellen bzw. Schätzungen beziehen.

2 Modelle von Verbundausbildung

2.1 Aus organisatorischer Sicht

Unter der Maßgabe der Gewährleistung einer Berufsausbildung auf gleichbleibend hohem qualitativen Niveau können Unternehmen, die im Verbund ausbilden, hinsichtlich der Organisation zwischen verschiedenen Verbundmodellen wählen. Die vier wichtigsten werden im Folgenden kurz vorgestellt. (Vgl.: Programmstelle beim BIBB für das Programm JOBSTARTER des BMBF 2011)

Um die Einhaltung der Qualitätsstandards aller an der Ausbildung beteiligten Partnerinnen und Partner sicherzustellen, liegt im Regelfall eine Ausbildungsberechtigung der jeweiligen zuständigen Stelle vor. Unabdingbar ist aber zumindest die Zustimmung für die Übertragung der besonderen, zeitlich begrenzten und inhaltlich festgelegten Ausbildungsverantwortung an den Partnerbetrieb.

Das am häufigsten verwendete Modell ist der **Leitbetrieb mit einem Partnerbetrieb**. Hierbei ist der Leitbetrieb für die Ausbildung gesamtverantwortlich. Er schließt den Ausbildungsvertrag ab und organisiert die phasenweise Ausbildung bei einem oder mehreren Partnerbetrieben. Ob und in welchem finanziellen Umfang der Partnerbetrieb dem Leitbetrieb seine Ausbildungsleistung in Rechnung stellt, wird individuell vereinbart.

Beim **Modell der Auftragsausbildung** werden einzelne Ausbildungsabschnitte aus unternehmensorganisatorischen Gründen an einen Dienstleister vergeben. Diese Form der Verbundausbildung wird regelmäßig vor allem von Handwerks- bzw. kleinen und mittelständischen Industrieunternehmen für die Absicherung der technisch-gewerblichen Grundausbildung sowie die Vorbereitung auf die recht aufwendigen Prüfungen gewählt.

Anbieter dieser Dienstleistung sind technisch hervorragend ausgestattet und auch in Hinblick auf das Ausbildungspersonal darauf spezialisiert, Gruppen von Auszubildenden aus den Unternehmen einer Region aufzunehmen und systematisch Grundfertigkeiten und -wissen zu vermitteln. Mit diesem Rüstzeug versehen, steigen die Fachkräfte von morgen dann jeweils in ihren Ausbildungsbetrieben in die speziellere Ausbildungsphase ein.

Aus finanzieller Sicht bedeutet Auftragsausbildung: Einkauf einer Dienstleistung durch das Unternehmen.

Eine weitere, weniger häufig verbreitete Verbundform ist **der Ausbildungsverein**. Dabei schließen sich mehrere Betriebe auf vereinsrechtlicher Grundlage mit der entsprechenden Finanzierung zusammen und führen die Ausbildung gemeinsam durch. Der Verein ist Vertragspartner des Auszubildenden.

Als **Konsortium** bezeichnet man ein Verbundmodell, bei dem die Ausbildung von jungen Menschen im Rahmen eines Ringtausches zwischen mehreren kleinen und mittleren Unternehmen durchgeführt wird. Da die Ausbildungsabschnitte gleichmäßig auf die am Konsortium beteiligten Ausbildungsbetriebe verteilt sind, wird meist auf eine gegenseitige Kostenerstattung verzichtet.

Vor allem die beiden letztgenannten Verbundarten werden häufiger von Unternehmen gewählt, die bereits durch räumliche Nähe in Standortkooperationen (z. B. Gewerbehöfe, Bürohäuser) oder gemeinsame Auftragsabwicklung in wirtschaftlichen Beziehungen stehen. Da ist der Schritt hin zur gemeinsamen Ausbildung von Fachkräften nicht weit.

2.2 Aus formaler Sicht (obligatorisch, qualitätssteigernd)

Aus formaler Sicht kann im Wesentlichen zwischen zwei Arten von Verbundausbildung unterschieden werden. So hilft Verbundausbildung bei der Fachkräftesicherung, wenn in einem Unternehmen nicht alle Fachkenntnisse und Fertigkeiten entsprechend der Ausbildungsordnung für den jeweiligen Beruf vermittelt werden können. Gründe dafür können in der fehlenden Größe des Unternehmens bzw. einer hohen Spezialisierung liegen. Damit gehen häufig eine technische Ausstattung oder eine Wirtschaftstätigkeit einher, die nicht alle Aufgabenbereiche eines Ausbildungsberufes laut gesetzlicher Verordnung abdecken. In diesem Fall ergänzt ein Kooperationsbetrieb die fehlenden Ausbildungsinhalte des Leit-Unternehmens zu einer kompletten Berufsausbildung. Dabei handelt es sich um einen obligatorischen Verbund.

Verbundausbildung kann aber auch als zusätzliches Marketinginstrument im Ringen um geeignete Bewerberinnen und Bewerber eingesetzt werden. Unternehmen in Partnerschaften bieten interessierten Auszubildenden den Erwerb von zusätzlichen fachlichen Fertigkeiten und Kenntnissen an, die sie selbst nicht im Repertoire haben. Für so manchen Jugendlichen ist das ein zusätzlicher Anreiz bei der Wahl zwischen akademischer und dual betrieblicher Ausbildung oder zwischen zwei Ausbildungsplatzangeboten. Hierfür verwendet man den Begriff qualitätssteigernder Verbund.

Selbstverständlich ist auch eine Verknüpfung beider Verbundarten möglich. Häufig entscheiden sich Personalverantwortliche nach einem erfolgreich absolvierten obligatorischen Ausbildungsabschnitt sogar dafür, ihren zukünftigen Fachkräften die Möglichkeit zu geben, zusätzliche Kenntnisse, Fertigkeiten und Fähigkeiten in ihrem Berufsfeld zu erwerben.

Grundlage der Überlegungen der Verantwortlichen, die sich für eine Ausbildung im Verbund mit einem anderen Unternehmen entscheiden – auch wenn es einen organisatorisch etwas höheren Aufwand mit sich mitbringt – ist, dass sie junge Menschen für den Arbeitsmarkt umfassend fit machen und dabei die geltenden Qualitätsstandards der Ausbildungsordnungen beachten, wenn nicht gar eigene höhere Maßstäbe im Sinne des eigenen Unternehmens oder der Branche ansetzen.

2.3 Aus inhaltlicher Sicht (Grundausbildung, Spezialisierung, Prüfungsvorbereitung etc.)

Verbundausbildung lässt sich – unabhängig davon, ob es sich um einen obligatorischen oder einen qualitätssteigernden Verbund handelt oder zu welcher Organisationsform er gehört – auch nach einem inhaltlichen Kriterium unterscheiden. So kann beispielsweise ein Ausbildungsbetrieb, der für die obligatorische Grundausbildung im Ausbildungsberuf Mechatroniker nicht ausreichend ausgestattet ist, für die Realisierung der Ausbildung aus der Reihe der o. g. Verbundarten wählen. Entscheidend ist, dass alle Inhalte entsprechend der Ausbildungsordnung im jeweils anderen Unternehmen vermittelt werden können und damit die Einhaltung der Ausbildungsqualität zu jedem Zeitpunkt des Ausbildungsverlaufes gesichert ist.

Gleiches gilt auch für den Fall, dass ein Ausbildungsbetrieb einzelne vorgeschriebene Ausbildungsteile in verschiedenen Ausbildungsjahren nicht abdecken kann. Im Falle der Ausbildung eines Elektronikers für Betriebstechnik in einem großen Berliner Hotel wurde z. B. durch die IHK Berlin festgelegt, dass der Auszubildende 15 Arbeitstage im Teilbereich Pneumatik an einem anderen Lernort ausgebildet werden muss. Hier wäre neben dem gewählten Modell Leitbetrieb-Partnerbetrieb auch Auftragsausbildung denkbar gewesen.

Zwei weitere Besonderheiten individueller betrieblicher Verbundausbildung lassen sich ebenfalls an diesem Beispiel illustrieren. Neben aller Flexibilität, die diese spezielle Form der Ausbildung zulässt, sollte im Sinne der Bindung des Auszubildenden, also der zukünftigen Mitarbeiterin bzw. dem zukünftigen Mitarbeiter an das Unternehmen, der wesentliche Anteil der Ausbildung auf das Unternehmen entfallen, das auch den Ausbildungsvertrag hält. Das o. g. auf Drucklufttechnik spezialisierte Unternehmen kann keine Ausbildung im technisch-gewerblichen Bereich anbieten, da Pneumatik nur einen relativ geringen Anteil in überhaupt möglichen technisch-gewerblichen Berufen ausmacht. Demnach kann hier zwar keine Ausbildungsberechtigung für einen Beruf durch die zuständige Stelle Handwerkskammer Berlin vorliegen, allerdings die Zustimmung der IHK Berlin, als Dienstleister für diesen Ausbildungsinhalt zur Verfügung zu stehen, da die Qualität der Vermittlung der speziellen Kenntnisse, Fähigkeiten und Fertigkeiten als abgesichert eingeschätzt wird.

Der Ausbildungsberuf Immobilienkaufmann bzw. -kauffrau kann hier als Beispiel aus dem kaufmännischen Bereich herangezogen werden. In der Branche gibt es eine große Spezialisierung auf die Verwaltung von Gewerbe- oder Wohnimmobilien. In etlichen Fällen kann der besondere Inhalt Wohnungseigentumsverwaltung vom ausbildenden Betrieb nicht abgedeckt werden, sodass sich hier geradezu ein Netzwerk in Berlin etabliert hat – im Wesentlichen initiiert und koordiniert über die weiter unten beschriebene Tätigkeit der Verbundberatung Berlin. Möchte nun ein Immobilienunternehmen seiner zukünftigen Fachkraft ein weiteres Plus an Ausbildungsinhalten zukommen lassen, kann es beispielsweise zum Inhalt Immobilienfinanzierung einen zusätzlichen qualitätssteigernden Ausbildungsaufenthalt im bereits bekannten oder einem anderen Unternehmen anbieten. Durch diese frühzeitige Investition in die fachliche Entwicklung seiner Beschäftigten kann der ausbildende Betrieb auch die Ausweitung seiner Geschäftstätigkeit langfristig planen.

3 Die „Verbundberatung für die duale Berufsausbildung in Berlin"

Seit ca. 2009 wurde eine stetig sinkende Zahl an neu abgeschlossenen Ausbildungsverträgen in den Unternehmen der Berliner Wirtschaft registriert, und dies über alle Branchen hinweg. Damit einher ging bei allen Partnerinnen und Partnern, in deren Zuständigkeitsbereich die duale Berufsausbildung liegt, auch die Suche nach den Ursachen. Neben geburtenschwachen Jahrgängen und dem zunehmenden Drang der Schulabgängerinnen und Schulabgänger in Richtung Studium wurde auch die eher kleinteilige Struktur der Berliner Wirtschaft als Grund für diese Negativspirale ausgemacht. Hier sah die Politik, genauer gesagt sahen die Senatsverwaltung für Arbeit, Integration und Frauen und die Interessenvertreterinnen und -vertreter der Berliner Wirtschaft einen Ansatzpunkt für die konkrete Einflussnahme auf die Unternehmen.

So wurde das Projekt „Verbundberatung für die duale Berufsausbildung in Berlin" ins Leben gerufen, um vor allem kleine und mittelständische Unternehmen in ihren Ausbildungsaktivitäten zu unterstützen. Die Verbundberatung ist dabei in die Gesamtstrategie BerlinArbeit der Berliner Senatsverwaltung für Arbeit, Integration und Frauen eingebettet und es wurden Landesmittel für ihre Umsetzung bereitgestellt. Träger des Projektes ist der Verein zur Förderung der beruflichen Bildung Berlin e. V. (vfbb), dessen Mitglieder die Industrie- und Handelskammer zu Berlin (IHK Berlin), die Handwerkskammer Berlin, der Verband der Freien Berufe in Berlin e. V. (VfB) sowie die Vereinigung der Unternehmensverbände in Berlin und Brandenburg e. V. (UVB) sind. Diese finanzielle und organisatorische Konstellation veranschaulicht das Interesse von Politik und Wirtschaft, gemeinsam im Sinne gut ausgebildeter Fachkräfte für Berlin zu agieren.

Bezogen auf die Branchen, die von den vier an dieser Initiative beteiligten Institutionen vertreten werden, ist zudem bemerkenswert, dass neben klassischen Verbünden innerhalb einer Berufsgruppe neuartige Kooperationen als Möglichkeiten für beruflich umfassend qualifizierten Fachkräftenachwuchs zu sorgen, in den Blick der Ausbildungsverantwortlichen gerückt werden. Anderseits finden sich Berufe in Wirtschaftsbereichen wieder, in denen sie vorher als nicht notwendig oder umsetzbar galten.

So hat beispielsweise die Ausbildung im Beruf Elektronikerin bzw. Elektroniker für Betriebstechnik in der Berliner Hotellerie Einzug gehalten. Möglich ist dies durch die bereits oben erwähnte Kooperation mit einem mittelständischen hochspezialisierten Pneumatik-Unternehmen im Zuständigkeitsbereich der Handwerkskammer.

Auf diese Weise können spezielle Ausbildungsinhalte aus Industrie und Handwerk, Handel, Hotellerie und Gastronomie, der digitalen Wirtschaft, der Kreativ- und Medienwirtschaft, der Gesundheitswirtschaft, der Dienstleistungsbranche sowie der freien Berufe in die Verantwortung eines Unternehmens der gleichen oder einer anderen Branche übertragen werden, immer unter der Prämisse einer hohen Ausbildungsqualität zu jedem Zeitpunkt der Ausbildung.

3.1 Formale Einordnung (hoheitliche Aufgaben der Kammern/Innungen (Abgrenzung ÜLU), ergänzender Service)

Das Angebot der auf die einzelnen Wirtschaftsbranchen und Ausbildungsberufe spezialisierten Verbundberaterinnen ist im Kontext der gesetzlich geregelten Aufgaben der Kammern und Innungen als zusätzlicher Service für die Unternehmen zu sehen.

Die Feststellung, ob, für welche Berufe und in welchem Umfang ein Unternehmen ausbildungsberechtigt ist, wird von den Ausbildungsberaterinnen und -beratern der für die jeweiligen Berufe bzw. Ausbildungsstätten zuständigen Kammern bzw. zuständigen Stellen getroffen. Die im Rahmen der Verbundberatung konzipierten und vermittelten berufsbezogenen Zusatzqualifikationen ersetzen in keinem Fall die gesetzlich vorgeschriebenen überbetrieblichen Lehrunterweisungen (ÜLU) in einzelnen Berufen des Handwerks.

3.2 Informationsfluss zwischen Unternehmen/Institutionen/ Verbundberatung

Von Beginn der Tätigkeit der vier Verbundberaterinnen im Januar 2014 an besteht ein enger Kontakt zu den Mitarbeiterinnen und Mitarbeitern der zuständigen Stellen im Land Berlin. Sie tragen die Information über das Angebot der Verbundberatung bei ihren Unternehmensbesuchen weiter und weisen vor allem im Falle der Erteilung eingeschränkter Ausbildungsberechtigung auf den Service der Verbundberatung hin, der ihre eigene Tätigkeit ergänzt.

Um geeignete ausbildungsberechtigte Unternehmen über die Möglichkeit der Verbundausbildung direkt informieren zu können, nutzen die Beraterinnen die Möglichkeit, sich bei einschlägigen Veranstaltungen wie z. B. Ausbildungsmessen, Meisterfeiern und Bestenehrungen, Vermittlungsbörsen für Ausbildungsplätze, Ausbilder- und Unternehmertreffs zu präsentieren. Hier kommen viele Multiplikatorinnen und Multiplikatoren der beruflichen Bildung zusammen, die über ihre Netzwerke die Idee der Verbundausbildung sowie Informationen über den Service der Verbundberatung weitertragen.

Der Informationsaustausch mit den zuständigen Stellen Industrie- und Handelskammer Berlin und Handwerkskammer Berlin wurde entsprechend dem Berliner Datenschutzgesetz geregelt. Somit stehen den Mitarbeiterinnen des Verbundbüros wesentliche Informationen über die ausbildenden bzw. ausbildungsberechtigten Unternehmen zur Verfügung, um zielgerichtet und dem Bedarf entsprechend Beratung und Unterstützung anbieten zu können.

Dass auch alle Möglichkeiten der Online-Projektkommunikation genutzt werden, versteht sich dieser Tage von selbst.

3.3 Betriebliche Kooperationspartner nach Vorgaben und Wünschen der Unternehmen finden

Nimmt nun ein Unternehmen Kontakt mit den Verbundberaterinnen auf, um für klar definierte Ausbildungsinhalte Kooperationspartner zu finden, steht am Anfang die Klärung, ob und welche Art der Ausbildungsberechtigung vorliegt. Im Gespräch mit den Ausbildungsverantwortlichen wird besprochen, welches Unternehmen für eine mögliche Kooperation angefragt werden soll. Soll zunächst ohne Angabe des suchenden Unternehmens nach geeigneten Partnern recherchiert werden? Oder gibt es Unternehmen, mit denen bereits Kooperationen bei der Abwicklung von Aufträgen bestehen oder mittels gemeinsamer Ausbildung angebahnt werden könnten?

Dabei steht bei der Auswahl der Verbundpartner an erster Stelle, dass die Ausbildungsinhalte im „fremden" Unternehmen auch auf fachlich und didaktisch hohem Niveau vermittelt werden. Ein weiteres Anliegen der Verbundberaterinnen ist, auch ungewöhnliche, branchenübergreifende Kooperationen zu initiieren und dauerhaft zu festigen. So sind Unternehmen der Berliner Hotellerie für ihre Nachwuchskräfte bereits Verbünde mit Partnern aus dem Handwerk, der Veranstaltungstechnik, der Finanzbranche, aber auch der Floristik eingegangen. Andererseits stehen sie für die Ergänzung der Ausbildung von Köchinnen und Köchen und Hauswirtschafterinnen und Hauswirtschaftern in Kindergärten oder Einrichtungen der Altenpflege zur Verfügung.

Dazu an dieser Stelle ein Kommentar:

> *„Die Ausbildung zum Hauswirtschafter/zur Hauswirtschafterin beinhaltet auch die Grundregeln des Eindeckens und des Service. Wir wollten es in unserer Senioreneinrichtung dabei nicht belassen und baten die Verbundberatung um die Anbahnung einer Kooperation. Im Hotel Steglitz International bekam unsere Auszubildende die Möglichkeit, im direkten Gästekontakt verschiedene Aufgaben zu übernehmen und zu üben. Wir Ausbilderinnen hatten uns durch die Vermittlung der Beraterin vorher über den Zeitraum und die Aufgaben abgestimmt und auch den Lernerfolg zusammen bewertet. Das Projekt Verbundberatung trug durch die individuelle Betreuung unseres Anliegens dazu bei, dass wir gerade in einem noch wenig beachteten Beruf einer angehenden Fachfrau ein Plus an Ausbildung mitgeben konnten."*[1]

Da eine branchenübergreifende Kenntnis qualitativ hochwertiger Ausbildungsmöglichkeiten bei Personalverantwortlichen eher selten vorhanden ist, erweist sich die

---

1 Zitat: Stephanie Gefeller, hospital Dienstleistung+Beratung GmbH Berlin Wannsee, und Jutta Schwede, BEST WESTERN PLUS Hotel Steglitz International, Verbundberatung-berlin.de/Forum, Mai 2015

Verbundberatung gerade in solchen Fällen als wichtige Schnittstelle, um betriebliche Partner zu Ausbildungskooperationen zusammenzuführen.

3.4 Kooperationsverträge gemeinsam gestalten

Der nächste Schritt zu einer qualitätsgerechten Ausbildung im Verbund ist eine Vereinbarung, die neben den allgemeinen Daten der Unternehmen und des oder der Auszubildenden den Ausbildungszeitraum sowie die zu vermittelnden Inhalte möglichst genau festlegt. Rechte und Pflichten der Partner gehören ebenso dazu wie die Verständigung darüber, ob und in welcher Höhe der Partner seine Ausbildungsleistung dem Leitbetrieb in Rechnung stellt.

Kooperationsverträge im Rahmen dualer Berufsausbildung sind als Ergänzung zum eigentlichen Ausbildungsvertrag immer auch der zuständigen Stelle zur Kenntnis zu geben.

3.5 Fördermöglichkeiten erläutern und bei der Antragstellung unterstützen

Das Angebot der Verbundberatung umfasst auch, die Unternehmen über das Programm der Senatsverwaltung für Arbeit, Integration und Frauen zur Förderung der Berufsausbildung im Land Berlin zu beraten.[2] Dabei handelt es sich einerseits um die finanzielle Förderung, wenn einem Unternehmen durch einen Kooperationspartner die Ausbildungsleistung in Rechnung gestellt wird. Andererseits gibt es Zuschüsse für Unternehmen, die benachteiligten jungen Menschen die Chance auf eine Berufsausbildung geben. Dies soll als kleiner Ausgleich für die zusätzlich benötigten personellen Kapazitäten dienen, wenn es beispielsweise zu einem höheren Betreuungsaufwand für Auszubildende mit keinem oder nur einem geringen Schulabschluss kommt. Andere Förderschwerpunkte sind die Ausbildung von Alleinerziehenden oder Frauen in atypischen Berufen.

Gerade kleine und mittelständische Unternehmen geben verstärkt jungen Leuten mit Schwierigkeiten beim Start in die berufliche Karriere eine Perspektive durch Ausbildung. Häufig zahlt sich dieses Engagement durch eine größere Betriebstreue und Loyalität der Ausgebildeten aus.

3.6 Kontakte zu Netzwerkpartnern für das Bewerbermarketing und Herausforderungen während der Ausbildung herstellen

Die Unternehmen, die von den Verbundberaterinnen informiert werden, befinden sich auf ganz unterschiedlichen Niveaus ihrer Ausbildungsaktivitäten. Bereits langjährig ausbildende und erfahrene Unternehmen möchten in neuen Berufen ausbilden, für die sie nicht die vollständige Ausbildungsberechtigung haben. Andere Betriebe möchten die Qualität ihres Ausbildungsangebotes steigern und suchen nach

---

2 Siehe hierzu auch https://www.hwk-berlin.de/ausbildung/foerdermoeglichkeiten/foerderung-der-berufsausbildung-fbb/ (Stand: 22.01.2016)

Kooperationspartnern für Zusatzangebote für ihre Auszubildenden. Ein Großteil der Interessenten allerdings hat bisher nicht ausgebildet und will erstmals selbst für ihren Fachkräftenachwuchs sorgen, weil sie auf dem Arbeitsmarkt keine geeigneten Mitarbeiterinnen und Mitarbeiter finden.

Was aber viele Unternehmen eint, die mittlerweile von der Verbundberatung unterstützt werden, ist die Tatsache, dass sie zunehmend Schwierigkeiten haben, geeignete Bewerberinnen und Bewerber für ihre qualitativ hochwertigen dualen Ausbildungsangebote anzuziehen. Die Verbundberatung bietet auch hier über ein großes Netzwerk Unterstützung. Besonders in der Ausbildung eher unerfahrene Unternehmen werden auf die diversen Möglichkeiten der Rekrutierung von Auszubildenden aufmerksam gemacht. Aber auch inhaltlich an der Berufsausbildung ausgerichtete Praktika im Rahmen der Einstiegsqualifizierung können vor allem für kleinere Betriebe und junge Leute mit Startschwierigkeiten zu einem Vertrauens- und in der Folge häufig zu einem Ausbildungsverhältnis führen.

4 Nachhaltigkeit

4.1 Marketing als andauernder Prozess

Um die Idee der Verbundausbildung in die Berliner Unternehmen und vor allem in die jungen, aber bereits etablierten Unternehmen, die unter dem Label Start-ups zusammengefasst werden, weiter hineinzutragen, ist ein umfassendes, stetiges Marketing über traditionelle, aber auch neue Kanäle unabdingbar.

Es besteht ein ständiger Austausch mit Netzwerkpartnern in verschiedenen Konstellationen (Berlin Partner, Wirtschaftsförderung in den Stadtbezirken, Arbeitgeber-Verbände, Arbeitnehmer-Vertretungen, Arbeitgeberservice- und JOBCENTER-Beraterinnen und -berater, Berufseinstiegsbegleiterinnen und -begleiter, Integrationslotsinnen und -lotsen sowie Lehrkräfte in allgemeinbildenden und beruflichen Schulen etc.).

Seit September 2015 steht allen Interessierten in Berlin zudem die deutschlandweit erste Online-Datenbank[3] für die Vermittlung von Ausbildungsinhalten zur Verfügung.

Das Ziel dieser Kooperationsplattform ist es, die Schaffung von Verbünden innerhalb des dualen betrieblichen Ausbildungssystems zu unterstützen – und dies für alle Branchen und Betriebsgrößen. Dafür können Angebote und Gesuche für Inhalte der geltenden Ausbildungsordnungen, aber auch berufsbezogene Zusatzangebote eingetragen werden. Die Partner finden unkompliziert zusammen, vereinbaren Kooperationsverträge und gewährleisten gemeinsam eine qualitativ hochwertige Berufsausbildung.

---

3 Siehe http://www.marktplatz-verbundausbildung.de/ (Stand: 24.01.2015)

4.2 Ideen für Verbundausbildung zusammen mit den Unternehmen entwickeln und die Implementierung begleiten

Ein wesentlicher Bestandteil der Tätigkeit der Verbundberaterinnen ist die Erfassung und Analyse der Ausbildungsstrukturen bzgl. einzelner Berufe oder Berufsgruppen. Gemeinsam mit Branchenvertreterinnen und -vertretern werden Ideen entwickelt, um zusätzliche Unternehmen für die Ausbildung zu gewinnen und gemeinsam mit etablierten Ausbildungsbetrieben die Qualität der Fachkräfteentwicklung durch Synergien zu steigern.

Die bereits oben angesprochenen jungen Unternehmen bilden hierfür eine besondere Zielgruppe. Unternehmensgründerinnen und -gründer mit akademischem Hintergrund oder Quereinsteigende kennen das duale Ausbildungssystem in vielen Fällen nicht. Hier wird über eine starke Lobbyarbeit Aufklärung betrieben. Es geht dabei einerseits z. B. um branchenspezifische Berufe, wie z. B. die Biologielaborantin bzw. den Biologielaboranten. Die von der Verbundberatung betreute Kooperation zwischen einem etablierten Berliner Pharma-Unternehmen mit einem Start-up aus dem eigenen Inkubator zur gemeinsamen Ausbildung in diesem Beruf kann hier als zukunftsweisend und Zugpferd für andere junge Unternehmen gelten.

Aber auch branchenübergreifende Berufsbilder wie die Kauffrau bzw. der Kaufmann für Büromanagement bieten Chancen, gerade für Start-ups. Denn mit wirtschaftlichem Erfolg und Unternehmenswachstum stellen sich auch höhere Anforderungen bei der Büroorganisation ein. Hier bieten sich ebenfalls Kooperationen mit Unternehmen an, die in diesem Bereich schon längere Zeit ausbilden. Damit können Erfahrungen zwischen den Ausbildungsverantwortlichen weitergegeben bzw. ausgetauscht werden.

Um den Anforderungen des Erwerbslebens auch zukünftig gerecht zu werden und im Sinne einer Ausbildungs- und Arbeitszufriedenheit der Fachkräfte scheint für viele Berufe die Integration von flexiblen Ausbildungsbestandteilen in das duale System unabdingbar. Dies kann gerade durch eine nachhaltige Annäherung zwischen der etablierten und der neuen Wirtschaft gefördert werden. So können einerseits gefestigte Ausbildungsstrukturen durch zusätzliche Lernorte und Inhalte angereichert und andererseits noch eher wenig strukturierte Ausbildungsabläufe systematisiert werden. So bietet das weltweit geschätzte deutsche Ausbildungssystem durch zunehmende Modelle von Verbundausbildung neue Perspektiven und führt damit zu einer neuen Qualität beruflicher Handlungsfähigkeit.

Literatur

Programmstelle beim Bundesinstitut für Berufsbildung (BIBB) für das Programm JOB-STARTER des Bundesministeriums für Bildung und Forschung (BMBF) (Hg.) (2011): Verbundausbildung – vier Modelle für die Zukunft. JOBSTARTER PRAXIS, Band 6. Bonn. URL: http://www.bmbf.de/pub/jobstarter_praxis_band_sechs.pdf (Stand: 21.01.2016)

Inklusion als Qualitätsmerkmal in der Berufsausbildung – ein Praxisbeispiel der Kooperation zwischen Berufsbildungswerk und Unternehmen

Albrecht Schäufele, Dirk Schwenzer

Inklusion ist eine Herausforderung auch in der Berufsausbildung. Das ist zunächst nichts Neues. So ist z. B. die Berufsausbildung von Menschen mit Behinderung schon seit Langem im Berufsbildungsgesetz (§§ 64–67 BBiG) verankert. Dennoch hilft der im deutschen Diskurs noch vergleichsweise junge Begriff der Inklusion, den Blick zu weiten. „Inklusion zielt auf die gesellschaftliche Teilhabe aller Menschen, unabhängig von ihren individuellen Dispositionen" (Deutsche UNESCO-Kommission e. V. 2009). Der Paradigmenwechsel besteht nicht zuletzt darin, dass es nicht mehr nur um die Integration von Gruppen mit besonderem Förderbedarf in die „normale" Mehrheitsgesellschaft geht, sondern Vielfalt (Stichwort „heterogene Lerngruppen") grundsätzlich als Chance gesehen wird für die gesellschaftliche Entwicklung. Unbeschadet aller teilweise auch kontraproduktiven Überdehnungen dieses Ansatzes (vgl. dazu auch Bylinski/Vollmer 2015; Enggruber/Gei/Ulrich 2014) hilft dies, einen neuen Blick auf die Möglichkeiten einer inklusiven Berufsausbildung und die daraus entstehenden Impulse auf die Qualitätsentwicklung der Berufsausbildung insgesamt zu werfen. Dies ist auch eine der Kernfragen des im Folgenden vorgestellten Beispiels, wie Betriebe vom Zusammenwirken mit Berufsbildungswerken auch für ihre eigene Ausbildung profitieren können.

Berufsbildungswerke – Chancengeber für junge Menschen mit Behinderung

Berufsbildungswerke (BBW) sind für die Berufsvorbereitung und berufliche Erstausbildung junger Menschen mit Behinderung und besonderem Förderbedarf zuständig. Dazu gehören junge Menschen mit Körper-, Sinnes- und Lernbehinderungen sowie psychischen Erkrankungen. Ziel ist eine erfolgreiche Integration der jungen Erwachsenen in den ersten Arbeitsmarkt. Kostenträger der Berufsvorbereitung bzw.

-ausbildung in den Berufsbildungswerken ist in den meisten Fällen die Bundesagentur für Arbeit.

Die Berufsausbildung in BBWs erfolgt nach den Bestimmungen des Berufsbildungsgesetzes bzw. der Handwerksordnung und endet mit einer Abschlussprüfung vor der Industrie- und Handelskammer bzw. der Handwerkskammer. In Deutschland gibt es derzeit 52 Berufsbildungswerke – das Annedore-Leber-Berufsbildungswerk Berlin (ALBBW)[1] ist eines davon.

Deutschlandweit bilden die BBW in über 230 anerkannten Berufen aus. Im Mittelpunkt steht die maßgeschneiderte und ganzheitliche Förderung jedes Einzelnen. Neben der berufsfachlichen Ausbildung werden jungen Menschen mit Behinderung deshalb eine Vielzahl an begleitenden Hilfen in BBWs angeboten – zum Beispiel medizinische und psychologische Betreuung, Lernförderung und sozialpädagogische Beratung. Hinzu kommen freizeittherapeutische Angebote sowie die Möglichkeit einer Internatsunterbringung.

BBW sind moderne soziale Dienstleister, die eine inklusive Ausbildung aktiv mitgestalten. Dies geschieht durch individuell zugeschnittene Angebote und Unterstützungsleistungen, eine enge Verzahnung mit der Wirtschaft und die konsequente Orientierung am allgemeinen Arbeitsmarkt.

Die Verzahnte Ausbildung mit Betrieben/Berufsbildungswerken

Große Bedeutung bei der Zusammenarbeit mit Unternehmen und der Vorbereitung auf den Arbeitsmarkt kommt der sogenannten Verzahnten Ausbildung mit Betrieben/Berufsbildungswerken (VAmB) zu – einem bundesweiten inklusiven Ausbildungsmodell. Bei einer VAmB absolvieren die Jugendlichen bis zur Hälfte ihrer gesamten Ausbildungszeit – nach intensiver Vorbereitung im Berufsbildungswerk – direkt in einem Partnerbetrieb der freien Wirtschaft oder in einer öffentlichen bzw. gemeinnützigen Institution.

Das Berufsbildungswerk stellt in dieser Praxisphase die individuell erforderliche sozial- und sonderpädagogische sowie psychologische und medizinische Betreuung der Auszubildenden sicher und unterstützt das Unternehmen bei allen auftretenden Fragen. Das Annedore-Leber-Berufsbildungswerk Berlin (ALBBW) beteiligt sich seit 2006 an der Verzahnten Ausbildung.

Ziel dieses inklusiven Ausbildungsmodells ist eine optimale berufliche Qualifizierung junger Menschen mit Behinderung. Die besonders praxisnahe Ausbildung bereitet die jungen Frauen und Männer bestens auf das Arbeitsleben vor, erleichtert den beruflichen Einstieg nach Ausbildungsabschluss und verbessert so die Chancen

---

1   Das Annedore-Leber-Berufsbildungswerk Berlin (ALBBW), eine rehabilitationsspezifische außerbetriebliche Einrichtung, bildet seit 1979 junge Menschen mit Behinderungen und besonderem Förderbedarf aus, die am Beginn ihres Berufslebens stehen. Träger des Annedore-Leber-Berufsbildungswerks Berlin ist der gemeinnützige Verein Berufsbildungswerk Berlin e. V. (BBW Berlin e. V.).

einer dauerhaften Integration in den Arbeitsmarkt. Derzeit absolviert etwa jeder bzw. jede fünfte Auszubildende im ALBBW eine verzahnte Ausbildung.

Unternehmen bietet das Modell der verzahnten Ausbildung die Möglichkeit, Nachwuchsfachkräfte bereits während ihrer Ausbildung kennenzulernen und frühzeitig an den Betrieb zu binden – ein wichtiger Aspekt angesichts des immer akuter werdenden Fachkräftemangels in vielen Branchen.

Neue Wege ausloten: Kooperation mit Mondelēz

Unter dem Motto „Inklusion in der dualen Berufsausbildung ist keine Einbahnstraße" wurde das Prinzip der verzahnten Ausbildung in einer Kooperation des ALBBW mit dem Berliner Standort des Unternehmens Mondelēz Deutschland Produktion GmbH & Co. KG (heute Jacobs Douwe Egberts) ausgebaut und erweitert. Das Besondere: Neben der Verzahnten Ausbildung, im Rahmen derer ALBBW-Azubis einen Teil ihrer Ausbildung bei Mondelēz absolvierten, beinhaltete die Zusammenarbeit auch das Gegenmodell: Mondelēz-Azubis wurden bei bestimmten Lerninhalten in die überbetriebliche Ausbildung im ALBBW eingebunden. So wird Inklusion nicht nur im Betrieb, sondern auch im Berufsbildungswerk gelebt – ein Gewinn für beide Seiten.

Ausgehend von den positiven Erfahrungen, die in der Vergangenheit mit der Verzahnten Ausbildung mit Betrieben/Berufsbildungswerken gemacht wurden, entwickelten Mondelēz und das ALBBW ein Kooperationsmodell, das den Auszubildenden beider Projektpartner die Chance zum Erwerb zusätzlicher Kompetenzen bot:

   a. Auszubildende des ALBBW (Mechatronikerinnen bzw. Mechatroniker) wurden bei der Fa. Mondelēz im Rahmen der VAmB in betriebliche Arbeitsprozesse inkludiert und

   b. Auszubildende von Mondelēz (Industriemechanikerinnen bzw. Industriemechaniker) absolvierten zusammen mit ALBBW-Auszubildenden prüfungsrelevante Spezialkurse im ALBBW-Trainingszentrum.

Das 2013 begonnene Projekt zeigte deutlich, dass ein aktives Erleben gemeinsamer Ausbildung und Arbeit von Menschen mit und ohne Behinderung den Respekt und die Wertschätzung füreinander nachhaltig fördert. Dies ist ein Schlüssel zu gelebter Inklusion – in jede Richtung.

Fokus Unternehmen: Gemeinsame Ausbildung von Mechatronikerinnen und Mechatronikern im Betrieb

Die Mechatronik ist ein sehr zukunftsträchtiges Berufsfeld und am Arbeitsmarkt stark nachgefragt. Wenngleich das Anforderungsprofil umfangreich ist, können auch Menschen mit Behinderung diesen Beruf erlernen. Die Erfahrung zeigt, dass er vor allem für junge Menschen mit psychischen oder inneren Erkrankungen von Interesse ist. Das ALBBW bietet eine Ausbildung zur Mechatronikerin bzw. zum Mechatroniker seit 2009 an – die Ausrichtung erfolgte von Beginn an in Richtung der verzahnten Ausbildung.

Mondelēz Deutschland mit seiner Betriebsstätte Berlin konnte 2013 erstmals dafür gewonnen werden, Mechatronikerinnen und Mechatroniker in Verzahnung mit dem ALBBW auszubilden. Der Berufsschulunterricht der Auszubildenden fand am Berliner Oberstufenzentrum TIEM (Technische Informatik, Industrie, Elektronik, Energie, Management) statt – Menschen mit und ohne Behinderung werden dort inklusiv beschult, – auch das ist noch lange nicht selbstverständlich und ein wichtiger Faktor für den Erfolg des Projektes.

Im Rahmen der verzahnten Ausbildung ermöglichte Mondelēz den Auszubildenden des ALBBW, umfangreiche praktische Erfahrungen in der Arbeitswelt zu sammeln. Die Azubis wurden in typische betriebliche Abläufe im Unternehmen, z. B. im Wartungsteam oder beim technischen Dienst eingebunden.

Damit diese Form der inklusiven Ausbildung gelingen und die besonderen Bedürfnisse der Auszubildenden mit Behinderung Berücksichtigung finden konnten, bot das ALBBW ihnen auch während der betrieblichen Phase umfassende Unterstützungsleistungen an. Hierzu gehörten:
- eine wöchentliche betriebliche Vorort-Betreuung durch die jeweilige Ausbilderin bzw. den Ausbilder des ALBBW
- die regelmäßige Betreuung durch einen Sozialpädagogen bzw. eine Sozialpädagogin
- eine bedarfsbezogene psychologische Betreuung durch einen Psychologen bzw. eine Psychologin
- eine individuelle Lernförderung durch die Fachgruppe Sonderpädagogik.

Auch den Beschäftigten der Fa. Mondelēz stand das ALBBW während der gesamten VAmB-Phase mit Rat und Tat zur Seite. Zu den Angeboten gehörten zum Beispiel die eingehende Beratung zu behinderungsbedingten Besonderheiten der Auszubildenden, Unterstützung bei der Einschätzung ihrer Leistungsfähigkeit und Hinweise zur individuellen, behinderungsspezifischen Ausgestaltung des Arbeitsplatzes. Darüber hinaus stand das ALBBW als Mediator bei auftretenden Konflikten zwischen VAmB-Azubi und Unternehmen zur Verfügung.

Die ALBBW-Auszubildenden bewerteten diese Praxisphase für sich selbst als sehr wertvoll. In ihren Rückmeldungen hoben sie vor allem die Möglichkeit hervor, als Menschen mit Handicap erstmals die Arbeitsverhältnisse auf dem ersten Arbeitsmarkt kennenzulernen – bei kompletter Integration in ein gemischtes Team. Diese Erfahrung wurde auch von der Firma Mondelēz bestätigt: Die ALBBW-Azubis wären voll in die Unternehmensprozesse eingebunden und leistungsmäßig nicht von den eigenen Auszubildenden zu unterscheiden gewesen. Dies habe für das Unternehmen die – auch für die weitere Azubi-Auswahl wichtige – Erkenntnis mit sich gebracht, dass nicht jede Behinderung berufsrelevant sein müsse.

Fokus Berufsbildungswerk: Gemeinsame Ausbildung von Industriemechanikerinnen und Industriemechanikern im ALBBW-Trainingszentrum

Ein Berufsbildungswerk ist ein Ort mit umfassendem multiprofessionellem Knowhow, die Ausstattung der Ausbildungswerkstätten entspricht dem Stand der modernen industriellen Produktionstechnik. So kommen im ALBBW im Rahmen der Mechatronikausbildung zum Beispiel konventionelle Werkzeugmaschinen und CNC-Bearbeitungsmaschinen sowie innovative Trainings- und Steuerungssysteme zum Einsatz. Individuell erforderliche Hilfsmittel stehen für alle Behinderungsarten zur Verfügung.

Angesichts der umfangreichen technischen Ausstattung und des fachlichen Knowhows des Ausbildungspersonals äußerte Mondelēz den Wunsch, dem ALBBW bestimmte praktische Lerninhalte der dualen Ausbildung zu übertragen, die im eigenen Unternehmen nicht angemessen umgesetzt werden können. Daraufhin wurden die Auszubildenden der Fa. Mondelēz (Industriemechanikerinnen und -mechaniker) in die laufende außerbetriebliche Ausbildung im ALBBW integriert. Spezielle prüfungsrelevante Lerninhalte wurden gemeinsam mit den ALBBW-Auszubildenden erarbeitet. Dazu gehörten Kurse zum Hartlöten, Schweißen sowie zum konventionellen und CNC-Fräsen.

Die Lehrgänge fanden im ALBBW in kleinen gemischten Teams und unter Leitung des pädagogisch geschulten Ausbildungspersonals statt. Die Arbeit in Kleingruppen ermöglichte den unkomplizierten Austausch zwischen den Auszubildenden mit und ohne Behinderung. Die betrieblichen Auszubildenden erlebten auf diese Weise direkt und ungefiltert die Stärken, aber auch die Unterstützungsbedarfe von Menschen mit Behinderung. Inklusion ist damit nicht mehr nur ein Bekenntnis, sondern gelebte Realität für alle Beteiligten. Das „Wir-Gefühl" innerhalb der gemischten Ausbildungsgruppe wird spürbar gestärkt.

Erfolge des Projektes

Das hier beschriebene Kooperationsmodell ist ein Beispiel dafür, wie eine Teilhabe von Menschen mit Behinderung am Ausbildungs- und Berufsleben gelingen kann, wenn alle Partnerinnen und Partner an einem Strang ziehen und Synergieeffekte klug genutzt werden.

So betonte Mondelēz vor allem folgende Aspekte der Zusammenarbeit:
- die Bedeutung einer gezielten Nachwuchsgewinnung unter Einschluss junger Menschen mit Behinderung
- den Abbau von Vorurteilen zur Leistungsfähigkeit von Menschen mit Behinderung aufgrund eigener Erlebnisse und Erfahrungen im gemeinsamen Arbeitsalltag
- die Verbesserung des Betriebsklimas durch steigende Wertschätzung beim Arbeiten in gemischten Teams

- die Möglichkeit, alle Lehrplaninhalte der dualen Auszubildenden adäquat abzubilden
- den Wert inklusiver Berufsausbildung für alle Beteiligten, von der auch das Ausbildungsmarketing profitiert.

Das ALBBW wiederum konnte durch die Kooperation einen wichtigen Beitrag für die inklusive Ausbildung in Unternehmen leisten. Hier ging es vor allem darum, den Betrieb dabei zu unterstützen, für sich die Chancen der Beschäftigung von Menschen mit Behinderung zu entdecken und ihm dabei zu helfen, bestehende Ängste abzubauen. ALBBW-Azubis hatten die Möglichkeit, praktische Erfahrungen zu Arbeitsanforderungen und -prozessen in einem realen Wirtschaftsunternehmen zu sammeln und dabei „auf Augenhöhe" in einem Team mit Auszubildenden ohne Behinderung zu arbeiten. Diese Praxiserfahrungen im Unternehmen erhöhen auch die Chancen der ALBBW-Auszubildenden nach ihrer Ausbildung eine Beschäftigung auf dem ersten Arbeitsmarkt zu finden.

Für ihr gemeinsames Projekt sind das Annedore-Leber-Berufsbildungswerk Berlin und die Firma Mondelēz im Oktober 2014 mit dem Hermann-Schmidt-Preis des Vereins „Innovative Berufsbildung" ausgezeichnet worden. Die Jury würdigte das innovative und beispielhafte Projekt für sein überzeugendes Inklusionskonzept und betonte insbesondere die Möglichkeiten seiner Übertragbarkeit.

Weitere Perspektiven – viele Wege der Kooperation sind denkbar

Das Kooperationsmodell zwischen ALBBW und Mondelēz ist nur ein Beispiel der effektiven Verzahnung von Unternehmen und Berufsbildungswerken. Eine seit vielen Jahren erfolgreiche Zusammenarbeit existiert auch mit den Berliner Wasserbetrieben. So war das ALBBW im Frühjahr/Sommer 2015 in den Prozess der Berufsfindung für einen Teilnehmer der dortigen Einstiegsqualifizierung eingebunden. Aufgrund seiner Behinderung kamen für den jungen Mann die von den Berliner Wasserbetrieben angebotenen Ausbildungsberufe – trotz intensiven Bemühens des Betriebes – nicht bzw. nur sehr eingeschränkt infrage. Auf Basis eines Praktikums im ALBBW und unter Einbezug des hier vorhandenen Ärztlichen Dienstes konnte eine realistische Zukunftsperspektive für seinen weiteren Ausbildungs- und Berufsweg erarbeitet werden.

Im Gegenzug eröffneten die Berliner Wasserbetriebe zwei Auszubildenden des ALBBW die Möglichkeit, in ihrem Trainingszentrum einen Spezialkurs zu absolvieren. Dieser stellte zugleich eine besondere Form der Prüfungsvorbereitung dar. Das gemeinsame Lernen von betrieblichen Auszubildenden und Auszubildenden des Berufsbildungswerks trägt auch hier dazu bei, dass Menschen mit Behinderung so früh wie möglich am realen Arbeitsleben teilhaben können.

Neben den hier beschriebenen Kooperationsformen zwischen Berufsbildungswerken und Betrieben sind viele weitere denkbar. Schritt für Schritt gelingt so die gemeinsame Gestaltung einer inklusiven Ausbildungs- und Arbeitswelt. Für Unternehmen, die sich in diesem Bereich engagieren, geht es dabei nicht nur um soziale

Verantwortung. Vielfalt in der Belegschaft ist auch ein wirtschaftlicher Erfolgsfaktor: Sie führt zu einem Mehr an Kreativität und Innovationskraft, an Wertschätzung, Offenheit und Zufriedenheit. Kein Unternehmen sollte sich diese Chance entgehen lassen.

Literatur

Bylinski, U./Vollmer, K. (2015): Wege zur Inklusion in der beruflichen Bildung. Schriftenreihe des Bundesinstituts für Berufsbildung Bonn, Wissenschaftliche Diskussionspapiere, Heft 162. Bonn

Enggruber, R./Gei, J./Ulrich, J.G. (2014): Inklusive Berufsausbildung zwischen Wunsch und Wirklichkeit. Realisierungsmöglichkeiten aus der Sicht von Berufsbildungsfachleuten. In: BWP Berufsbildung in Wissenschaft und Praxis, 4/2014, S. 40–43. URL: https://www.bibb.de/veroeffentlichungen/de/publication/download/id/7393 (Stand: 21.01.2016)

Teil III

Ausbildungsqualität 4.0 – ein Blick in die Zukunft am Beispiel des Projektes Social Augmented Learning

CHRISTIAN DOMINIC FEHLING, LUTZ GOERTZ, THOMAS HAGENHOFER, ANDREAS MÜLLER

Motivation einer modernen, vernetzten Ausbildung

Die Transformation hin zu einer Industrie 4.0, getragen durch einen bereits im Mainstream wahrgenommenen, ausgesprochen technologischen Entwicklungsschub (Hirsch-Kreinsen 2015, S. 3 b) stellt zahlreiche Berufsfelder vor nicht zu unterschätzende Herausforderungen. Das Berufsfeld Medientechnologin bzw. Medientechnologe Druck, das in diesem Beitrag und bei den Arbeiten im Projekt „Social Augmented Learning" im Mittelpunkt steht, ist davon ebenso stark betroffen wie andere Berufsfelder mit vergleichsweise hohem Anteil an Routinetätigkeiten im Kontext von Automatisierung und der Arbeit an, mit und in Bezug zu Maschinen (vgl. Pfeiffer/Suphan 2015, S. 6; Wolter et al. 2015, S. 42). Doch tatsächlich betrifft der Transformationsprozess der „Digitalen Wirtschaft" auf Dauer keineswegs nur den Bereich der Industrie (vgl. BIBB 2015).

Beschäftigungseffekte der digitalen Transformation führen zu einem Wandel der Tätigkeits- und Qualifikationsanforderungen (Hirsch-Kreinsen 2015, S. 9), denen Unternehmen unter anderem durch erhöhte Weiterbildungsausgaben begegnen können (Wolter et al. 2015, S. 32). Zugleich keimt hier aber bereits die Forderung nach neuen, den geänderten Anforderungen gerecht werdenden Strategien für die Berufsausbildung auf: die Forderung nach einer neuen Qualität der Ausbildung, die der Dynamik von Arbeit und Qualifikation bei fortschreitender Digitalisierung Rechnung trägt (vgl. Hirsch-Kreinsen 2015, S. 12) und die die Ausbildung von Erfahrungswissen und lebendigem Arbeitsvermögen – als postulierte Grenze der Automatisierung (Pfeiffer/Suphan 2015, S. 12) – fördert. In diesem Beitrag wird exemplarisch, am Beispiel des Social Augmented Learning, geschildert, welche Rolle der Technologieeinsatz im Lehren und Lernen – nicht nur im Berufsfeld der Medientechnologinnen bzw. Medientechnologen Druck – im Kontext einer solchen *Ausbildungsqualität 4.0* spielen kann.

Social Augmented Learning – eine neue Art des Lehrens und Lernens

Im 2013 initiierten Forschungs- und Entwicklungsprojekt „Social Augmented Learning"[1] werden Ansätze aus den verschiedensten Bereichen des technologiegestützten Lernens verfolgt. Social, Mobile und Augmented Learning in Verbindung mit dem Einsatz moderner mobiler Endgeräte und innovativer Technologien wie der Augmented Reality werden so zu einer neuartigen Lehr- und Lernform verschmolzen, mit der Lernende gemeinsam in augmentierten Lernumgebungen eintauchen können.

Hintergründe und Rahmenbedingungen

Ziel des Projektes war und ist es, nicht nur die technische Infrastruktur für ein effektives und effizientes digitales Lernen mit mobilen Endgeräten und mit Augmented Reality zu ermöglichen, zu definieren und zu beschreiben, sondern zudem in eine kohärente Medienstrategie für Berufsschulen und Ausbildungsbetriebe zu überführen. Diese Einbettung in ein didaktisches Grundgerüst soll die Nachhaltigkeit der im Projekt „Social Augmented Learning" entwickelten Inhalte und Werkzeuge sicherstellen.

Das Berufsfeld Medientechnologin bzw. Medientechnologe Druck dient bei dieser Entwicklung sowohl als Ausgangspunkt der fachlichen Auseinandersetzung mit Inhalten, als auch als initiale Bühne für die Erprobung und Evaluation, mit der der Nutzen des Technologieeinsatzes sichergestellt werden soll. Das Berufsfeld, traditionell handwerklich geprägt, verliert durch konjunkturelle und strukturelle Umwälzungen zunehmend an Boden: Die Zahl der Ausbildungsverhältnisse nimmt ab.[2] (Vgl. Schermuly-Wunderlich 2010) Konträr dazu ist ein Komplexitätsanstieg der Aufgabenfelder zu verzeichnen, geprägt durch technologische Fortschritte und konvergierende Berufsfelder. Wo früher das Wissen um die „schwarze Kunst" genügte, müssen Medientechnologinnen bzw. Medientechnologen Druck heutzutage komplexe technische und informationstechnische Systeme ebenso sicher bedienen und beherrschen wie Schnittstellen zwischen Fachabteilungen managen: von der Vorstufe bis zur Weiterverarbeitung. Das Handwerk hat sich zu einer Industrie gewandelt. Konventionelle Lerninhalte, wie z. B. Bücher, Skripte oder Abbildungen stoßen hier an ihre Grenzen. Sie sind im zunehmenden Maße ungeeignet, die komplexen Zusammenhänge und Wirkmechanismen der Druckmaschinen anschaulich zu erklären. Konnte dies früher durch eine praxisnahe Schulung an der entsprechenden Maschine ausgeglichen werden, z. B. indem diese im laufenden Betrieb geöffnet oder teilweise zerlegt wurde, ist dies heute nur noch in einem sehr beschränkten Umfang möglich. Es besteht daher ein großer Bedarf an neuen und innovativen Me-

---

1 Das diesem Beitrag zugrunde liegende Vorhaben Social Augmented Learning wird vom BMBF unter dem Kennzeichen 01PF10010 im Programm „Digitale Medien in der beruflichen Bildung" gefördert. Auf der Website des Projektes (www.social-augmented-learning.de) wird im Kontext einer transparenten Öffentlichkeitsarbeit in regelmäßigen Abständen über die Entwicklungen im Projekt berichtet: Öffentliche Beta-Versionen der entwickelten Lernanwendung finden sich dort ebenso wie Status-Updates zu technischen Systemen und Berichten aus den praktischen Erprobungen.
2 Siehe https://www.bvdm-online.de/druckindustrie/konjunktur/ (Stand: 22.01.2016)

thoden zur Wissensvermittlung, um die Ausbildungsqualität auf ein der Digitalisierung angemessenes Niveau zu heben.

Die interdisziplinäre Zusammenstellung des Projektverbundes hatte den Vorteil, dass alle an der Berufsbildung von Medientechnologinnen bzw. Medientechnologen Druck beteiligten Akteurinnen und Akteure von Anfang an mit an einem Tisch waren. Einerseits war und ist es so leichter möglich, die im Projekt erstellten Lerninhalte direkt im Curriculum zu verorten, da im *Zentral-Fachausschuss Berufsbildung Druck und Medien* die an der Erstellung von Ausbildungsrahmenplan, Rahmenlehrplan und Prüfungsaufgaben beteiligten Branchenvertreterinnen und Branchenvertreter vernetzt sind. Andererseits ermöglicht die Zusammenarbeit mit der *Heidelberger Druckmaschinen AG* praxisrelevante, authentische Lerninhalte auf Basis originaler CAD-Daten zu konzipieren und auf Basis der Expertise der *Bergischen Universität Wuppertal* im Bereich der Druck- und Medientechnologie umzusetzen. Die Expertise des *MMB-Institut für Medien- und Kompetenzforschung* sichert darüber hinaus die Signifikanz der im Projekt regelmäßig durchgeführten Evaluationen, während vom *Fraunhofer-Institut für Graphische Datenverarbeitung IGD* das Kernstück des Projektes – die interaktive Autoren-, Lehr- und Lernanwendung – entwickelt wird.

Das Fundament des Social Augmented Learning

Social Augmented Learning verbindet als neue Lehr- und Lernform die Ansätze des Social Learning, Mobile Learning und Augmented Learning. Lernen findet sowohl selbstgesteuert und individuell, als auch eingebettet im sozialen Kontext des Lernenden und in Lerngruppen statt. Anhand einer pragmatischen Auseinandersetzung mit bereits etablierten didaktischen Methoden und Konzepten wurde im Projekt ein didaktisches Konzept entwickelt, das diese Aspekte umfasst und das als Fundament der Softwareentwicklung genutzt wird (Fehling et al. 2015).

Die Mobilität der Lernenden, in Verbindung mit der Erweiterung und Anreicherung der Lernumgebung durch die Augmented Reality (AR), ermöglicht neue Methoden des Wissens- und Kompetenzerwerbs. Mobile Learning unterstreicht als Lernform den didaktisch begründeten Einsatz mobiler Geräte wie Smartphones oder Tablets im Lehren und Lernen. Mobile Geräte und Technologien dienen hierbei der Erschließung und Unterstützung kommunikativer, situierter sowie zeitlich und örtlich flexibler Lernaktivitäten.

Social Learning wird im Projekt als eine Form der individuellen Lernorganisation verstanden. Wissen wird nicht bloß vermittelt, sondern von den Lernenden durch aktive Kommunikation und Kollaboration mit Gleichgesinnten, in realen oder virtuellen sozialen Gruppen und Netzwerken, aktiv erarbeitet und erweitert.

Augmented Learning steht sowohl für eine situierte Lernform, als auch für die Erweiterung des Lernens durch die Integration der Augmented Reality in Lernaktivitäten. Sie wird eingesetzt, um Lerninhalte situativ bereitzustellen und reale Lernumgebungen um virtuelle Lerninhalte, z. B. in Form von 3D-Modellen anzureichern. Diese Verknüpfung von Realität und Virtualität ermöglicht es, das etablierte Konzept

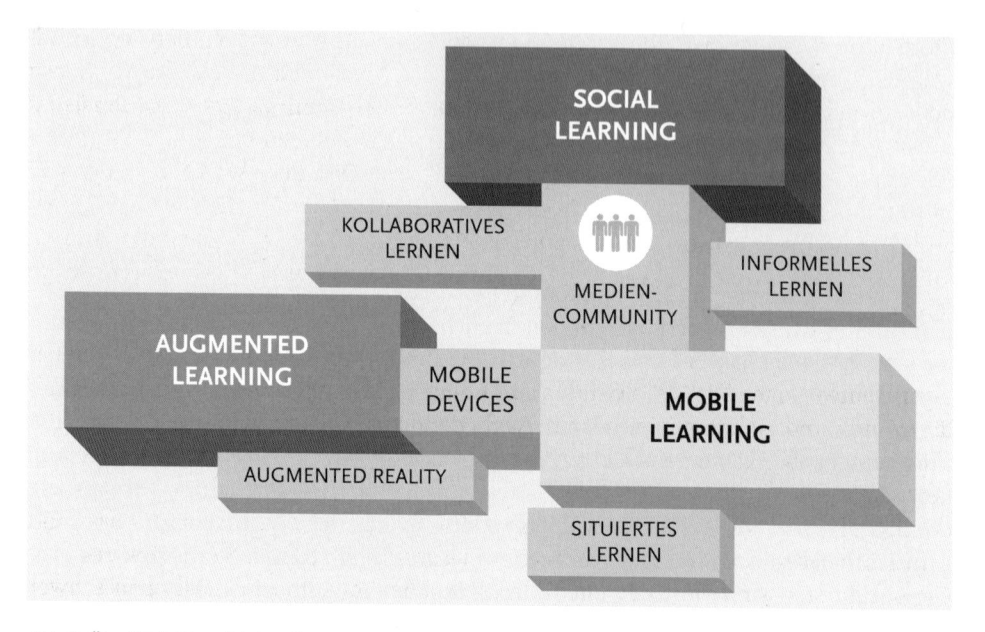

Abb. 1: Überblick über didaktische Komponenten des Social Augmented Learning (Fehling et al. 2015)

des Sehen-Verstehen-Nachmachens auch auf automatisierte, hochkomplexe und nicht einsehbare Maschinen zu übertragen.

Entwicklung und Implementierung einer Augmented Reality Lehr- und Lernanwendung

Auf dieser Basis wurde eine Anwendung entwickelt, die den Lernenden komplexe Abläufe und Funktionsweisen von Druckmaschinen visuell eindeutig und interaktiv vermittelt. Lerninhalte werden hierbei aggregiert: Kleinteilige Inhalte (Texte, Bilder, Animationen) werden zu einzelnen Lernfolien zusammengefasst und gruppiert, die wiederum zu einem Lernmodul zusammengefasst werden. Die Lernfolien bestehen jeweils aus einer Überschrift, einer textbasierten Erläuterung des gezeigten Inhaltes, einer 3D-Darstellung der betreffenden Maschinenteile und optional aus begleitenden 2D-Illustrationen. Die 3D-Darstellungen können darüber hinaus animiert und mit farbigen oder dreidimensionalen Hervorhebungen versehen werden.

Die Lerninhalte können unabhängig von der realen Maschine auf Basis einer 3D-Visualisierung der Maschinenteile betrachtet werden. Ergänzend dazu verfügt die Anwendung über einen Augmented Reality Modus. Im durch das Tablet aufgenommenen Videobild werden der realen Maschine so in Echtzeit 3D-Lerninhalte überlagert. Die Druckmaschine wird dabei an vordefinierten Stellen „geöffnet" und so ein „virtuelles Fenster ins Innere der Maschine" eingeblendet. Die dargestellten virtuellen Maschinenteile sind dabei entsprechend ihrer Position in der realen Maschine genau positioniert.

Die Anwendung verfügt über zwei Modi, die zum Lehren und Lernen eingesetzt werden können. Im Selbstlernmodus können die Lernenden die Inhalte zu Hause oder an der Maschine selbstständig bearbeiten. Im zweiten Modus, dem Präsentationsmodus, werden sie in einer größeren Gruppe durch einen Lehrenden durch die Inhalte geleitet. Hierbei werden die Geräte der Lernenden über WLAN mit dem Gerät des Lehrenden gekoppelt. Die Lehrenden haben so die Möglichkeit, die Folien auf allen Geräten synchron weiterzuschalten, währenddessen begleitende Anmerkungen zu geben, die ergänzenden 2D-Illustrationen ein- und auszublenden sowie die Maschinenteile live zu annotieren.

Die im Projekt „Social Augmented Learning" entwickelte Anwendung umfasst einen eigens entwickelten WYSIWYG-Editor, mit dem Lerninhalte für die erweiterte Realität intuitiv und unkompliziert durch Ausbildende und Lehrende erstellt, bearbeitet und individualisiert werden können. Eine möglichst hohe Usability und Nachhaltigkeit war prägender Faktor bei dieser Entwicklung der Anwendung. Diese kann nur erreicht werden, wenn die Ausbilderinnen und Ausbilder in den Betrieben und Schulen befähigt werden, ihre Lerninhalte selbst zu erstellen und anzupassen. Im Gegenzug dazu sind viele der am Markt befindlichen Authoring-Lösungen schwer zu erlernen, wodurch mitunter lange Einarbeitungszeiten nötig sind.

Um den Prozess zur Erstellung von Lerninhalten für die erweiterte Realität so einfach wie möglich zu gestalten, wurde er in die Teilprozesse „3D-Modellierung", „Augmented Reality Tracking" und „Content-Generierung" unterteilt. Während der erste Teilschritt der Inhaltserstellung eine relativ hohe Komplexität hat, sind die letzten beiden Schritte auch von nicht technik-affinen Personen ohne 3D- oder Informatikkompetenz leicht umsetzbar. Dies ist besonders wichtig, da dieser initiale Einrichtungsschritt einmal pro Maschine, der letzte Schritt jedoch sehr viel öfter durchlaufen wird: Auf Grundlage eines einmal erstellten 3D-Modells können eine Vielzahl von Lernmodulen erstellt werden. Die Lernanwendung ermöglicht darüber hinaus die Erstellung und Einbindung von User Generated Content. Dies können Blogartikel, Forumsbeiträge oder Wiki-Einträge sein. Die Anwendung wird auf Basis der Unity Engine entwickelt, wodurch zahlreiche Plattformen unterstützt werden können (Stand dieser Publikation: Windows, Mac/OSX, Android, HTML 5/WebGL).

Fallbeispiel: Einsatz von Social Augmented Learning in Berufsschulen

Wie wird Social Augmented Learning im konkreten Ausbildungsalltag eingesetzt? Das folgende Beispiel illustriert den Berufsschulunterricht, wie er bei einer der zahlreichen praktischen Erprobungen des Social Augmented Learning abgelaufen ist. Es zeigt auch, inwieweit Auszubildende und Lehrende das Lernen mit mobilen Endgeräten, unterstützt durch die Augmented Reality, als Verbesserung der Ausbildungsqualität wahrnehmen und inwieweit sie selbst an der Optimierung dieser Qualität mitwirken.

Die Erprobung wurde an einer Offsetdruckmaschine für den Bogendruck durchgeführt. Bildmarker wurden an der Maschine angebracht, mit denen das Tracking der Augmented Reality initialisiert und aufrechterhalten wird. Die WLAN-Verbindung wurde wenige Tage zuvor bereits über die Schul-IT realisiert und getestet, sodass alle eingesetzten Tablets auf den vollen Funktionsumfang zurückgreifen konnten.

Der Berufsschullehrer begrüßte die Teilnehmenden im Drucksaal und informierte über das Modul-Thema. Ein SAL-Projektmitarbeiter stellte kurz das Projekt und den vorher abgestimmten Ablauf der Erprobung vor. Anschließend demonstrierte er die Funktionsweise des Lernmoduls an der Maschine.

Daraufhin erkundeten die Azubis eigenständig das Lernmodul (ca. 35 Minuten) und arbeiteten sich intuitiv in die Funktionsweise des SAL-Systems ein, wobei sie frei zwischen 3D-Visualisierung und Augmented Reality wechselten. Bereits in dieser Phase diskutierten die Azubis über die Modulinhalte und über Verbesserungsvorschläge. Nicht alle Teilnehmenden konnten aus Zeitgründen das Modul bis zum Ende bearbeiten.

Nach der Selbstlernphase wurden gemeinsam mit dem Berufsschullehrer die wichtigsten Lerninhalte wiederholt und vertieft. Zum Abschluss dieser Phase (ca. 40 Minuten) wurden Multiple-Choice-Aufgaben, die ebenfalls mittels der Lernanwendung entwickelt und gestellt werden können, bearbeitet.

Zur Evaluation der Erprobung wurden im Anschluss an den praktischen Unterricht sowohl leitfadengestützte Interviews als auch offene Diskussionsrunden durchgeführt.

Fazit

Social Augmented Learning stellt eine schon heute funktionsfähige Lösung für arbeitsplatznahes Lernen mit mobilen Endgeräten und Augmented Reality dar. Die Implementierung in den betrieblichen und schulischen Bildungskontext wird durch die Einbeziehung der Branchenakteure auch über die Projektlaufzeit hinaus sichergestellt. Zusätzlich werden durch die Erprobungen in Berufsschulen und Ausbildungsbetrieben zahlreiche Multiplikatorinnen und Multiplikatoren geschaffen, die die Anwendung schon jetzt im Unterricht oder am Arbeitsplatz einsetzen möchten und teilweise bereits einsetzen.

Die Lernanwendung stellt darüber hinaus eine eigene Entwicklung des Fraunhofer-Instituts für Graphische Datenverarbeitung IGD dar, mittels derer erstmals eine intuitiv und einfach zu bedienende Lösung zur Erstellung von Lerninhalten für die erweiterte Realität geschaffen wurde. Da diese Inhalte gängige Standards (z. B. XML) erfüllen, ist eine Einbindung in bestehende Lernmanagementsysteme grundsätzlich möglich.

Über die Kopplung an das brancheneigene soziale Netzwerk, die Mediencommunity 2.0, wird auf bereits bestehende, etablierte Lern-Communities zurückgegriffen. Social Tags ermöglichen die Annotation des 3D-Modells und können z. B. auf Beiträge oder Aufgabenstellungen in der Mediencommunity verlinken. So soll vor allem der

Austausch über die formalen Unterrichtszeiten und -räume hinaus ermöglicht werden, nicht zuletzt aber auch die Aktivierung und Motivation der Lernenden, selbst Inhalte zu generieren oder mit anderen gemeinsam an Aufgaben zu arbeiten.

Einmal erstellte Lernmodule können, vor allem vor dem Hintergrund der aufwendigen Bearbeitung der 3D-Modelle, von Autorinnen bzw. Autoren und Lehrenden jederzeit aufbereitet und wiederverwertet werden. Neben den bereits bestehenden Modellen haben Autorinnen bzw. Autoren über den WYSIWYG-Editoren zudem die Möglichkeit, eigene 3D-Modelle zu importieren und zur Generierung eigener Lernmodule zu verwenden. Über die integrierte Distributionslösung ist es zudem vorgesehen, solche individuellen oder individualisierten Module mit anderen Bildungseinrichtungen teilen zu können. Während der im Projekt „Social Augmented Learning" entwickelte Stand der Lehr- und Lernanwendung das Berufsfeld von Medientechnologinnen und Medientechnologen Druck im Fokus hat, ergibt sich aus der Übertragbarkeit des zugrunde liegenden Konzeptes der „Visualisierung verborgener Prozesse in komplexen Maschinen" ein hohes Transferpotenzial. Initial wird zunächst der Transfer auf andere Maschinen der Druck- und Medienbranche ins Auge gefasst. Der Transfer darüber hinaus in andere Branchen (z. B. Maschinenbau) oder in andere Settings (z. B. zur Visualisierung von Wartungs- und Instandsetzungsaufgaben) wird im Projekt ebenfalls weiter verfolgt.

SAL sollte immer dann eingesetzt werden, wenn man bei der Anwendung der bereits vorhandenen Lernanwendungen auf Hindernisse stößt. Dies ist in der Regel dann der Fall, wenn die abstrakte Darstellung eines Prozesses oder eines Bauteils von den Lernenden nur schwer mit der beruflichen Praxis in Verbindung gebracht werden kann. Hier kann SAL helfen, die Mechanismen und Wirkungszusammenhänge direkt an der Maschine sichtbar zu machen. In gewisser Weise wird damit das altbekannte Konzept der „gläsernen Maschine" um zusätzliche didaktische Möglichkeiten wie Reduktion, Kommentierung und Anreicherung durch Zusatzinfos erweitert. Es stellt damit ein Bindeglied zwischen einer digitalen Simulation und der Arbeit an, um und mit Maschinen selbst dar. Die Maschine bleibt dabei in ihrer konkreten Gestalt präsent und wird situativ um zusätzliche Informationshappen und Datenelemente ergänzt, wodurch authentisches Lernen ermöglicht wird.

Über das Projekt hinaus – ein Ausblick zur Ausbildungsqualität 4.0

Die Digitalisierung aller Lebensbereiche stellt die berufliche Bildung vor neue Herausforderungen und birgt zugleich viele Chancen. Lernmedien, die sich nur auf Texte und Bilder stützen, werden in naher Zukunft bei der Zielgruppe der Lernenden nicht mehr hinreichend Lernprozesse in Gang setzen können. Im technisch-gewerblichen Bereich wird das Vermitteln von Funktionsweisen und Prozessen von Fertigungsmaschinen aufgrund der steigenden Komplexität und Abgeschlossenheit immer schwieriger.

Gleichzeitig bietet die mobile und augmentierte Mediennutzung die Möglichkeit, eine völlig neue Form des arbeitsplatzorientierten Lernens für Auszubildende zu etablieren, die von der Zielgruppe nahezu ohne Barrieren genutzt werden kann. Augmented Reality ermöglicht es Prozesse zu durchleuchten, während sie ablaufen. Ausbildende können den Auszubildenden Zusatzinfos zur Verfügung stellen und einen Mix aus Selbst- und Gruppenlernen einführen. Zudem fördert der mobile Einsatz die Lernortkooperation von Schule und Betrieb, weil in beiden Bereichen dieselben Lernwerkzeuge genutzt werden können.

Deshalb sollte der Einsatz mobiler Endgeräte in der beruflichen Bildung generell gefördert werden – von ausbildenden Unternehmen ebenso wie Berufsschulen und anderen Akteuren. Nur so können aktuell noch bestehende Hindernisse überwunden werden. Tablets oder Smartphones können – unter Nutzung geeigneter Lehr- und Lernwerkzeuge – nicht nur dazu beitragen den Unterricht bzw. auch die Lehre im Betrieb lebendiger zu gestalten, sondern sie können zum Ausgangspunkt vollkommen neuartiger didaktischer Ansätze werden. Diese können wiederum sowohl den fachlichen als auch kommunikativen Kompetenzerwerb von Auszubildenden unterstützen und so eine neue Qualität der Ausbildung ermöglichen.

Literatur

BIBB (Hg.) (2015): Berufsbildung in Wissenschaft und Praxis (BWP), Heft 6, 2015, Themenschwerpunkt Lernen für die Digitale Wirtschaft

Fehling, Ch. D./Goertz, L./Hagenhofer, T. (2015): Didaktisches Konzept des Projektes Social Augmented Learning. URL: http://www.social-augmented-learning.de/wp-content/uploads/2015/04/SAL_Didaktisches_Konzept_20150409.pdf (Stand: 18.11.2015)

Hirsch-Kreinsen, H. (2015): Digitalisierung von Arbeit: Folgen, Grenzen und Perspektiven. In: Hirsch-Kreinsen, H./Weyer, J./Wilkesmann, M. (Hg.): Soziologisches Arbeitspapier Nr. 43/2015. Dortmund

Pfeiffer, S./Suphan, A. (2015): Kurzfassung zum Working Paper: Pfeiffer, S./Suphan, A. (2015): Der AV-Index. Lebendiges Arbeitsvermögen und Erfahrung als Ressourcen auf dem Weg zu Industrie 4.0. Working Paper 2015#1 (draft v1.0 vom 13.04.2015). Hohenheim

Schermuly-Wunderlich, G. (2010): Wohin entwickelt sich die Druckindustrie? In: print.de, DD/42/2010. URL: http://www.print.de/Wirtschaft/Maerkte/Wohin-entwickelt-sich-die-Druckindustrie (Stand: 18.11.2015)

Wolter, M. I. et al. (2015): Industrie 4.0 und die Folgen für Arbeitsmarkt und Wirtschaft. Szenario-Rechnungen im Rahmen der BIBB-IAB-Qualifikations- und Berufsfeldprojektionen (No. 201508). Institut für Arbeitsmarkt- und Berufsforschung (IAB). Nürnberg

Hinweise zu den Autorinnen und Autoren

Gerrit Buchhorn, (bis 2015) stellvertr. Hauptgeschäftsführer des DEHOGA Berlin

Prof. Dr. Karin Büchter, Professorin für Berufs- und Betriebspädagogik, Universität Hamburg

Christian Dominic Fehling, M.Sc., wissenschaftlicher Mitarbeiter, Institut für Systemforschung der Informations-, Kommunikations- und Medientechnologie (SIKoM), Bergische Universität Wuppertal

Tobias Funk, Projektkoordinator k.o.s GmbH

Barbara Hemkes, Leiterin Arbeitsbereich 3.3 Qualität, Nachhaltigkeit, Durchlässigkeit. Bundesinstitut für Berufsbildung (BIBB)

Dr. Lutz Goertz, Leiter Bildungsforschung, MMB-Institut für Medien- und Kompetenzforschung

Julia Gustavus, Geschäftsführerin, Malerinnung Berlin-Brandenburg

Thomas Hagenhofer, Zentral-Fachausschuss Berufsbildung Druck und Medien

Kerstin Josupeit, Projektleiterin, Büro für Verbundberatung in Berlin

Dilek Kolat, Senatorin für Arbeit, Integration und Frauen in Berlin

Rica Kolbe, Bereichsleiterin Aus- und Weiterbildung, IHK Berlin

Thoralf Marks, Leiter Ausbildungsmanagement, Vereinigung der Unternehmensverbände in Berlin und Brandenburg e.V. (UVB)

Andreas Müller, Dipl.-Inf., wissenschaftlicher Mitarbeiter Fraunhofer-Institut für graphische Datenverarbeitung IGD

Kathrin Pabst, Referentin für Aus- und Weiterbildung, DEHOGA Berlin

Ralf-Michael Rath, Leiter Arbeitsmarkt und Personalpolitik, Vereinigung der Unternehmensverbände in Berlin und Brandenburg e.V. (UVB)

Christin Richter, DGB-Bezirksjugendsekretärin, DGB Jugend Berlin Brandenburg

Helena Sabbagh, Leiterin DEQA-VET, Bundesinstitut für Berufsbildung (BIBB)

Albrecht Schäufele, Geschäftsführer Annedore-Leber-Berufsbildungswerk Berlin (ALBBW)

Alexander Schirp, Stellvertr. Geschäftsführer Vereinigung der Unternehmensverbände in Berlin und Brandenburg e. V. (UVB)

Frank Schröder, Geschäftsführer, k. o. s GmbH

Dr. Dirk Schwenzer, Ausbildungsleiter Annedore-Leber-Berufsbildungswerk Berlin (ALBBW)

Christel Weber, Projektkoordinatorin, k. o. s GmbH

Gerd Woweries, Stellvertr. Geschäftsführer ABB Ausbildungszentrum Berlin gGmbH

Margrit Zauner, Referatsleiterin in der Abt. Arbeit und Berufliche Bildung, Senatsverwaltung Arbeit, Integration und Frauen des Landes Berlin

Neues Qualitätskonzept für die betriebliche Ausbildung

Leitfaden für Ausbildende und Beratende in KMUs

■ **Ausbildungsqualität in KMU sichern**

Der Ein neues Konzept soll die Qualität in der beruflichen Ausbildung in Unternehmen systematisieren. Der Leitfaden stellt das Qualitätskonzept, die Anwendung in der Praxis sowie Handlungshilfen, Ablauferklärungen und Instrumente vor.

Frank Schröder, Christel Weber, Rieke Häfner-Wernet
Qualitätskonzept für die betriebliche Berufsausbildung

Leitfaden zur Qualitätssicherung und -entwicklung der betrieblichen Ausbildung
2015, 77 S., 19,90 € (D)
ISBN 978-3-7639-5578-7
Als E-Book bei wbv.de

W. Bertelsmann Verlag 0521 91101-0 wbv.de

Lexikon Berufsbildung

Berufsbildungsrelevante Begriffe von A-Z

↗ wbv.de/pahl

- Standardwerk der Berufsbildung
- Neuauflage 2016

3. Auflage

Das Lexikon ist ein Standardwerk der Berufsbildung im akademischen und nicht-akademischen Bereich. Für die dritte Auflage wurden alle Bereiche des Lexikons überarbeitet, aktualisiert und ergänzt.

Jörg-Peter Pahl (Hg.)
Lexikon Berufsbildung
Ein Nachschlagewerk für die nicht-akademischen und akademischen Bereiche

3. erweiterte Auflage
2016, 1000 S., 79,00 € (D)
ISBN 978-3-7639-5683-8
Als E-Book bei wbv.de

W. Bertelsmann Verlag 0521 91101-0 wbv.de

Inklusion in der Berufsbildung

Vielfalt aufgreifen und Unterschiedlichkeit nutzen

↗ wbv.de/inklusion

- Exklusionsrisiken und Inklusionsstrategien
- Wissenschaftlicher Diskurs zur Berufsbildung

Die Inklusion aller jungen Menschen mit und ohne Behinderungen kann nur mit einem differenzierten Berufsbildungssystem erreicht werden. Der Sammelband bündelt theoretische und praktische Ansätze zur Chancengleichheit und individuellen Förderung.

Ursula Bylinski, Josef Rützel (Hg.)
Inklusion als Chance und Gewinn für eine differenzierte Berufsbildung

Berichte zur beruflichen Bildung

2016, 307 S., 32,90 € (D)
ISBN 978-3-7639-1184-4
Als E-Book bei wbv.de

W. Bertelsmann Verlag 0521 91101-0 wbv.de

Studie zum Zusammenhang von betrieblichem Lernen und Karriere

↗ wbv.de/itb

■ Zusammenhang betriebliches Lernen und Karriere

Die Arbeit untersucht den Einfluss des informellen Lernens auf eine Karriere im Unternehmen. Sie leistet damit einen Beitrag zur theoretischen und praktischen Diskussion rund um das informelle Lernen in einer Organisation.

Saskia-Nicole Reinfuss
Betriebliches Lernen und Karriere im Unternehmen

Eine qualitative Studie am Beispiel der Metall- und Elektroindustrie

Berufsbildung, Arbeit und Innovation - Dissertationen und Habilitationen, 30

2014, 432 S., 39,00 € (D)
ISBN 978-3-7639-5489-6
Als E-Book bei wbv.de

W. Bertelsmann Verlag 0521 91101-0 wbv.de